终端是一个需要快跑前进的单位

终端管理
Zhongduan Guanli

赠品和积分需要品牌赋予其生命

快速灵活
kuaisu linghuo

销售话术的难题是改变说话习惯

落地执行
luodi Zhixing

刘子滔 [台湾] ◎著

中国经济出版社
CHINA ECONOMIC PUBLISHING HOUSE

·北京·

图书在版编目（CIP）数据

终端管理·快速灵活·落地执行／刘子滔著.—北京：
中国经济出版社，2014.10
ISBN 978－7－5136－3471－7

Ⅰ.①终… Ⅱ.①刘… Ⅲ.①零售企业－营销管理
Ⅳ.①F713.32

中国版本图书馆 CIP 数据核字（2014）第 213983 号

责任编辑　杨　莹
责任审读　贺　静
责任印制　巢新强
封面设计　任燕飞

出版发行　中国经济出版社
印 刷 者　北京艾普海德印刷有限公司
经 销 者　各地新华书店
开　　本　710mm×1000mm　1/16
印　　张　19
字　　数　240 千字
版　　次　2014 年 10 月第 1 版
印　　次　2019 年 12 月第 6 次
定　　价　48.00 元

广告经营许可证　京西工商广字第 8179 号

中国经济出版社 网址 www.economyph.com　社址 北京市东城区安定门外大街 58 号　邮编 100011
本版图书如存在印装质量问题，请与本社销售中心联系调换（联系电话：010－57512564）

版权所有　盗版必究（举报电话：010－57512600）
国家版权局反盗版举报中心（举报电话：12390）　　　服务热线：010－57512564

一个品牌终端的运营和操作,人、货、场三个方向都至关重要。本书以倒叙的方式贯穿全文,以终端常见的问题作为开始,以解决问题的思考模型作为结束,列举了多个市场上大家都比较关注的现象和问题进行探讨,并且用"猫尾巴式"的思维去做一个全新的推演和剖析,从同样的问题中找到新的原因,从新的原因分析中制定新的应对策略,摆脱我们过去"想当然"的解决方式,尝试从一个新的角度去解决问题。

本书以"猫尾巴式的思考"方式引导广大读者,主要有三点原因:

其一,尾巴代表末端。如果是以一个企业来说,尾部就是终端。大多数人的管理思维模式都是"从上往下"去贯彻与执行,但我个人的认知却是应该"由下往上"去思考和组织,要把终端做好就必须要以"终端"为思考核心,企业内所有的机制都应该围绕着终端可以快速运行与反应而设置。但是,目前许多企业的机制让终端失去了快速反应的灵活性。企业期待终端业绩的提升,但是却又不断加大终端的负荷,不管是流程、表格还是技能方面处处滞碍,通常都是经过简单的能力训练之后就开始要求和考核。到底是企业浮躁了,还是员工浮躁了,还是都浮躁了?

有时我在思考一个问题,究竟是企业在服务终端,还是终端在服务企业?这应该是零售行业首先要思考的第一个课题。作为一个有15年培训从业经验的人，我有时会感慨：某些高端的课程一天几万块钱，企业都会安排人员参加，而针对终端几百人一起参加的几万块钱一场的培训，许多企业却舍不得花钱，是什么原因造成的？一个顾客返修的商品一催再催始终无果，最终导致顾客投诉，究竟问题出现在哪里？关于补货的情况，终端一催再催，而相关部门则一拖再拖，最终等货品到了，却发现销售的天数已经不足以消化掉补货的商品，此时造成的大量库存怎么办？损失的业绩怎么办？最终必须要由谁来承担？

既然终端是我们业绩的发源地，那么围绕着终端的思考就应该被重视，而服务终端的工作也应该被开展，毕竟没有他们就没有我们。但是，目前大多数终端还是以服务管理者而生，而不是管理者以服务终端而生。所谓的"内部顾客服务"和"内部顾客满意度"很少被企业落实，当然思维不同，工作的动力、思维的焦点、核心的重点工作也都会随之不同。所以"猫尾巴式"的管理就是要提醒管理者，"以终为始"去做工作上的思考，可以更大程度地贴近业绩提升，最终才能让所有的工作都与既定的目标完全贴合。

其二，调节平衡。猫有一个特性，就是从高处摔下的时候，它可以依赖尾巴的方向变换调整身体的平衡，最终可以不受任何损伤而平安落地。其实，终端的健康运行除了是企业最终能否做强做大的保障之外，也是企业在遇到危机时能否平稳渡过的关键。企业之所以可以有强大的支撑与发展，并不只是靠工厂的生产、设计师的设计，而是在很大程度上依靠了终端店铺。如果终端店铺的销售业绩不理想，那么企业的现金流就可能出现较大的问题，一旦企业现金流出现问题，轻则伤筋动骨，重则一命呜呼。

如果企业对于终端的提升仅仅只是流于形式化的简单投入，如一年组织1～2场培训，或是从企业内部做出终端管理标准之后就直接下发给终端去执行，然后就自认为终端会将标准执行落地，因为这是终端的工作职责，那么终端的这条尾巴可能就没有办法健康地为企业提供平衡的能力了。有人说，终端的问题要让终端自行解决，但我个人认为这是个比较理想化的说法，毕竟终端的问题不只是终端的问题，它需要靠整个企业来解决，因为它的资源、能力、高度都有限，即使有很强的意愿想解决也不一定能够解决，最终一条不健康的尾巴自然也难以为整个企业庞大的身躯提供足够的保障。

其三，一头一尾。头代表的是开始，尾代表的则是结束，所以猫尾巴式的管理的另一层含义就是逆向思考。当目标执行时，可以从"追求成功"的思维转换到"结果失败"的思维。当销售进行时，从"销售顾问想办法让对方购买"的思维转换到"顾客为什么要购买"的思维。当进行员工管理时，从"管理者如何管理员工"的思维转换到"员工为什么会心甘情愿接受管理"的思维。思维一方面可以从正向出发，另一方面亦可以从逆向开始，正逆两种思维都具有强大的力量，只是多数人只具备其一，并没有通过自我训练让自己二者兼备。

全文的最后会以猫尾巴式的终端执行落地模型作为总结，通过围绕一个核心、四个角色、六大方向以及十二项重点进行分析和梳理，希望对所有站在终端一线的管理者能够有所帮助。

> **专家箴言**
>
> 终端是否健康，是否可以快速、灵活地面对市场，是企业市场的核心竞争力，一旦终端失去健康，失去"快速、灵活反应"，那就失去了为企业提供平衡保障的能力！

刘子滔老师
知诸零售学堂校长

第一章 "想当然"成就"意料之外" / 1

◇ 盲目乐观，乐极生悲 / 5

当一个人不想面对自己的缺陷时，盲目乐观的状态就会出现，乐观不是因为自己真的有百分百的信心做到，而是用乐观把自己所不想面对的部分做一个很好的遮掩，让自己完全听不见、看不着、想不到！

◇ 以终为始，问题预测 / 10

从假设的失败中强迫自己去面对可能的原因，这样的假设虽然会让人心里不舒服，但却可以让人真实面对可能存在的问题。许多人会不止一次在同一个地方跌倒，逃避是主因，如果继续维持同样的思维，这种跌倒绝对不会是最后一次。

◇ 反璞归真，量力而为 / 15

人有梦想是对的，敢于拼搏也是对的，但是要衡量好自己的能力和现状以及公司组织的体质，不要做超过自己能力而无法掌握的事情。有些人赌一把结果成功了，可能是运气，可能是时机好，也可能是有贵人相助，但这些条件是否也会出现在自己身上，就无法预估了。成功是努力得来的结果，靠赌注获得成功的几率是很小的。

◇ **利他思考，利于执行** / 21

时代的改变会带动人的需求转变，管理者只能跟着时代的巨轮转动，不可能以个人的两只手阻挡巨轮的前行，也不可能让巨轮因你而停下脚步。最可怕的是，当你还在犹豫不决到底是要改变还是不改变的时候，时代的巨轮已经毫不留情地从你身旁滚过，你不追他，他就会离你越来越远，直到你被淘汰。

◇ **创意思考，突破格局** / 34

一个人的"不可能"思想大多来自大脑中"固化条件"的限制，要改变自己，就要松动大脑中的"固化条件"；要改变他人，就要松动他人大脑中的"固化条件"。要化不可能为可能，要让达不成变达成，只要"固化条件"松动，可能性就会一点一点从禁锢中被释放出来！

第二章　管理迷思十问 / 39

◇ **管理的迷思一：为什么终端执行力不高？** / 43

"我已经交代下去了，我已经帮他们培训过了，我下市场的时候都有提醒"。这些都是最有可能在执行不落地时推卸责任的说法。做了没有效果，结果跟没有做是一样的，付出要有回报，这是最基本的管理态度。

意义缺失，执行不力 / 44
信息传递，层层失真 / 47
阐述目标，清晰明了 / 49
不切实际，难以实践 / 53
能力欠缺，有心无力 / 57
打好基础，再谈提升 / 60

◆ 管理的迷思二：为什么流程表格执行不了？/ 62

终端是一个需要快跑前进的单位，背的东西越多，前进的速度就会越慢。如果连自己为什么要快跑都不知道的话，终端不仅会放慢跑步的速度，甚至会干脆停下脚步。

没有回馈的付出 / 63
没有细部的指导 / 65
没有公正的评分 / 70
没有监督和检查 / 74
没有专业的操作 / 76

◆ 管理的迷思三：为什么目标完成率总是不尽理想？/ 78

目标完成率的问题绝对不是用一个方法或行为就可以完全解决的，因为目标的稳定达成是一个细化的工程，从"心"到"行"，期间还要有技能的调整和不间断的监督与考核。通过短期行为，也许管理者可以解决眼前之患，但却无法解决长期之疾。

没有充足的目标认同 / 79

没有有效的支持计划 / 82
没有基本工作量认知 / 86
业绩管理周期不合理 / 89
管理者自身没有信心 / 94

◆ 管理的迷思四：为什么销售话术终端员工不买账？/ 97

　　销售话术最大的执行障碍在改变他人从小到大的说话习惯上，不是销售话术是错的，而是在执行的推动上所存在的问题较多，单个个体是可行的，全面推广就会有较大的隐忧，因此热火朝天的上课氛围却不代表最终终端可以落地执行。

个人意愿和企业意愿冲突 / 99
没有有效的培训形式作为支持 / 103
大环境同化小环境 / 106
样板店的选择不合理 / 109
没有高效的培训方法 / 112

◆ 管理者迷思五：为什么VIP顾客忠诚度不高？/ 127

　　过去不等于现在，现在也不等于未来，因此用过去的做法未必可以解决现在的问题，也未必可以满足现在顾客的需求。一旦满足不了顾客的需求，顾客自然毫不留情地琵琶别抱，与其怪罪顾客没有忠诚度，不如怪自己做的太少，怪自己变得太慢，怪自己可以满足顾客的不够。当对方厌倦自己时，要好好问问自己为什么会做到令对方厌倦。

缺少最基础的顾客尊重 / 128
不运用20/80法则，形式化主义过浓 / 131

未对 VIP 顾客区别对待 / 135
顾客认为时间越长福利越少 / 139
企业提供自以为是的服务 / 141
讨厌企业无事不登三宝殿 / 144

◆ **管理者迷思六：为什么员工的主动性不高？/ 147**

　　大多数人的主动性都不是天生的，而是通过后天训练逐渐养成的职业素养和习惯。因此，要有主动性很高的员工，管理者只有两个方向：一是一次性把人招对，在招聘环节上谨慎把关；二是通过长时间的培养，慢慢养成员工良好的工作态度和习惯。如果要有满意的员工，双管齐下是比较好的做法。

职业化素养训练不足 / 148
缺乏参与融入的平台 / 153
企业文化传承不足 / 156
被被动性牵引 / 159
工资不如预期 / 163
没有制度的要求和约束 / 167

◆ **管理者迷思七：为什么总是训练、强调连带率，连带率依然不高？/ 171**

　　特例只能一时吸引人的眼球，却永远成为不了常态，管理者要从心里先反思，到底自己在管理上追求的是什么，否则就会出现嘴上天天在说拒绝浮躁，而眼睛却又时时被浮躁所吸引，一点抗拒的能力都没有！

忽视配件商品的搭配 / 172
缺乏行为的统一管理 / 176
技能管理的耐心不足 / 179
行为管理的解决方案 / 182
连带点的训练导入 / 186

◇ **管理者迷思八：为什么顾客对于积分和赠品没有兴趣？/ 190**
　　赠品和积分其实都是可以有生命的，只不过他们的生命需要品牌去赋予。有了生命，自然可以为我们贡献出生命的力量，没有生命，自然也就只能为我们提供单纯的赠品和积分价值，甚至连单纯的价值都提供不了。

赠品的选择不合理 / 191
销售顾问对赠品的错误认知 / 194
积分与赠品的价值不匹配 / 197
赠品的选择 / 199
"心灵赠品" / 204

◇ **管理者迷思九：为什么员工不愿意推广高单价产品？/ 207**
　　能用事、用物来解决问题的，就绝对不要用人来解决，但是对于管理者来说，用事、用物可能非自己权限之内可以做到，而品牌要做到也需要一定的时间，因此管理者的焦点还是应该集中在人的部分进行调整，将注意力与精力放在自己可以努力的部分上去工作，而不要把注意力和精力放在自己不可改变的焦点上去抱怨，这样才能与事与物产生正向互补的作用。

害怕顾客跑单 / 209

以自己的消费能力评估顾客 / 213

不具备销售高端品的素质 / 215

缺乏高端顾客的积累 / 219

没有短、中、长期的落地措施 / 223

◇ **管理者迷思十：为什么终端执行最终流于形式？** / 226

　　操作流于形式的原因很多，但管理者一定要知道，流于形式之后受到伤害的绝对不只是品牌，执行者甚至顾客都会受到伤害，因此如果明明知道已经流于形式还继续纵容而不去积极地寻求改变与调整，这伤害将会扩大，甚至执行者也会对之后所有需要执行的工作改变态度，慢慢地让流于形式变成个人工作中一个糟糕的习惯。

主轴工作混乱 / 228

没有过渡的适应期 / 230

检查内容与终端现状矛盾 / 232

检查者没有端正检查态度 / 235

无有效的时间管理能力 / 238

第三章　猫尾巴式管理：终端执行落地模型 / 243

◇ **终端执行落地模型的缘起** / 247

　　许多问题其实已经在终端存在很长时间了，只是这些问题被管理者以常态的角度去理解或是受到一些固化条件的限制导致解决方案思考的停滞。一个问题没有解决，可能会导致新问题的产生，最后问题越来越多、交错复杂，更加大了品牌前行的困难。其实解决问题不一定很难，但是如果方向思考错误，再简单的问题可能也找不到答案。

◇ 终端执行落地模型解读 / 251

当终端失去"快速、灵活反应"能力时，就代表我们的机制已经出现了问题，这问题可能不是组织不健全，不是流程规范不够多，不是制度不够全面，也不是培训不够多，而是核心思想已经渐渐被淡忘，逐渐被所谓的正规化、规范化取代。当形式主义开始蔓延时，终端的反应速度就会变慢，如果不尽快解决，终端终有一天会一动也不动。

一个核心：快速·灵活反应 / 251

四种角色：传达者、执行者、监督者和考核者 / 254

六大方向与十二项重点 / 258

◇ 终端执行落地模型的优点 / 271

拥有再多的知识也需要实践才可以有所收获和感受，而一旦得到好处之后才会更加坚定地去实践。但现今许多管理者只是听课，真正实践的却很少。这是一本实操性很强的书，也是多年市场经验的积累，但是再有道理的书如果不将它运用于实践，它也无法贡献出任何价值。

后　序 / 276

后　记 / 278

第一章

"想当然"成就"意料之外"

第一章 "想当然"成就"意料之外"

本位思考是大多数人常态的思考形式,就像大多数人在看相片时会最先关注自己拍得如何,然后才关注他人一样。一旦这个习惯无法跳脱,久而久之这种思考惯性就让我们"想当然"地做事情,而忽略很多东西。不管是故意的遗忘还是无意间的遗漏,最终这些被忽略的关键还是成就了无法接受的意料之外。其实,我们在终端也经常会遇到一些状况,比如,我们认为推行的奖金激励方案应该是可行的,但最终员工却对该方案无动于衷,钱花了却得不到原本预期的理想效果;我们认为制定员工制度应该是被接受的,但结果却导致员工的反弹甚至是纷纷离职,等等,想法和愿景都是美好的,但最终结果却与初衷背道而驰,残酷地摆在眼前,从希望到失望,从失望到无奈。其实,作为管理者面对这些问题产生时,应当作出如下思考:

猫尾巴式的思考:

- 关于这些问题,我的思考是怎么样的?
- 关于这些问题,他的思考是怎么样的?
- 以上两个思考一样吗?差别在哪里?

许多人把产生这样的结果的原因归咎于员工，甚至少数管理者还把员工当成是畸形社会下的负产品，用有色的眼光去看待。正所谓"在其位谋其政"，为了改变现状，管理者还需要想办法寻求突破：当员工执行力不强时，应该安排员工进行提升执行力的培训课程；当员工的工作意愿较低时，应该进行心态调整的培训课程让其具备上进心；当员工对于自身没有追求时，应该进行人生激励的培训课程以激发其主动工作的意愿；当90后的孩子备受溺爱，不懂得成长、不明白团队的重要性时，应该进行团队建设的培训课程让其知道感恩与互助；当新员工没有独立解决问题的能力，太过于依赖领导或是老员工时，应该进行专业技能方面的培训课程以提高其职业技能。其实，这些都是市场上大多数管理者面对员工出现的问题时的解决方案，也是在做企业内训时最经常听到管理者提出的需求和选题。

许多管理者都会帮员工选题，认为员工出现各种问题，就代表他们很多方面都比较欠缺，有待改进，却很少有管理者会进行自我总结和检讨问题是否出在自己的身上，没有意识到可能自己才是众多问题产生的根源和核心。其实在管理中经常会进入到一个误区而无法自拔，总是企图改变别人来适应自己，却不知调整自己的心态和管理方法是最有效、最快速的解决办法。

大多数人的思考方式都是从自身出发，即所谓的正向思考，从"我"的角度去思考对方的需求，思考事物进行的可能状态、可能会暴露的问题、预计达成的结果等，然后从正向安排计划与执行步骤，最后义无反顾地执行。我们不能说这样的思维方式是错的，只能说这样的思维方式会出现某些盲点而缺乏全面性，容易出现单向的固化而发现不了其他的可能性，以及自身习惯性思维所造成的重复性失误。没有通过多位置、多角度的思考，最大程度地进行事前的抓缺补漏，只会造成执行过程中问题丛生，最后疲于奔命地应付种种突发状况。

猫尾巴式的思考是管理者应该具备的一种思维方式和能力，应当从正向走一遍思维，再从逆向走一遍思维，从"我"的角度走一遍思维，

第一章 "想当然"成就"意料之外"

再从"他"的角度走一遍思维,从成功的角度走一遍思维,再从失败的角度走一遍思维。因为越往高层走,对于最终结果的承担就会越沉重,对于时间的运用就越需要谨慎小心,因此思维就要越缜密,防患于未然。举足无措是管理者不能够被允许的错误,因为这代表企业可能要付出高额代价,也可能是自己职业生涯中惨痛的代价。

以我个人二十年的职业经理人生涯来说,这种猫尾巴式的思维方式帮助我从传统思维的泥沼中脱身,从全新的角度进行思索,从而发现更多的可能。以我个人的经验来说,这样的思维方式可以帮助管理者有效地进行工作思考,走出思维的盲点和瓶颈,以不同的角度让自己的决策更加全面,从而提高决策的成功率。

> **专家箴言**
>
> 大多数人都是从"我认为"的角度进行思考,也用"我认为"的角度看待对方,但忽略了每一个人都会有自己的"我认为",当两个人的"我认为"不同又没有达成一致的沟通时,其结果就至少会令某一方失望!

盲目乐观,乐极生悲

许多人投资股票为什么会血本无归?盲目的乐观,导致对"风险"两字毫无畏戒,最后酿成悲剧。其实大多数人并不是不知道风险的存在,而是不愿意去面对解除风险时所必须付出的代价,或是这个风险不是自己所能解除的却基于对成果的期待,无知的贪念远远高于存在的风险,自认为应该不会这么倒霉,甚至有人会自我说服:"做至少有赚钱的机会，不做就连一点机会都没有！"我个人并不是不认同这句话，关键在于是否能真正尽力去克服个人的心理障碍，勇敢地面对风险并且将风险降低。成功不是赌注，而是水到渠成的结果。

　　过去我曾经投资过餐厅，最后是以草草收场而告终。回想过程中的点点滴滴，其实很多事情并不是在确定万无一失之后才进行投入的，而是在投入之前心里就存在种种的隐忧，比如自己平时培训工作忙，没有办法完全投入餐厅的日常管理，而负责人的状态不佳；厨师的水平参差不齐，咸淡、火候的控制不稳定等。但是，为了实现事业的多元化发展，我不断地说服自己，自己投入的时间不足可以想办法多挤出时间来参与管理，负责人的状态可以因为给予充分信任感以及其他种种的投入而有所提高，厨师的水平通过假以时日的培养和熟练操作应该可以稳定，或是通过高工资招聘技术较好的厨师等。甚至告诉自己，既然希望第二事业发展壮大，那就必须承担一定的风险，勇于挑战，毕竟"舍不得儿子套不住狼"，所以应该要有一定的胆识，正所谓"爱拼才会赢"。

　　结果就是前期担忧的各种麻烦事儿不断接踵而来，最后导致餐厅在未能进行任何改善的情况下就已经血本无归了。为了降低自己因挫败而造成的心理压力，于是开始反复安慰自己，不经一事不长一智，只当这一次是花钱买经验！因为只有通过这种自我疗伤，才能让自己内心为这次的投资稍稍释怀。其实心里怎么可能不知道这些风险存在的隐患呢？只是当时被那股创业的激情和冲劲蒙蔽了双眼，还侥幸地以为自己可以得到上天的眷顾。

　　我曾经在投资餐厅失败之后问过自己几个问题，这几个问题让我获得了一个自我反省和自我了解的机会，更深一层地认识了自己：

猫尾巴式的思考：

- 现在已经失败了，那么什么是最有可能导致自己失败的原因呢？
- 这个原因事前我考虑到了吗？如果没有，为什么？
- 如果这个原因本来就已经预计到了，为什么没有做到最佳的防范？

第一章 "想当然"成就"意料之外"

人的大脑拥有无穷的力量，有正向思考与解决问题的力量，但同时也有自我逃避和自我保护的力量。这两种力量势均力敌。当自己的弱项、性格上的缺点暴露给不想面对的人、事、物时，大脑就会立即启动这个隐藏逃避和自我说服的自我保护装置，以避免在面对时产生的痛苦和煎熬。其实，这种状况或多或少在每个人身上都出现过，只是大多数人都不愿意承认罢了。如果不愿意承认，就会想办法找各种理由为自己解释开脱，这就是自我保护机制启动的特征。比如，因为某个人特别强势又不讲道理，所以我不愿意甚至是厌恶跟他沟通，但是这个人又是团队中的成员让我无可逃避，此时就会发现自己的行为模式变成"不到万不得已绝对不和对方沟通"，尽量避免接触的机会，"因为没有时间，因为没有适当的机会，因为最近比较忙"等一大堆合理的借口就纷至沓来。当然，这种行为模式可能就会变成一种恶性循环，越不沟通问题就越大，问题变得越大就越不想沟通，最后到了必须面对的时候，就算是力挽狂澜都未必可以改变了。

多年以后，深刻地剖析自己，才发现自己真实的状态有几种可能：

其一，自己也不知道这困难应该如何跨越，而自傲的个性又不愿意低声下气去寻求他人帮助，让他人发现自己无能的地方。

其二，不愿意让下属看出自己对问题的一无所知，为了保住自己的面子和在下属面前的领导力，所以面对下属提出的问题并未有针对性地给予解答，而是用自己强大的沟通能力、反复的逻辑跳跃把事情整得更复杂，把对方搞得更迷糊，因为只有复杂到他自己都无法想明白的时候他才会选择相信我，这也就是我所说的"混水摸鱼脱身术"。

其三，害怕自己深入研究问题之后发现，问题并不是自己目前能力所能解决的，为了避免对自己的能力产生自我否定，以及失去了工作上的自信，就会本能地逃避和抗拒面对自己的弱项，不愿意去承认自己的不完美，或者承认自己不够强。

其四，懒。懒得解决问题，懒得面对问题，懒得教对方，这种懒指的并不是工作上的不勤劳，而是对人有较强的选择性。教与不教全凭个人喜恶决定，没有对下属一视同仁的职业素养，对于喜欢的下属奉为掌上明珠呵护倍至，而对于不喜欢的下属则任凭其自生自灭，所以在年轻的时候经常会说，"好业务是需要靠缘分才能碰在一起的，强求不来！"

其五，对所处的环境，周边的人、事、物失去了敬畏之心，自我膨胀到看不见自己的缺点也看不见别人的优点，这也是最糟糕的状态。当一个人"对事不认真，对物不珍惜，对人不感恩"而失去敬畏时，所有熟悉的一切都会慢慢变得不再熟悉，甚至陌生得好似从未相识。

猫尾巴式的思考：

- 在工作上，有哪些部分是我会出现自我逃避的？
- 通常在什么情况下，我比较容易出现自我逃避的念头？
- 自我逃避的原因和理由是什么？
- 这样的逃避已经伴随我多长时间了？

每个人都有缺点，对于缺点多数人都会习惯性地选择掩盖，而不是面对，所以夫妻吵架经常都是将焦点集中在对方的错误上而不是自己身上，即使自己有错也会告诉自己是因为对方的错误所引发的，是不得以而为之，所以错还是在对方身上。习惯性地找借口推卸来掩盖自己的错误，虽然可以获得到一时的心安，但却失去了改变的机会，其实并不是不知道自己有错，而是因为把错推给对方比改变自己更容易些。不完美的人生才是真真实实的人生，所以尽可能通过面对与改变做到让自己的人生没有遗憾才是许多人一生应该追求的。有人说，"如果一个人完美了，那就是老天爷要收回去当神的时候了，所以不完美是正常的"，乍听之下很有道理，但是如果一个人永远用这句话来作为自我逃避改变和面对的借口，那么乐极生悲的状况就有可能会长伴左右了，因为他会允许

第一章 "想当然"成就"意料之外"

这些缺点长时间存在,而且将这些缺点合理化以让自己安心接受,屡做屡错,屡错屡做。要让自己面对自己的不完美确实是一件残酷的事,但"面对,残酷的是现在,不面对,残酷的是未来",所以要看自己是要现在逃避爽一时,还是忍痛面对爽一生了。

众所周知,做任何事情时都会有风险的存在,所以当一个人盲目乐观时,这个人并不是处于一种完全理性评估的状态之中,我不敢说每一个人,但是至少我自己是如此。当我盲目乐观时,基本上都是心里有所逃避、不想面对的时候,所以通过盲目乐观让自己对于不想看见的部分视而不见,最后乐极生悲。现在的我和过去的我之间的差别并不是我已经修炼到没有逃避的念头,而是学会了控制,懂得了在产生逃避的念头时提醒自己勇敢地面对,用乐极生悲的失败结果恐吓自己,不会任由大脑去支配我的人生,就像我经常告诫自己的一句话,"大脑是要为我的人生服务的,所以是我控制大脑,而不是让大脑任意地控制和支配我的人生"。

猫尾巴式的思考:

- 当我意识到自己有逃避的状态出现时,我应该要用什么样的方式提醒自己?
- 当我意识到自己有逃避的状态出现时,我应该如何做才可以让自己面对现实?

专家箴言

当一个人不想面对自己的缺陷时,盲目乐观的状态就会出现,乐观不是因为自己真的有百分百的信心做到,而是用乐观把自己所不想面对的部分做一个很好的遮掩,让自己完全听不见、看不着、想不到!

以终为始，问题预测

"始可以为始，始亦可以为终，终可以为终，终亦可以为始。何为始，何为终？意欲其为始为始，意欲其为终为终，可易位可反复，不拘泥于常态。"这句话的含义是：开始可以作为一个起点，但也可以作为终点，而终点可以作为终点，但也可以作为起点。那么究竟什么是起点，什么是终点？可以由个人的意志来决定，将其视为起点即为起点，将其视为终点即为终点，两者之间可以互换位置，也可以反复替换，通过互换和反复来帮助思考，不需要拘泥于常态下的认知。

在我30岁时的投资一败涂地，经历过从无到有又从有到无的人生阶段之后，在面对人生第二次创业的时候，我开始养成了谨慎思考的习惯，"积极勇敢地设定目标和努力向前，但事前一定要做好最坏的打算并进行问题的预测。对结果越期待，对过程就要越戒慎恐惧，否则最终的失望将有可能更大。"我个人称之为"不完成的思考模式"。有人曾说我这样的思想消极，总是从一开始就去想着完成不了，预先帮自己设置种种的障碍。但我却完全不这么认为，这样的思维并不代表我对结果抱着消极面对的态度，而是代表我对于成功的重视和渴望，所以我更愿意在没有开始之前，就假设目前失败的结果已经呈现在眼前，然后再从失败的结果中拷问自己，让自己去面对潜意识里不想面对的部分，将道路上的阻碍尽可能在事前解决，而不是在过程中处理。所以此时我就会经常问自己几个问题：

猫尾巴式的思考：

- 现在已经是失败的结果了，我的心情如何？

第一章 "想当然"成就"意料之外"

- 在这结果呈现的当下,我最想责备的人是谁?为什么?
- 最有可能造成自己以失败告终的因素有哪些?当时为什么没有想到?如果有想到的话,为什么事前没有做好足够的预防措施?
- 最有可能造成自己以失败告终的环节有哪些?
- 人的因素有哪些?
- 事的因素有哪些?
- 有哪些是自身的因素?
- 有哪些是外在的因素?
- 在这些因素中有哪些是自己最不愿意去处理和面对的因素?抗拒的原因是什么?
- 有哪些因素是可控制的?
- 有哪些因素是不可控制的?
- 有哪些是可以找人来解决的?为什么我没有请求那个可以帮助我的人的协助?
- 有哪些是必须通过自己改变现状才能解决的?这些现状是我现在才意识到要改变的吗?如果不是,为什么以前没有改变?

审慎思考以上问题,提前让自己面对失败的结果,是勇者的表现,因为一个真正勇敢的人并不是只会满怀希望、埋头苦干的人,而是勇于接受自己失败的结果再重新来过的人。要知道提前先预测这些问题虽然心里不好受,但却没有成本上的损失。若想等到事后再来检讨,虽然目前没有压力,但是当失败的结果出现时,如果运气好的话,付出较少的成本就可以解决,但如果运气不好的话,需要付出的成本就可能大到连自己都无法想象的地步。

所以在做任何事情时,先不要一心只想着成功,因为成功的喜悦和幻想有时会掩盖住许多潜藏的危机,所以必须强迫自己从成功的喜悦中剥离出来先体验失败与挫折,仔细分析问题可能出现在哪里,然后再找出解决问题的途径。成功是需要经过充分准备之后才能迎接到来的,可能成功有时是需要有一点运气的存在，但依赖运气的成功却不是每次都会降临在你身上。

所以以终为始的意思就是不要只是以起点为起点，可以换一个思维方式把终点变成起点，把常规的起点当成终点，从反方向开始往回走。比如，当我们开始做一年度的营业计划时，一般正常的做法是结合去年业绩的完成情况、大环境的消费状态评估、促销活动的安排、品牌特殊的行事历程、新店的开张、老店的预期成长、新加盟商或是代理商的加入等，将指标合理分解到每个季度、月度、周、日以及各个时段，最后落实到人的身上，通过公司审核之后就抱着这个梦想努力拼搏，面对接下来的全年365天的各种挑战。其实我个人建议，管理者除了做这些例行的工作之外，还可以在每一年的年末，先让自己静下心来，做出一个业绩背景的预估，比如，可以假设"现在就是第二年度的年末，而我们的业绩目标确定没有完成"，从这样的结果上开始逼自己往回思考：

猫尾巴式的思考：

- 最有可能造成我新的一年度目标没有完成的因素有哪些？
- 仔细想想上述所有的因素还有没有遗漏，我是不是已经把大因素、小因素都考虑完整了？
- 过去导致目标没有完成的因素中有哪些可能还会继续影响今年的目标的完成？我做了哪些预防的措施？如果没有，什么原因？
- 导致这些因素的真实原因是什么？我真实面对自己了吗？如果没有，为什么？
- 在各个业绩渠道中，目标的缺口最有可能出现在哪里？
- 完成率最低的可能是哪些店铺或是哪些人？是什么因素造成我会这样想？
- 哪些工作不到位对结果可能产生巨大的影响？
- 哪些能力的不足对结果可能产生巨大的影响？
- 哪些工作是必须要做而我又很不喜欢去做的？

第一章 "想当然"成就"意料之外"

- 哪些部分是我应该尽早做出预防但却迟迟没有做的部分?什么原因?
- 哪些人是我寄托最大的希望,但最后却有可能表现不如预期的?
- 哪些活动是我寄托最大的希望,但最后却有可能表现不如预期的?
- 是什么原因导致我会有这样的担忧?是不是我看到了什么?还是听到了什么?
- 目标没有完成,我最责怪自己的地方在哪里?是什么原因导致我会责怪自己?
- 哪些是我无法控制但是我又花很多时间去抱怨,结果浪费精力的部分?

与其在明年年底不得不面对完成不了的事实,还不如让自己提前面对。只要我们避开人类通有的侥幸心理勇敢地面对自己,就可以让未来一年里可能出现的危机和风险提前暴露,有更多的时间思考如何解决,倘若无法控制,也可以思考如何绕道而行,毕竟条条大路通罗马,绕远路也比到达不了强得多。

因此,我经常建议管理者在用正向的思维制定所有的计划的同时,也要用"猫尾巴式"的思维进行补漏工程,这样的双向思维有几个好处:

其一,避免过于乐观,意识到可能风险的存在,做到提前的预防。

其二,规避自己因逃避短项所造成的过程失控,如果自己在知道的情况下依然选择了逃避,至少在结果出现时不会过度地将责任都归咎在他人身上。

其三,让自己的计划有更高的完整性和执行性,事前扫除执行过程中的阻碍,增加执行的流畅度,尽量避开过程中的困扰。

其四,将过程中可能出现的问题提前暴露,为自己争取预防和解决的时间,避免因时间紧张而导致最后就算有能力也变得毫无用武之地的状况,毕竟解决问题既需要能力的支撑也需要充足的时间。

其五,通过正向思考和"猫尾巴式"的思考,最终提高目标计划的成功率。

出现问题并不可怕，可怕的是在没有准备的情况下遇到问题，这样就会令人束手无策。每一个人危机处理的能力都不尽相同，但即使是一个善于处理危机的管理者也不应该经常把自己放在危机处理的点上，用突发的事件来考验自己的能力以及体现自己的价值。自信是好事，但是过度的自信有时反而会成为成功的绊脚石，一次的侥幸过关可能造成无数次的跌倒。

任何一个问题要得到完善的解决，都需要时间去思考才能做好周详的计划。每个人对于周详计划的理解都不一样，我个人的理解就是正反思索，反复验证，提出最多的问题，找到最多的解决方案，用缜密的思维取代随机反应的能力。

每一个人的身上都会有强弱项的差异，一般来说执行力强的人容易在计划、思维上出现考虑不周就埋头苦干的疏忽，而思维能力强的人则容易在执行的速度及完整性上大打折扣，通常会出现"动脑动嘴少动手"的状况。所以管理者不用逃避自己的缺点和短项，因为你的强项也许正好是他人的弱项，而你的弱项也有可能正好是他人的强项，只要提前找到相关合适人选，在弱项上与己互补，共同分忧解难即可。

任何人都不可能什么能力都具备，所以所有的问题也不可能靠自己一个人的改变去解决，即使个人有这样的意愿，能力的成长也不是一朝一夕可以做到，最终还是必须要借助身边的资源，通过资源来解决问题。因此，只要能够尽早发现问题，就可以在时间充足的情况下尽早寻找资源，争取在最佳的时间里用最佳的方式解决问题。

> **专家箴言**
>
> 从假设的失败中强迫自己去面对可能的原因，这样的假设虽然会让人心里不舒服，但却可以让人真实面对可能存在的问题。许多人会不止一次在同一个地方跌倒，逃避是主因，如果继续维持同样的思维，这种跌倒绝对不会是最后一次。

第一章 "想当然"成就"意料之外"

反璞归真，量力而为

随着社会的高速发展，人们的生活、观念也会慢慢产生变化，过去大家都把到高档餐厅吃大餐当成一种享受，但现在越来越多的人把回家和家人一起吃一顿粗茶淡饭当成一种享受；过去大家都在追求外在的财富，但现在越来越多的人开始放下外在的追求，注重心灵的平静、成长、满足。渐渐地，你会发现人们除了在想"我"想要做什么之外，也开始在思考：我需要什么，我能做些什么。其实，反璞归真是未来社会的发展主流，人们都渴望回归简单而纯粹的生活，不急不躁、按部就班。

过去几年，许多人为了追求快速成功、迅速脱贫，到处听课、到处学习，天天在寻找捷径，期望能缩短成功的距离和时间。学习他人的成功经验固然好，但囫囵吞枣的结果有时也会打乱自己的步调。仅凭一股干劲就可以成功的年代已经过去，稳中求胜的年代已经悄悄来临，过快的脚步可能只会让自己更快地跌倒，因为社会越进步投资的风险也会越大。所以近几年我在上课的时候经常提到几个观念：

其一，做自己力所能及的事情。不要在过去和现在两个不同的商业时代中抱持着一样的投资观念，结果拿过去辛苦赚到的第一桶金开玩笑，要知道财富积累是很慢的，但要散尽却是很快的。

其二，前后兼顾，听到前面的，想想背后的。他人的成功背后一定有许多细节、过程的操作手法、心路历程不为人知，不是别人不说，而是没有办法将过程中的点点滴滴详细地给你娓娓道来。

其三，十鸟在树不如一鸟在手，贪多消化不了不如吃之前慎重做好评估和选择，吃的多不如吃的精，吃的时候就要考虑到消化的问题。现在做不到的课程内容听得再多也用不上，抓住一件真正可以做的事情坚持做到底更为重要。

其四，评估时势，准备好付出代价。可以羡慕和景仰他人的成功，但是一定要看清楚自己脚底下的路，走得稳比走得快更重要。自己的资金实力、市场的商业氛围和状态、投入与回报周期长短，如果要跟别人做的一样好，要考虑准备付出多少代价投入，并且要问自己这些代价是否可以接受。

其五，做该做的，不仅是做想做的。做事很重要，但是做实事更重要。终端该做的基础管理工作是一个持续的工程，做了不一定会立马见效，但是不做则会面对长期发展的下滑和无力。流程、标准、表格的管理，员工的晋升机制，VIP顾客的有效管理，市场的推广，陈列与形象维护等，如果自己不跨出这一步去做，永远没有人会主动帮你做。

其六，做好资源考虑，分清前、中、后期分阶段的计划。要想把一件事情做好，一定需要组织、架构、分工、能力的支持，考虑必须全面，而且要谨而慎行，越大的团队越要注意牵一发而动全身的效应。

其七，做熟不做生，隔行如隔山。投资要选择自己熟悉的领域。在服装行业里所遇到的问题，不会因为转行投资家纺行业消失不见，同时跨行业投资自己不熟悉的领域，还要重新学习和摸索，丢弃自己最有经验的强项而摸索自己不熟知的领域不一定是一个明智之举，因为那里有更多未知的问题等着你去解决。巴比伦成功致富七大定律里就有说到：不要投资在自己不熟悉的领域，因为一定会有一段时间是在用钱买经验。

猫尾巴式的思考：

- 目前有哪些事情已经超出了我所能承担的压力范围之外，让我倍感压力？

- 是什么原因让我认为承担不起？如果还必须继续承担，我能承担多久？我最终的时间节点在什么位置？

- 关于这些，我应该如何调整现状？我要这样调整的原因是什么？

第一章 "想当然"成就"意料之外"

有什么好处和坏处?

　　这里举个例子,但是绝对没有批评的意思,只是谈谈个人的看法。近年来,在市场上看到很多企业在倡导"狼性"文化,我个人认为"狼性"文化的实践首要关键的是最高领导要是一匹"狼"才行,否则你就要完全授权给一匹"狼"去做,而且不要干扰"狼"的行动,因为只有由上至下贯彻的"狼性"才能带出真正的"狼性"文化和"狼性"团队。如果领导本身不是一匹"狼",就容易在管理认知和制度执行上出现冲突,最后可能造就出一种"半人半狼"即人不人狼不狼的特殊物种。

　　其实每个企业都有自己的历史和领导人创业时创造的精神文化,任何一个企业只要用心就可以挖掘出自己赖以生存发展的精神文化和底蕴,然后将文化贯穿其中,而不只是学习他人的长处这么简单。所有的"术"一定要建立在"道"的基础之上才不会偏离运行的轨道,所有的外功都需要内力作为支撑才会有最好的发挥,孰为主、孰为辅应该坚持,千万不能本末倒置。一个懒得去挖掘自己文化的企业,复制他人的文化也不会用心和持续。

　　就像《海底捞你学不会》这本书里写的一样,海底捞是这几年许多企业都津津乐道的连锁餐饮品牌,它的服务文化是许多消费者乐在其中的部分,事实上这种服务精神与海底捞本身多年积累的文化以及管理者的管理认知和性格有关,这也是将企业内部的客户服务延展至企业外部,并达到一气呵成的关键。制度只是表面,文化感染与传递才是最关键的根源,任何企业都可以复制其制度,但是绝对无法通过复制制度而成为第二个、第三个海底捞。所以海底捞你学不会,绝对不是学不会海底捞的管理制度,而是无法复制海底捞从根本出发的人文文化和精神,形可以相似,但是其神韵可就无法比拟了。所以他人做得到,未必我们现在做得到,他人做一个动作所得到的成果,未必我们做相同的动作也可以得一样的结果,学习不是错,但是只学一个简单的表面而不思考其内涵、不分析自身的现状就很容易导致落地时出现一大堆的问题,流程制度是简单的,贯穿其中的精神与文化才是关键。

> **猫尾巴式的思考：**
> - 你认为你能做到今天，最重要的精神是什么？
> - 你认为你能做到今天，与他人相比最与众不同的地方是什么？
> - 你认为你能做到今天，最希望你的员工跟你一样的地方是什么？
> - 当你走到今天，别人最佩服你的是什么？

不管是信任还是财物，其积累都是非常缓慢的，但要花出去却是很快的。许多人强调成功需要激情，需要对目标的执着，需要有价值的愿景，这些说法我都认同。但是从我个人的角度出发，我认为"清楚地认识自己"也同样重要，套一句俗话就是要明明白白地知道自己到底有几斤几两。要做到一件事，首先要评估自己的能力是否与之相称，孤注一掷是否能成功，又是否值得。有些老板做出超越自己目前能力所能承担的投资，加大负债孤注一掷最后确实成功了，但是这样的成功是否会发生在自己的身上确实需要考虑。不要拿一个成功的特例当常态，一个成功的特例可能造就出千万个失败。我为他人的成功经验而斗志昂扬，但却被自己现实存在的困难和条件所打败。

我不赞成许多加盟商和代理商开网店也是基于一样的理由，成功的几率极低，但却把市场搞得乌烟瘴气。网络销售是趋势，对此我绝对认同，但是要把网店开好需要的也绝对不只是资金的投入而已。我跟许多加盟商、代理商聊过"网店到底可不可以开"的问题，对此我并没有做正面的回复，因为即使成功的几率低，仍然有人可以抓住机遇凭实力成功，因此我提出几个方面希望大家可以进行深度的思考，然后再来决定开还是不开：

> **猫尾巴式的思考：**
> - 网络上的活动策划我懂不懂？竞拍的成功秘诀在哪里？限时抢购的成功秘诀在哪里？买赠、异业联盟的成功秘诀在哪里？

第一章 "想当然"成就"意料之外"

- 网络上的市场推广我懂不懂？如何推广？在哪里推广？
- 最基础的网页美工、拍照、相片上传我懂不懂？
- 网络上的点击率、百度排行我懂不懂？为了这些市场推广，我准备多少费用投入其中？我的时间线是如何设定的？
- 最基本的公司内部网管我懂不懂？我的管理层懂不懂？
- 网络销售的物流系统是如何打造的我懂不懂？我准备用多少资金投入打造这个物流系统？
- 目前赚钱的网站的起家过程我是否清晰？时间多长？投入多少？
- 我准备投入多少时间在网络销售的操作上？
- 我准备投入多少资金在这个新开发的领域上？我的停损点设定在多少？

如果这些方面没有想明白，可以说就没有资格赚网店的钱。即使请了一些懂该行业的人也很难取得成功。一旦资金大量投入之后就会让自己陷入进退两难的境地，不退，不知道前面还需要多长时间，需要投入多少资金；退，就代表之前所有的投入都打了水漂，血本无归。有人说黎明前的黑暗是最黑暗的，所以要坚持住才能获得最后的胜利，但是也有可能坚持到最后等来的依然是漫漫长夜。所以对于是否要继续坚持需要考虑几个问题：

猫尾巴式的思考：

- 我目前的网站运作得如何？
- 难题能否解决？如何解决？需要多长时间？需要多少费用？
- 我想把现在的网站做大，我的时间设定是怎样的？
- 我要支持网站运行，我的现金流来源在哪儿？
- 我的资金投入预算计划是怎样的？

放下自己苦心经营学习了十几年的行业，转而把希望投入到未知的领域去摸索，是行业已经没有提升的空间了，还是想通过换一个行业进行自我逃避？在我看来，网络销售与实体店销售之间的根本差异在于一个是冰冷销售，另一个是温暖销售。网络销售之所以会成为我们销售上的阻碍，并不是因为实体店的销售即将完全被网络销售所取代，也不是因为服装生意已经趋向于饱和的状态，更不是因为顾客贪便宜所以都去网上购买产品了，最主要的原因是冰冷和温暖之间的温差过小，顾客在实体店里感受不到温暖销售中所应该具备的温暖，所以许多消费者才会趋向于在网络上购买。因此，根本的解决办法是加强店铺里的服务细节，关注VIP顾客的售后服务，提升销售顾问的职能与素养，优化货品的结构，突出商品的陈列与搭配等。只要我们把该做的事做好了，网络有网络的顾客群，实体店有实体店的顾客群，彼此之间并不冲突，甚至可以相辅相成。

因此，对于加盟商和代理商来说，新的领域虽然可以带来新的希望，但是也会出现新的问题和新的挑战。如果是以我个人而言，我更愿意去面对旧的问题，至少这些旧的问题对我而言是已知而非未知，要改善也知道从何着手，区别只在于我做或者不做。但面对新的领域，许多问题都是未知的，我可能在前进的道路上完全不知道下一个"坑"在哪里，即使这个"坑"我跳出来了，但下一个就无法把控了，因为我可能缺乏对整个行业评估的能力。

> **专家箴言**
>
> 人有梦想是对的，敢于拼搏也是对的，但是要衡量好自己的能力和现状以及公司组织的体质，不要做超过自己能力而无法掌握的事情。有些人赌一把结果成功了，可能是运气，可能是时机好，也可能是有贵人相助，但这些条件是否也会出现在自己身上，就无法预估了。成功是努力得来的结果，靠赌注获得成功的几率是很小的。

第一章 "想当然"成就"意料之外"

利他思考，利于执行

两个人在沟通的时候，大多数人都比较希望对方听自己说，而不是自己闭上嘴巴听对方说。合作伙伴之间，大多数人都比较希望对方可以多退让一点，而不是自己多退让一点。日常行为是如此，销售、管理有时亦是如此，大多数人都是以"本位"主义为出发点，而不是以"利他"主义为出发点，本位是天生，利他需要训练。有一个故事说的好，地狱和天堂都有一大锅粥，每个人手上都有一个长到无法舀起食物喂自己的勺子，地狱里的人都瘦骨如柴，因为大家都忙着想办法舀东西给自己吃但却一口也吃不上；而天堂里的人个个都红光满面，因为他们每个人都是在舀起食物之后喂给对面的伙伴吃，一团祥和，每个人都不愁吃不饱。一个地狱思维，一个天堂思维，有时只是一线之隔。

我曾在员工的面前几次畅谈公司未来的理想和梦想，但却发现员工的反应并不如我预期般热烈，这使我很失望。事后我曾经因此而怀疑过员工的忠诚度，直到有一次我跟员工在非工作时间交流的时候，才发现员工并不是对公司的未来发展不憧憬，而是对员工来说，公司伟大的愿景是需要的，但是他们同时也会非常关心眼前迫切需要解决的收入问题、买车问题、买房问题等。只有解决眼前，他们才敢去期待未来。所以就会出现我认为重要的他却认为不重要，我想说的他不想听的情况，这样自然就会发生冲突。

要能跟对方实现良性的沟通，就要能够贴近对方的心，感同身受，感受对方的点点滴滴。所以企业要想员工为了企业的未来而努力奋斗，就必须先考虑自己是如何对待员工的。

猫尾巴式的思考：

- 我对忠诚员工们的人生规划如何？短期的、中期的和长期的各是什么样的？
- 我的规划他们清楚吗？
- 我的忠诚员工目前家庭的财务状况如何？

我站在培训的舞台上已经十六年了，有时候会感叹讲课最难的不是如何把课程讲好，而是讲完之后如何能够让受众学员在工作中有执行的意愿。所以我一直都是采取观念和技术混和的上课方式，一些较为深奥的道理就会运用生活中的场景比喻来融会贯通，除了知识与技术的分享之外，还会兼顾观念和意愿的启发。不过，不同的企业有不同的要求，对此我们也只能配合。就好像企业有时会希望我们在上课的时候，多增加一些关于提升加盟商对企业的信心，以及与企业共赢的意识引导等方面的内容。当然这样的内容不是不能讲，而是加盟商是否对企业具有信心，是否能跟企业站在共赢的立场上一起前行，确实不是一个讲师所能决定的，而需要企业与其在合作的过程中诚实守信、互相扶持，建立共赢意识，用企业的所言、所行、所为改变加盟商的意愿。如果企业愿意换位在加盟商的立场上思考一下，就能理解加盟商的想法和需求，就能知道到底应该如何建立加盟商对企业的信心，以及与企业共赢的意识，他们可能缺少一堂课去引导，但是绝对不是缺一堂课去彻底解决根本存在的问题。

猫尾巴式的思考：

- 如果要让加盟商可以与企业站在共赢的立场，企业应该做些什么？
- 如果要让加盟商对企业具有信心，企业应该做些什么？
- 加盟商没有信心，是什么原因造成的？
- 加盟商没有共赢的思维，是什么原因造成的？

第一章 "想当然"成就"意料之外"

- 什么原因会让企业相信,凭一个讲师的力量可以改变加盟商?

曾经有人问过我一个问题,"什么距离是最远的?",我深思熟虑后得到的答案是"头到脚的距离是最远的!";另外一个问题是,"什么距离是最近的?",答案是"头到脚的距离是最近的!"。尤其是作为培训师更是深有感触,因为如果心中没有意愿,这个距离虽短却足足可以让人花一辈子的时间都走不到;反之,如果心中有意愿,这个距离瞬间就可以到达,几乎在想法出现的同时就可以开始实践。从头到脚,距离可以是最远的也可以是最近的,任何管理者都控制不了员工的大脑,只有员工本人才可以决定。因此关于员工的执行,我们可以这样理解,如果员工心中有执行的意愿,不用我们天天去激励他,他就会执行,但如果员工心中没有执行的动力,甚至抵触执行,最终就会发现即使是勉强为之也只会持续一段时间。

就好比现在零售行业的现场都是以90后员工作为执行的主力,这群员工普遍工作的选择性高,同时也比较不愿意委屈自己去工作,对于工作没有太强的急迫感,也没有太强的财务紧迫感。古人云"饱暖思淫欲",当一个人没有强烈的生理需求压力时,就会开始追求心理需求上的满足。所以90后员工不是难管,而是从生理需求年代出来的管理者无法理解心理需求高过生理需求的这群人到底要的是什么。我经常开玩笑,"要钱的好搞,不要钱的要命!"

其一,要"快乐"。

钱不一定是他们工作的首选,许多人宁愿钱少一点也要干得开心,虽然与70年代和80年代初的员工要收入、要升迁、要平台的价值观不同,也不容易理解,但是确实已经现实存在于我们的员工之中。两年前,我听到一个加盟商说过的一句话,他宁可加人也不要他们加班,原因就是许多90后的员工不希望因为加班而耽误了他们晚上享受生活的时间,所以与其让他们没有状态地站在现场,不如让有状态的人来创造销售,其实这是一个可以被作为参考的解决办法,因为在90后的世界里,这样的心态并不只是存在少数人身上，而是存在多数人的身上。

不过，这并不代表他们不能拼搏，不能吃苦，不能辛勤地工作，要在快乐的氛围下拼搏，所以PK、奖励、微信与微博时时互动、现场的游戏带动、目标完成之后的庆功对这群员工来说就显得特别重要。所以管理者要多渠道营造开心娱乐的工作氛围，而不是只关注员工财务上的丰收。对此，老一辈的管理者可能会有些头大，但因为时代变了，面对的社会主力人群不同了，所以管理者要先让自己时尚起来，关注他们关注的，这样才能和员工之间有共同的话题。

当然，管理者更不要千方百计地把他们变成跟我们一样，期待把一群90后员工带成70后员工，一个还可以做到，一群那可就难了。

猫尾巴式的思考：

- 我的员工，他们工作得快乐吗？
- 如果我处于自己现在所塑造的工作环境中，我快乐吗？
- 如果我要让他们快乐地工作，应该做些什么？

其二，要"成就感"。

除了目标的完成、个人的提升之外，成就感还跟管理者带领团队的管理技术有关，过去的管理以命令偏多，而现今的管理以团队共创共享智慧居多。过去开会是台上的人讲，台下的人听着，而现今则是台上的人只负责穿针引线的引导与最终的总结，台下的人则畅所欲言。员工有了参与的平台，才能有成就感的产生，有成就感的产生，才能有责任感的赋予，有责任感的赋予，才能有执行力的基础。这个平台不会凭空出现，需要管理者有意识地在企业内部将其打造出来，并持之以恒才会形成文化。

"一言堂式"的管理在现今的企业管理中比较难以让员工产生成就感，因此管理者要学习会议的相关技能、议题的制订、会议的安排、有效的讨论、制订会议后的总结、执行、考核，多讨论，多开会，不断创造员工发言和参与的平台，让员工把个人的心血和智慧融入到公司管理中，甚至个人的智慧被公司发扬光大。一个人投入的心血越多，自然就会对结果越加关注和用心，如果员工从头至尾只是听从命令办事，那我们跟员工之间的关系就很容易变成单纯的雇佣关系。一家公司如果只是老板的公司，是由老板拖着一大群员工向前迈进，这样的公司运作起来自然就低效，而一家公司如果是大家的公司，是由一大群员工在背后推着老板向前迈进，那么这样的公司运作起来自然就非常高效。如果要走得快，那就一个人走，但如果要走得远，那就要大家一起走。曾经有一个航空公司出了一道题征求答案，题目是"世界上最短的距离"，结果最后由一个小女孩得奖，小女孩的答案是"good partner"，即好的伙伴，有一起走的伙伴，路程再远都不累，时间再长也一会儿就过去了。要让员工拥有成就感，首先管理者要将员工视为伙伴，因为只有真正视他们为伙伴，才会重视他们的声音。

猫尾巴式的思考：

- 我目前的管理中，有哪些是可以让员工获得到成就感的？
- 这些部分我如何能做的更好？
- 还有哪些部分是我可以再调整的？我应该如何做？

其三，要"凝聚力"。

关于团队的凝聚力，现代化的管理者需要加强三个方面的知识和技术：一是团队建设的技术；二是性格学的技术；三是非金钱的物质激励技术。这几个方面都是强调人性心理方面把握的技术，主要是提升管理者对人的敏感度和把握度。这些方面的技术在过去的管理中可能被弱化了，因为在过去的社会环境中大家的焦点比较偏重于生理上的需求满足，所以只要用硬管理就可以解决许多员工的问题，所谓的硬管理是指制度、奖金、提成，即简单、直接、有效。

如果只是单靠这几个方面的管理技术已经远远不足以应对现在的员工，因此管理者要熟悉团队建设的技术，从团队文化的理解到团队成员的选拔、组建、管理、提升、激励，能够熟悉不同阶段团队的特征、不同阶段容易出现的问题以及处理方式，带领团队从初期磨合到中期发展一直到团队的成熟期。过去的团队为了收入什么都愿意忍，能合作就合作，若不能合作就把自己的一亩三分地做好，个人自扫门前雪就好。而现在的团队之间如果互动不和谐、勾心斗角、工作不开心，即使再高的工资也可能有员工离职，这与他们在这个时代下所共有的价值观——"快乐"有关。

团队的凝聚与每一个分别不同的小个体息息相关，所以除了关注整个团队建设的大技术之外，还需要性格学的小技术去拆解每一个不同的小个体，通过慢慢了解之后，再带领这些小个体融入到大群体中。许多管理者天天都在管理人，天天都在跟人打交道，每天还需要面对人事的问题和决策，但却可能从来都没有买过一本与性格学相关的书籍来研究过，只是靠经验的积累缓步成长。性格学可以提升管理者对人的观察和分析，分别对待的能力，面试选拔的准确度，强弱项的预知。要把每一个不同的个体融入到大团队中，大前提是管理者能够做到了解、熟悉与把握每一个不同的个体，否则很难快速有效地做到。

近年来，市场上的激励技术基本上都围绕着"如何发钱"做文章，并且掀起了一股热潮让许多管理者趋之若鹜，希望通过一些非常的手段解决眼下的问题。当然，这样的做法也起到了一些激励员工的效应，但是在正面效应出现的同时，负面效应也越来越大，激励的金额越来越高，激励的项目越来越多，致使员工眼花缭乱、目标错乱，最后导致的结果是员工没有金钱的激励就找不到工作的动力，团队与团队之间为了奖金矛盾连连。其实这些可能出现的负面效应管理者不是不知道，而是大家都希望立马提升业绩，所以都是先遮住眼睛做了再说，等问题出现后再来解决，只是大家都没有预计到负面效应会来得这么快，让许多管理者有点措手不及。

猫尾巴式的思考：

- 如果我希望建立一支令人满意的团队，我为这个团队付出了什么？还有没有可以做得更好的地方？怎么做？

第一章 "想当然"成就"意料之外"

- 我了解我的员工吗？如果是，我做了什么？如果不是，是什么原因阻碍了我？如果要更多地了解我的员工，我应该做些什么？
- 换位思考一下，如果我在这样的物质激励环境下工作，最终我会变成怎样的员工？

金钱的激励只是激励技术中的一小部分而不是全部，它是人类需求中最底层的满足，而荣誉感、使命感、自豪感则是能让团队前行的伟大力量。但是对员工来说，你拿什么诱饵让我去争，我的焦点就会关注在什么上，所以许多管理者口口声声批评员工现实，其实许多员工的现实并不一定是员工的错，有些员工的现实或许是管理者自己手把手训练出来的结果。为了正向引导员工，我个人建议不到非常时期不用非常手段，一旦非常手段用成了常态，最后苦了的一定是自己，所以管理者最好在非金钱的物质激励上多下工夫，比如：

- 部队里的流动红旗，而且旗子越旧越有历史的价值和骄傲。团队中所有成员都有只让红旗进不让红旗出的决心；
- 田径比赛冠军的颁奖仪式和奖杯。仪式可以让员工享受到荣耀，而奖杯则是这荣耀的具体象征，是可以向他人展示的；
- 获胜团队的宵夜、聚餐、津贴；
- 探亲假期的发放，感受亲情，温暖环绕；
- 父母亲的旅游招待，替员工尽孝道；
- 五星级酒店住宿，提升享受，感受服务；
- 最高端的餐饮料理，尝试新鲜事物；
- 及时的微信、微博祝贺，打铁趁热，持续加温；
- 祝贺的亲笔书信，感受重视，提高荣誉感；
- 获得荣誉后的家人电话短信通知，让家人与有荣焉，为子女骄傲；
- 某金额等值的礼物，通过平常观察他个人的喜好，给他他需要和喜爱的，感受用心，关注需求。

金钱就是赤裸裸的金额价值，而等值的物质奖励可以包含领导对于员工的专注和关怀，通过情感的赋予和包装来发挥更高的心理价值。这些深层次的心理力量不仅成效大而且可以持续，因为它带着温暖，差别只在于发钱比较简单、直接，而这些非金钱的物质激励则要靠管理者长期对员工的用心。如果管理者下不了决心带领团队走向良性的激励，那么出现激励后的负面效应的时候就不要抱怨，因为这是自己的选择，既然选了，就要认命。

猫尾巴式的思考：

- 我曾经做过哪些非物质的激励政策？
- 如果我是员工，哪些非物质的激励政策对我有效？

其四，要"成长和提升"。

在招聘的时候，我们会发现许多年轻人找工作，非常重视个人的成长和提升，希望在年轻岁月中可以多些机会磨练自己，为未来积累无形的资本。因此，许多员工跳槽的原因，并不一定是工资不满意，而是在原有的岗位上找不到自己再提升的空间，所以出来寻找第二度的成长。"因工资不满所以离职"是管理者认为的原因，但却未必真的就是事实，因此管理者除了关注业绩是否完成之外，还应该多关注员工培训计划的制订与执行。一个人如果只工作不吃饭的话迟早得活活饿死，而一个人的大脑如果也只出而不进的话，久了也会干涸。培训的形式很多，管理者可以交叉多用几种不同的培训形式来增加工作的乐趣，比如：

- 提供培训机会，可以有定期与不定期两种机会；
- 企业内部培训以及企业外部协力单位的培训；
- 阶段性的轮岗，除了增加其不同的能力之外，同时提高其对各部门的协调能力；

- 定期与不定期的经验交流和研讨，通过团队自身提高团队的能力与视野；
- 用心做好会议的执行，让员工每次参与会议之后都能有所收获满载而归，而不只是总结、检讨而已；
- 参观跨行业优秀店铺，训练员工观察与分析总结的能力，将培训从室内移到市场；
- 举办读书会，古人云："三日不读书便觉面目可憎"，养成员工涉猎不同知识的习惯，扩展知识面；
- 及时进行优秀员工心得分享，销售的、客户服务的、大单的、连带的，让员工当下就可以享受到工作成就感，好的案例可以让所有员工及时学习；
- 店铺内可以设置小老师的岗位，发挥内部培训力量，由员工培训员工；
- 领导下市场时，安排主题让领导对员工进行培养。
- 同品牌跨区域观摩其他代理商或是加盟商的优秀店铺。

这些其实都是小事，关键在于做与不做，因为许多管理者对于以上所说的并不是不懂，而是跨不过自己的两个障碍：一是懒，当然懒的根本原因是来自不重视；二是"万一培养完之后员工离职了怎么办？"，担心自己在员工身上所投入的心血白费。所以关于这部分总是进一步退一步，在执行上犹豫迟疑，考虑再三。

其实管理者应该大度一点去面对这样的状况，因为我们自己也不一定会在一个企业里待一辈子，不是吗？如果连自己都不一定做得到，如何用不同的标准去要求他人。把员工的培养当成是自己的社会责任与社会的回馈，取之于社会用之于社会，反而更容易得到员工的感恩。越不培养和提升员工，那么他可能离开的速度就越快，而且毫无感恩，因为很少接受我们除工资外的额外的给予。而如果员工都没有提升，即便是长时间留了下来，最终不但无法起到榜样的力量带动店铺的业绩，反而可能有负面的效应。其实所有的培养都不需要斤斤计较，我们越跟员工斤斤计较，员工自然就越跟我们斤斤计较，最后提升缓慢，成长停滞不前，最终吃亏的还是管理者自己。

猫尾巴式的思考：

- 如果我是员工，在什么样的状况下我对企业会自然而然地感恩？
- 如果我是管理者，我如何做才可以降低员工培训后离职的损失？
- 如果我要提升员工的技能，有哪些培训是我有能力在店铺里执行的？

其五，要"白纸黑字"。

以前的员工只需要拍拍肩膀告诉他们，努力干，一定不会亏待你的，这时候不管前方的希望大还是小，他们都会充满战斗力地往前冲。而现在的员工可能会想口说无凭，既然不会亏待我，为什么不白纸黑字写下来呢？有人说是因为以前的员工单纯，我个人觉得这只是一方面，另一方面是以前的机会不够多，选择性少，眼前的机会虽然不一定大，但是抓住总比没有强，有机会拼总比没机会拼更强。

现在市场上对人才的需求强烈，每个员工在选择我们的时候，可能或多或少都放弃了一些其他的诱惑。不只找工作的时候如此，就是在职期间也是如此，而且越优秀的员工面对的越多放弃的也就越多。所以管理者要放下过去口头承诺的习惯，慢慢习惯用明文规定来管理，给员工书面上的承诺，也给自己一定的压力和责任，让员工心安，也给员工更多抗拒诱惑的理由。

明文规定，该赏则赏，该罚则罚，凡事做到有凭有据，这对许多店铺来说都是不完善的，都存在很多疏漏和空缺。然而难是一回事，愿不愿意往这方面去靠拢又是另外一回事，员工可以接受现在乱，但是不能接受永远乱，慢慢往前走至少还是向前了，都不往前走或是抗拒往前走那就是意识和管理水平的问题了。一个不愿意明文规定而只愿意做口头管理的店铺，员工看不到明确的希望，得不到有效的承诺，在这种情况下还要期待他们有高的忠诚度真的是比较困难，就算留下来或许也是在骑驴找马。

猫尾巴式的思考：

- 如果我是员工，我如何去理解口头承诺？
- 如果我是管理者，什么原因造成我总是用口头承诺，不用白纸黑字写下来？
- 如果我是员工，面对口头承诺和白纸黑字的承诺，我会有什么不一样的心态或是行为？

其六，要"家人的关怀"。

2013年底在东北上课的时候，遇到一位李宁代理商的区域主管，在聊天过程中就提及一位他们某区域的代理商，员工离职率非常低，稳定性非常高。仔细询问做法时就发现，这位老板并不是在制度上有多么高深之处，而是真正用心关怀每一个员工。每一年过年前这位老板都会用半个月的时间，自己开车去每位员工的家里送米送油，年复一年都是如此。不管员工家里是住在城里还是住在大山里，一定送达，让员工的家里人都能以自己的孩子在这样的公司里上班为荣。这充分体现了一句话，员工的向心力是做出来的，而不是靠嘴巴说出来的。

大多数人对谁最有忠诚度？除了对国家、社会之外，忠诚度最高的应该就是家人。管理者要营造家庭的氛围，给予亲人之间的关怀，满足员工人性中对爱的需求，尤其许多员工都是离家千里在外工作，平常得不到家人时时细心的关怀和呵护，对这方面自然会有更大的渴求，所以管理者也可以举办一些活动，让员工虽然离家千里，但依然可以感受到家人的关怀，比如：

- 邀请家人一起度过年底公司的年会；
- 平日公司的聚餐，邀请家人一同参与；

- 周末邀请员工家人一起在家聚会；
- 每年为员工的父母派发生日礼物；
- 举办所有员工家族运动会、烤肉聚会；
- 定期邀请家人参观公司，与高层互动，父母来回的吃、住、行费用支付；
- 下乡拜访员工的家人。

就像我以前经常举的例子，有时候追女朋友不要只在意她一个人，还要用心追她父母，因为只要追上了对方的父母，这男女朋友的关系就有了最佳的保障，而且其父母平常还会经常帮忙催促赶紧结婚，最后不用求婚可能事情就已经成了。

心稳定了人就稳定了，心浮躁了人也就浮躁了。爱是最能够让心稳定的东西，爱家人，爱孩子，还要爱员工，因为这群人有时候跟我们相处的时间比家人还要长。真心关爱员工，员工自然也会关爱我们。

猫尾巴式的思考：

- 如果我是员工，我的领导为我做什么可以让我感动？
- 有哪些营造家庭氛围的工作是我力所能及，并且可以执行的？
- 目前我所管理的团队中，是否有家庭的氛围和家人的关怀？有，我做了什么？没有，又是因为什么？

其七，要"生活"。

我见过一个年纪稍长的老板娘教训自己的员工："你们现在多幸福，还不懂得珍惜把握机会好好提升自己，我到现在还是不敢松懈，早上跟你们一起到店里，你们两班倒，我是一班通到底，从店里回去之后还要洗衣服、看报表，该补货的第二天要补货，该调陈列的第二天要做计划，把所有第二天的事情想完一遍之后，才可以安心上床睡觉，第二天一大早六点就要起床准备孩子上学。"说这话的人希望用自己的亲身经历告诉

第一章 "想当然"成就"意料之外"

对方"少壮不努力,老大徒伤悲",要把握时间好好学习提升。但是,可惜的是对方可能未必接收到同样的信息,说不定这样的说法不仅没有激励员工,反而把员工给吓死了,因为他们所追求的是"工作是为了更好地生活,生活是为了找到更多工作的动力",生活与工作缺一不可,因此为了工作而放弃多姿多彩的生活追求不是他们能接受的价值观。

70年代甚至更早的人习惯了"生活就是工作,工作就是生活",其实在生活上,我们还真应该学习90后,让自己的生活丰富起来变成彩色,而不是黑白。当我们真正懂得生活,能享受到生活中的不同乐趣,增加更多的生活体验时,或许这些对于员工的带动比天天跟他们讲道理有效得多。

其实90后员工管理最重要的并不是让管理者了解怎么去管他们,而是让管理者意识到自己究竟需要改变些什么。因为当我们想要让他们按照我们的方式去执行时,最终能否如愿以偿,关键并不在于我们如何想,而是在于他们如何想。

猫尾巴式的思考:

- 如果没有工作的牵绊,我现在最想做的事情有哪些?
- 除了工作之外,我其余的时间是如何运用和分配的?
- 我如何形容自己现在的生活?我的生活方式有没有吸引人的地方?有的话,在哪里?可不可以更好?

专家箴言

时代的改变会带动人的需求转变,管理者只能跟着时代的巨轮转动,不可能以个人的两只手阻挡巨轮的前行,也不可能让巨轮因你而停下脚步。最可怕的是,当你还在犹豫不决到底是要改变还是不改变的时候,时代的巨轮已经毫不留情地从你身旁滚过,你不追他,他就会离你越来越远,直到你被淘汰。

创意思考,突破格局

这个世界本身就是由一个又一个化不可能为可能堆积起来的,很少有所谓的"绝对不可能"。通常我们口中所说的不可能,都是建立在某些固定的条件之下的,所以不是绝对的不可能,而是有条件的不可能,一旦这些固定的条件被打破或改变,那么不可能就会变成有可能,甚至是极大的可能。当外在条件,如时代、人事、观念、思维、成熟度、资金条件、竞争对手、商圈的生态、VIP顾客的数量等都已经有所改变时,我们的思维却仍然无所变化,导致的结果可能就是在不同的条件下仍然维持着同样的思维。这里所说的每一个改变,其实都可以为我们创造出截然不同的发展空间,只是看我们是否发觉和意识到,或是意识到却依然执着于在不同的条件下做着同样的事。

经常会遇到一些店长来问我问题,当我给出解决方案时,他们就会一口回绝我:"我们老板跟你的想法不同,你不懂我们老板,他不可能会这么做的。"其实这是建立在某些固定的条件之下所造成的不可能,根深蒂固的未必是老板,很有可能是店长。要突破这个"不可能",就要先松动他固化的条件,只有松动了固化的条件,在可能性上才会出现变化。

因此,员工在向老板提出投入建议之前,应先站在老板的位置上看投入是否有回报,若有,就站在老板的角度分析投入的好处和不投入的坏处,用对方可以接受的沟通方式进行沟通,对自己的建议做出合理解释。如果做到这些,老板有什么理由不投入呢?我相信即使老板有难言之隐无法投入,也会好好与你沟通,不会以直接否定的方式打消你的积极性,因为你是一个难得的好员工,是站在老板的位置上为其尽心尽力的好员工。

第一章 "想当然"成就"意料之外"

我们经常会站在自己的立场上去抱怨自己所受的委屈,但却没有站在对方的立场上去思考为什么这么好的一个方案对方却不接受。单纯地把焦点和情绪集中在不想看到的结果上,却不去思考如果想要改变这个结果应该做些什么。我个人觉得遇到这种状况至少应该弄清楚对方说"不"的理由:首先,要搞清楚自己的建议为什么不被接受;其次,从对方的说法中找到自己思考不到位的地方,即使不被采纳也可以让自己成长;最后,确认自己是否把自己的意思表达清楚了,对方是否完整无误地接收了。

猫尾巴式的思考:

- 为什么我的建议领导会不接受?我清楚领导不接受的原因吗?这个原因是我询问的结果还是我自己推测出来的?
- 我曾经在建议方案之前,从领导的角度思考过方案吗?如果我是领导,我会接受这个方案吗?会不会有顾虑?什么原因造成的顾虑?
- 以我对于领导的了解,他喜欢对方用什么样的方式与其进行沟通?
- 在我的工作中,有哪些是我认为不可能改变的?这些不可能的认知是建立在哪些固化条件上?如果要松动这些固化的条件,我应该怎么做?

从一个被认为不可能的结果上去思考如何松动其固化的条件,然后思考化不可能为可能的路径和方法,而非直接掉入不可能的思维中,最终做得到的依然做得到,而做不到的依然做不到,对于做得到的理所当然,对于做不到的也是理所当然。其实很多时候限制发展的并不一定是能力,而是思维,同样的能力在不同的思维宽度中会有不同的发挥,产生不同的结果。

比如,一提到企业推广,很多人就会认为要印发大量的宣传单,刊登户外的广告,甚至投入大笔钱在媒体上才能得到好效果。但是,如果公司真的没有钱做推广,但又必须做推广的话,怎么样在不花自己钱的情况下就把这些事情办好，用最低的费用去产生最大的推广效益呢？浙江宁波的梵迪珠宝片区，就曾经为VIP顾客提供"订制一个难忘的情人节"服务。通过协力厂商的合作，如花店、西餐厅、小花童、租车服务等，列出服务项目供给顾客自由选择。当顾客选定服务内容之后，再由公司帮顾客量身定做情人节一天的惊喜，费用由顾客自己承担并且支付给协力厂商，但是策划与行程跟进由品牌公司来推进，最终获得许多VIP顾客的高度认可，还得到媒体的采访。整个活动下来费用低、效果好、顾客满意度高，用最少的成本获得了最大的推广效果。所以并不是没有方法，而是没有通过有效的途径想到更好的方法。这个方案的成功在于他们松动了"活动与推广需要公司提供费用的支持才能做到"的固化条件，从而策划了一个成功的促销活动。

跳脱出常规的思维，在大家都认为不可能的情况下去进行可能性的思考，促销活动一定会需要费用，但如果可以把活动的费用转嫁到消费者身上，那么活动的费用可以大大降低。但是顾客为什么要掏这个钱呢？除了把费用转嫁给消费者之外还有没有其他的解决办法？我们可以问自己几个问题，来找到顾客愿意掏腰包付钱的理由，最终为自己找到更多的资金来源：

猫尾巴式的思考：

- 如果我是顾客，我在什么理由之下会愿意自掏腰包请求服务？
- 如果我是顾客，什么样的服务可以获得到我的惊喜？
- 如果企业没有给我经费，我有什么办法可以解决经费的问题？
- 我在外面消费时，不管是不是服装行业，有哪些服务的成本低且令我印象深刻？
- 以我个人而言，我认为最浪漫的一天应该是怎样过的？
- 我所认为的浪漫，在现实生活中，最有可能实现的事有哪些？
- 在情人节大家最希望给对方留下什么样的回忆？这回忆里需要哪些元素存在，如鲜花、烛光晚餐等？

第一章 "想当然"成就"意料之外"

- 一般工作繁忙的人为了要给自己心爱的对象留下难忘的一天,他们最心有余而力不足的部分是哪些?
- 如果我要成为顾客今天的生活秘书,我应该如何做才能做到称职?

许多时候我们想要提升业绩,就必须以业绩来源的对象作为思考的出发点,而不是从企业品牌的角度去出发。当我们以逆向思维出发,从顾客的角度思考他们需要什么样的服务时,最终活动的方案可能会有天壤之别。顾客不会因为我们"有提供"就满意,而是因为我们提供了一个"可以协助顾客解决问题"的活动方案,让其获得好处之后才会满意。

牺牲利益做折扣、给赠品,甚至给某些老顾客的折扣越给越低,有些企业认为这就是对VIP顾客所进行的服务,其实这是一厢情愿的做法。对顾客而言,他会认为自己所得到的一切都是应该的,因为自己为此付出了大量的金钱。这样一来,如果顾客没有美好的服务体验,只有折扣和赠品,很难形成品牌忠诚度。

有时候要取得顾客的忠诚度并不难,尝试换位思考一下问问自己,这样对于自己接下来的操作方向也会有些眉目:

猫尾巴式的思考:

- 目前在消费时,有哪些店铺的行为是我最反感的?反感的原因是什么?
- 我曾经因为哪些原因出现过投诉的情况?最后的处理结果如何?好,什么原因?不好,什么原因?
- 我曾经因为哪些原因重复在一个品牌里消费?
- 曾经有过哪些服务让我印象深刻?
- 有哪些服务可以获得我的满意?
- 有哪些服务对我而言是超值的,是其他地方很难享受到的?
- 有哪些服务如果品牌可以做到,会超乎我意料之外?
- 品牌做到哪些事情,我会愿意把忠诚度主动奉上?

- 哪些服务是我最希望在品牌中可以享受到但品牌还没有做到的？
- 目前现有的服务中有哪些是做与不做都无关痛痒的？
- 目前现有的服务中有哪些是做了还不如不做的？

等自己想明白了，也就知道以后该怎么做了。千万不要再抱怨顾客难以搞定了，如果我们一直都不去做换位思考，搞清楚顾客真正的需求，就永远难以搞定顾客。先松动"顾客很难搞，我已经打折了，甚至比别人还要低，该做的服务都做了，赠品我们都送的比别人家好！"等的固化条件，从新的角度展开思考，才能为我们的顾客服务找到一条新的出路。

每个人都希望自己可以脱离红海的战争走向蓝海的战略，如果真要做到如此，管理者就必须脱离常规的思维方式，以不同的思维角度去思索不同的做法出奇制胜，否则就会在红海中与他人拼个你死我活，而无法走出自己独特的一条道路。逆向思维是众所皆知的一种思维方式，但知道却不一定真懂，真懂也未必能做到，因为我们经常会不由自主地流于过去所习惯的模式中而无法自拔，被自己的旧有习惯牵引而无法突破。思维方向是一种习惯的养成，要改变过去的思维习惯而养成另一种新的思维习惯当然需要时间，需要练习，同时也需要不断的自我提醒。就像一个人习惯每天八点起床，如果要他养成七点起床的习惯不是做不到，而是需要时间和不断的自我提醒。当然，改变的前提是必须清楚为什么要七点起床，如果七点起床的好处多到让自己不得不去做，能够找到持续改变的动力，那么这个新习惯就会在有意识控制的情况下逐渐形成，否则七点起床就会变成一件知道该做但是却又做不到的事情了。

> **专家箴言**
>
> 一个人的"不可能"思想大多来自大脑中"固化条件"的限制，要改变自己，就要松动大脑中的"固化条件"；要改变他人，就要松动他人大脑中的"固化条件"。要化不可能为可能，要让达不成变达成，只要"固化条件"松动，可能性就会一点一点从禁锢中被释放出来！

第二章

管理迷思十问

有问题就一定有答案，目前没有答案并不代表永远都没有答案，只是还没有找到而已。许多我们在店铺里纠结的问题之所以解决不了，就如前所说，有时并非能力的问题而是思维的问题，思维所造成的死角是没有办法通过能力的提升来解决的。若一个人因口渴而露出了痛苦的表情，但我们却认为对方肚子饿需要吃饱，所以给了无数个馒头。虽然付出了，甚至比别人付出的还要多，却并不代表这样的付出就是别人需要的，也不代表会得到比别人更好的结果。其实做对事比多做事更重要就是这个道理，选对了方向再开始努力比着急往前进更容易得到我们所期待的结果。

很多人抱怨自己付出这么多却没有得到相应的回报，其实出现这样的结果不能怪别人。就好像有人说培训没用，甚至说培训都是骗人的。其实并不是培训没用，而是培训之后没有做持续性的工作来延续培训的效果，如没有做培训后的计划，没有做监督和考核，没有做现场的模拟训练，所以培训之后才没有达到我们所预期的效果。

解决问题的前提是要搞清楚问题的根源然后才能行之有道，行稳之前要思稳，思稳之前要心稳，执行的前提是要先想清楚，而想清楚的前提是不急躁，急躁之下所做出的决定基本上都是以扼腕叹息告终。以下我们举了几个市场上大家都比较关注的现象进行探讨，从猫尾巴式的思维去做一个全新的推演和剖析，从同样的问题中找到新的原因，从新的原因分析中制订新的应对策略，摆脱我们过去想当然耳的解决方式，尝试从一个新的角度去解决问题。

> **专家箴言**
>
> 问题没有得到很好的解决，有可能是方向问题，也可能是方法问题，搞清楚问题的属性之后再开始行动才是明智之举。有解决问题的行动不代表就没有责任，问题没有解决，你依然是最终的责任者。

第二章 管理迷思十问

管理的迷思一：为什么终端执行力不高？

近几年每次和品牌中高层主管进行沟通时，都会提到"如何解决终端执行力不高"的问题，其实终端执行力不高一定是高层与中高层的问题而不是终端的问题，只是大家都不愿意面对而已。企业链条从上到下有很多环节。最后一个环节如果出问题，前面的环节通通都有责任，因为每个环节都是息息相关的。与其说是终端执行力不高，不如说没有配套促使终端执行力高的措施更准确一些。

举个最简单的例子，我经常会说领导听的课程下属不需要听，但下属听的课程领导一定要听。但在培训现场我经常发现，下属在下面听得津津有味，而领导们却都不在现场，或是人在现场心不在，忙东忙西进进出出，或是玩手机的时间比听课的时间多。这样的状况回去之后应该如何执行？做了，领导不知道，不做，领导也不知道；做错了，领导不知道，做对了，领导也不知道；执行力之所以低，应该很简单就可以理解了吧。在培训结束后进行最终试卷考核时会发现，领导们却对此不知所云，这是大家很不容易被人接受的结果，但却又是实际上发生的状况。在不清楚内容的情况下，肯定进行不了监督，而不监督就希望终端店铺拥有较高的执行力，在管理上这个逻辑很难被人接受。

猫尾巴式的思考：

- 终端执行力不高，如果我是终端人员，我接不接受这样的骂名？如果接受不了，什么原因？

- 如果我是终端人员，要我执行力高，我需要在哪些条件下工作？
- 如果我是终端人员，造成我执行力不高的原因可能有哪些？

> **专家箴言**
>
> "我已经交代下去了，我已经帮他们培训过了，我下市场的时候都有提醒"。这些都是最有可能在执行不落地时推卸责任的说法。做了没有效果，结果跟没有做是一样的，付出要有回报，这是最基本的管理态度。

意义缺失，执行不力

每个人做事都需要理由，不论这个理由是伟大的还是简单的。即使是在部队里，命令下达之后就要立即执行，看似没有理由，但其实军人的身份就是最直接的理由，因为军人以服从为天职。从企业总部到终端整个执行的链条中，终端的员工是最后一个执行环节，执行的成果最终如何呈现就是由他们来把握，所以这群人是非常重要的。既然很重要，那么为了理清观念和行为之间有多少差距，就需要慎重思考以下几个问题：

猫尾巴式的思考：

- 在找不到执行意义的情况下，您会为自己工作上的执行效果打几分？
- 在我们的企业中，对于终端执行人员的沟通、宣导、排疑解惑，你给几分？
- 终端执行人员在执行之前是否真正深刻地了解了执行对企业的意义是什么？他的工作质量对企业的影响有多少？
- 终端执行人员是否真正深刻地了解了执行对他们个人的意义是什

第二章 管理迷思十问

么？好处是什么？

- 我们通过什么样的途径对终端人员进行宣导？这个途径我是如何管控质量的？
- 宣导的效果如何，如果要给一个分数，我给几分？这分数是怎么打出来的？
- 我曾经有没有为了确保宣传到位而进行过监督？我是怎么做的？
- 有没有用心地聆听终端执行人员对于执行的看法和意见？如果没有，什么原因？

当大家把矛头指向终端，指责终端执行力不高的时候，终端人员可能真的是背了一个又重又烫的大黑锅，甚至是哑巴吃黄莲有苦说不出。因此，每当被指责执行力不强的时候就故不作声，做无言的抗议，领导看得懂就懂，看不懂也无所谓了，只要问心无愧就行，甚至出现逆反心理"有本事你来做做看"。

根据多年的终端现场经验，我发现多数企业将各项方案、政策下发至终端时，很少有管理者会跟终端执行人员做深入的交流和沟通，从双向沟通的角度提前化解未来执行中可能出现的问题，更不要说听取终端执行人员的意见了。所以员工许多时候都是在半迷糊的状态下执行公司的政策。

执行是他们在执行，想法、意见、问题却少有人关注，难怪许多店长会跟我说，反正尽力做好就行，真做不来也没办法，语言当中充满了无奈。因此，面对员工的执行力的问题时，管理者可以静下心来问自己，在这问题上自己认认真真地与终端人员沟通过几回。

猫尾巴式的思考：

- 在以上情况下，如果您是终端人员，您会给自己的执行力打几分？
- 什么原因会造成我们跟终端人员疏于沟通？对我个人而言，最关键的因素是什么？

- 为了提升终端执行力，我做过哪些努力？最终的效果如何？如果我是终端人员，这些努力对我的意义大不大？为什么？

既要终端执行力强，又不帮助他们找到执行的理由，想依赖他们自己自动自发地去找，以他们目前的状态，不管是年龄、经验、知识还是能力，我们没有信心保证他们可以做到。其实最终执行结果不佳，可能的问题有几个：

猫尾巴式的分析：

其一，终端人员可能没有足够的高度和视野想明白企业的目的和想取得的成果；

其二，终端人员可能没有这么高的主动性去为自己找到说服自己努力执行的意义和理由，毕竟他们还处在被影响的阶段，而不是主动影响他人的阶段，高估了他们的现状，错不在他们，而在评估人身上；

其三，即使是想明白了，他们也未必有能力把这样的意义和好处往下传递给最基层的员工，积极影响他们共同执行的意愿，所以经常可以发现店长本人有执行意愿，但却无法带动员工。

所以终端执行层经常抱怨，每天都要执行一大堆不知道对自己有什么好处的事情，有这个部门交代的，也有那个部门交代的。做，不知道为什么做，徒然浪费时间；不做，又会被指责执行力不高。这样顶着压力工作让自己心情倍受影响，最后折中的办法就是敷衍了事地做，毕竟上有政策，下有对策，能过一关算一关。如果他们可以深刻理解自己现在所做的是与业绩提升息息相关的事情，找到自己工作的价值，我相信他们不仅不会心生抱怨，还会全力配合公司做好执行。

因此从这些角度来看，我们可能在管理上陷入"做得太少但要求太高"的误区,应当在执行的关键岗位上多下点工夫和时间,多一点与他们沟通的耐心,让他们知道为何而战,只有拥有足够的动力方能把事情做好。

> **专家箴言**
>
> 意愿就是执行的灵魂,有了灵魂的执行才会有生命力。管理者就是灵魂的创造者,就像电视上所演的仙人一样,吹一口仙气让泥娃娃从此获得灵魂、获得生命,这一口仙气就是意愿,而管理者就是这一口仙气的赐予者。

信息传递,层层失真

企业有了组织之后就会有分工,有了上下级之后就会有各层级的权责赋予,而这份分层级的界定虽然明确了每一个岗位的工作职责和权限,但也造成每个层级之间出现隔膜,最后使得终端与上层距离越来越远,沟通越来越少。

曾经参加过几次波司登全国视频的店长会议,副总裁在镜头前亲自宣导公司最新的政策,介绍前因后果、每一个层级应该负起的工作与责任、工作的目标和重点、执行策略以及考核方式。这种行为其实就是我这几年一直反复强调的"信息传递扁平化",企业组织只有做到扁平化才有助于提升企业的反应速度,预防"恐龙症"的发生,而信息传递扁平化则可以预防信息因通过多个环节的传递而出现大面积失真的现象。如果终端收到的是一个错误的信息,那么最终的结果就已经注定是"执行力不高"了。

许多时候我们都太过于信赖下属传达的能力,经常自以为传达下去了,就可以一路顺畅到达我们所要到达的目的地,但是忽略了"堵车"现象。我个人觉得可能是由以下三种心态导致的:

> **猫尾巴式的分析：**
>
> 其一，对员工的能力状况不了解，所以高估下属的能力；
> 其二，因为太忙，所以自欺欺人，我已经做了；
> 其三，无知，这是对管理缺乏经验所致。

传达这两个字看似简单，却不是每个人都具备的能力。所谓的"传"是指传到对方的耳朵，所谓的"达"是指到达对方的内心。要达到这样的沟通境界，就要能够做到压力与希望并重，因为人只有在两种情况下才会跑得最快：一是比赛要拿奖牌的时候；二是被狗追要活命的时候。就是要告诉对方如果你做到了，那么你会得到什么样的好处；如果没有做到，你可能会死得很惨。在传达的过程中，表达者要将两种力量交替使用，最终才能够把传达做到位。

有时候我们自认为已经表达的够完整了，但你毕竟不是对方，所以对方也未必能够将我们的意思做到完整的传递。如果在不完整传递的情况下还一层一层往下进行，最后的结果就可想而知了。再加上每个人的理解能力不同，在穿插了个人的意见和看法之后，最后到达终端时可能已经变得面目全非了。

我曾经看过某个品牌总部计划推行一个奖金机制，为此总部员工大张旗鼓地召开会议制定了方案，并希望能取得良好效果。但是，终端人员漠然处之，因为他们根本不清楚这个奖励机制是怎么回事儿，就连店长都不是很清楚，结果奖金也发了，却没有发挥预期的效果。而问题根本不是出在方案本身，而是出在传递的环节上。总部年年都以为是制定的奖金方案不行所以绞尽脑汁改方案，最终得到的结果却还是一样。我经常会觉得总部是一个团队，而终端是另一个团队，他们之间脱节的现象特别明显。总部的团队热情似火，终端团队却冷若冰霜，同是一个企业，氛围差异竟如此之大，要改变这种情况需要弄明白只有把热量向外传递最终才能感染全世界。

所以作为领导，如果您认为这件事情真的很重要，那就请您不要假他人之手去完成你想要完成的,要真正从心底看得起在终端一线拼搏的员工,从心底愿意花时间与他们开诚布公地对话和交流,这样终端的员工才会有机会跟我们站在同一阵线上一起奋斗。想办法做到"信息传递扁平化",用自己的力量去传递,让终端感受到其存在的重要性,先将信息的失真率降到最低,保障信息的有效传递,再谈提高终端执行力才有意义。

猫尾巴式的思考:

- 我们企业目前向终端传达信息的渠道是怎样的?效果如何?
- 在传达上可能出现问题的环节有哪几个?应该如何克服?
- 我如何确认信息已经正确无误地传达到终端?

专家箴言

传达是方案制定完毕之后执行的第一关,看起来轻松,但却对后期的执行影响巨大,因为它会直接影响执行者的心态。因此,一开始慎重地走稳走好才能节省下执行中无数的心态调整与沟通,好的开始是成功的一半正是这个道理。

阐述目标,清晰明了

我在公司里曾经听过同事之间的一段对话:

同事A:"顺便帮我倒一杯咖啡。"

同事B:"好呀!把杯子给我!"

同事A:"哇!怎么倒的这么满,水太多了,咖啡都没味道了!你到底会不会泡咖啡呀!"

同事B:"下次你自己倒,别叫我倒!"

同事A："拜托，这是基本常识耶！"
同事B："那以后你当我是白痴就行了！"
同事A："你今天吃了炸药了吗？"
同事B："我吃了老鼠药！"

所有同事都已经快要笑翻了，只有同事A坐在自己的位置上不知所措。

执行不难，但是在不说明要求的情况下就想要对方做到自己想要的样子比较难，因为许多人做事都是做到自己心中所想要的样子，而不是对方心中所想要的样子，所以要对方做到让自己满意，最好能在要求对方执行之前先把自己的要求讲清楚，如果因为没有讲清楚导致结果不如己意，那就要先责怪自己而不是对方。

我也曾经在终端听到过督导与店长之间的一段对话，这段话出现在这里大家看完之后都会觉得有问题，但是当这段对话真正出现在终端现场时就会觉得再自然不过了。

督导：你们整个店铺的状态都不好。
店长：……您指的是怎样的状态不好？
督导：你自己感觉不到怪怪的吗？
店长：领导你直接告诉我吧！我猜不出来！
督导：具体让我说我也不知道什么地方不对劲，陈列有问题，员工的状态也有问题，总之就是感觉不对，没有氛围。
店长：……（一副丈二的和尚摸不着头脑的状态，皱着眉头，陪着督导一起思考）

我并不是站在终端员工的立场上帮终端的员工讲话，而是我通过观察发现许多领导在布置工作时，在表达上并没有严格地自我要求做到具体化、行为化、明确化的表达方式，经常都是模棱两可的一句话带过，

第二章 管理迷思十问

剩下的就由员工自己去理解,所谓"失之毫厘,差之千里",就是这个道理。最终执行力不高的原因可能有几个:

猫尾巴式的分析:

其一,员工用自己的认知去理解管理者的意思,而且通过过去经验的判断和解读,真心以为自己已经完全把握领导所指的、所要的,所以不用再去深究,认为领导要的就是这个样子;

其二,员工也不愿意在领导面前表现出一副水平不足无法理解的样子,结果问出一些低智商的问题让领导瞧不起,所以以不变应万变,大家都不问我也不问,至少可以表明大家的水平相当;

其三,对于原本就认为自己没做好的部分心虚,所以也不敢在这个问题上纠结,希望赶紧草草收场避开话题,以免惹火上身,殊不知自己心虚的部分有可能根本就不是领导所关注的部分;

其四,反正领导说过了之后也不会去检查,所以听听就算了,最终做成什么样子也不一定有人去关心,所以没有必要太过于上心,上了心对自己也没太多的好处;

其五,领导所说的部分自己并不觉得有问题,主要是因为一方面我完全理解领导的意思,而且这部分自己的店铺做得很好,所以只需要继续保持就行,不用额外花太多心思;另一方面,自己对于领导所说的并没有真正理解,因此也没有唤起足够的重视。所以领导说领导的,我还是做我自己认为重要的事情。

其六,领导每次过来都是指手划脚,批斗一番之后就离开,对于实际上的改进方向也没有给一个明确的说法,所以自己既然不知道怎么做就干脆不做。

其实,作为领导,我们应该做到自我要求,表达一定要清晰,在表达完之后还要让对方复述确认。在没有执行之前,先要把自己想要表达的意思和对方所理解的意思靠拢对齐,不要等到作出的结果不如预期的时候再来总结检讨。大家都希望提升终端执行力，就像我常说的："提升执行力一定要从自身做起，因为自己很有可能就是执行力不高的根源，只是越高层的领导，就越没有人敢去检讨，因为大家都还需要有活下去的空间。"

另外，每个人都用自己所认知的标准去做事，没有意识到自己的标准和对方认为的标准可能根本就不统一。所以有时候并不是员工的执行力不高，员工可能已经做出了改变，付诸了行动，只是他的改变及行动的结果没有满足领导的要求，或者不是领导所希望看到的，所以严格来说，并不是执行力不高而是没有执行到领导大脑里所期待的那个样子而已。

话还没有表达清楚，就想要让对方做到自己心中期待的样子，这确实很有难度。所以各位领导与其让员工用各自的理解去认知目标，还不如一开始就讲清楚说明白，这样还可以少走些弯路，使执行力得到大幅度的提升。所以执行力低，责任在谁？可能领导要肩负80%的责任。

猫尾巴式的思考：

- 我有没有养成具体化、明确化、行为化的说话习惯？
- 我有没有养成传达之后再次确认的习惯？
- 除了我之外，我的员工有没有这样的习惯？

专家箴言

事前没有说明白，说完之后没确认，从我以为你懂到我以为我懂，最后等到发现时，代价已经产生。我们都是别人的领导，也同时是别人的下属，作为别人的领导，我们要自我要求讲清楚说明白；作为别人的下属，我们一定要知道，领导永远有讲不清楚的权利，但下属永远有问明白的义务，我们不能要求领导，但我们可以要求自己。

不切实际，难以实践

当员工出现执行力不高时，作为管理者还应当思考和分析他到底处于哪一种状况，才会导致自己执行力不高：

猫尾巴式的分析：

其一，可以执行但却不愿意执行；
其二，执行不了所以干脆不执行。

如果是执行不了，一般都是因制定的方案与终端实际现场状况有过大的差距而造成的。所以方案执行前的准备和推演，执行中的问题预测和解决方法都应当纳入前期的准备工作中。如果因为前期工作准备不充分，终端执行不了，还指责终端执行力不高，那对终端执行人员来说是不公平的，也很难让员工接受。

我看过许多公司的产品手册，里面除了商品的系列介绍、搭配之外，还有与新季度产品介绍相关的语言模板，这样设计的确比较用心，遣词用字都很美，但是其实用性却有待商榷。比如：

①淡淡的浅紫色，会带给人浪漫和梦幻的感觉，仿佛置身于初恋的时候。
②穿起来非常飘逸，给人一种不食人间烟火的感觉，非常清新脱俗。
③这个系列就是让人有爱丽丝梦游仙境般的感受，似梦似幻。

这些词句在写文章或是写情书的时候用可能会比较合适一些，但是如果在销售现场上要员工把这些话说出口，估计不太可能，因为这跟我们现实生活中的说话方式脱节太远。许多话术都是企业闭门造车的结果，并没有通过销售现场实际的检验来验证，在执行上是否存在问题，所以这样制作出来的方案一般存在几个问题：

> **猫尾巴式的思考：**

其一，写这些模板的同事未必有实战的销售经验，所以很难领会现场面对顾客销售时的感觉，凭空思考应该怎么应对顾客，写出来的语句自然很难在现实中使用。这样写出的语言模板有时是一种故事情节的描写，文辞华丽有文学的功底，但却与销售相去甚远。

其二，没有顾虑到终端销售人员的实际状态，文化素养、学历背景、年龄差距等参差不齐。若突然之间要改变他们几十年的说话习惯、用字遣词，结果只会让他们不知道怎么开口。连说话都不能流畅的销售，很快就会被销售顾问弃之不用，有时候销售顾问在现场待得时间久了，可能比我们更清楚应该怎么说才会比较容易令顾客心动。

其三，顾客本来是来买商品的，结果突然之间进入到了琼瑶式的小说情节，看电影时听到这些话还行，因为大家都知道是演戏，但是在现实生活中如果真遇到这种情况就很难想像会是什么感觉了，而他们是赶紧离开，还是进入情节就不得而知了。

其四，如果要把这些语句说得朗朗上口，销售顾问可能就要先回家闭关背书两个星期后才能出现在销售现场了，因为把别人的语言变成是自己的语言确实不是一件容易的事情，而企业愿不愿意给销售顾问这些准备的时间也是个不得而知的事情。

过去我在帮企业做销售话术的时候，一定会邀请销售顾问和督导一起逐字逐句讨论修改，目的就是要让最终定稿的销售话术可以被销售顾问快速地接受和使用，以实用性为目的，尽量与他们的现场实际用语贴近，所以可以围绕着几个部分去做具体内容的设计：

> **猫尾巴式的思考：**
>
> - 终端人员现在是怎么说的？一般会给顾客什么样的感觉？
> - 终端的人员，在我们想表达的这个意思上，习惯用什么样的说法？

第二章 管理迷思十问

- 什么样的用字遣词,终端人员比较容易接受?
- 有哪些地方说起来绕口,怎么改会比较通顺?
- 如果我们是顾客,这句话要怎么说听起来比较自然?
- 如何简化这些语句,让终端人员学习起来更加简单?
- 我们的顾客群大多数是哪一种类型的?这种类型的人习惯什么样的说法?
- 如果我是销售顾问,这样的说法我可以很快适应吗?

所有模板的制定都不能从单一的角度去思考或一味地追求语言模板的完整性,而应该通过多个维度的分析、揣摩,在梳理新的销售话术的同时要兼顾销售顾问的旧有的习惯,尽量以少改动为原则来进行设计,否则就会增加执行的难度。

猫尾巴式的分析:

其一,要从顾客的消费心理角度去思考,尤其是产品解说的语言和反对问题的回答,更需要在顾客心理层面上反复斟酌,以求进可攻、退可守。

其二,要从销售顾问实际使用的角度思考,尽量用他们平常的习惯用语来重新组织,避开使用生涩的字眼,尽量生活化、简单化,以求消弭销售顾问学习时的抵触情绪,考验销售顾问的学习耐心。

其三,要从学习时间的投入上去思考,尽可能做到浅显易懂,只要多读几次之后大体就可以记忆下来,在这样的成人教育中要考虑到工作与家庭时间的占比,如果学习的难度高,工作影响生活的可能性就会变大。

其四,要从我们想要表达的角度去思考,这些语句的组织是不是充分表达了我们的意思,有没有达到我们所希望达到的效果,所以不能为了一味的简化,导致失去了原本的用意,这样就本末倒置了。

所以一个成功的模板制作与执行绝对不是由一些简单的文字拼凑组织起来。在制定模板时要遵循前文所述的原则，而在执行模板不要只是看模板的表面而不去研究制定者的设计思路，以及所考虑到的消费心理。其实看起来简单的输出，是经过了复杂的专业修剪所形成的结果，结果简单不代表过程简单，结果简单也不代表人人都可以做到，忽略了专业的素质和力量，最终可能只会让自己更加不专业。

另外，与终端有关联的部门最好可以到终端店铺里去学习，别只是"隔岸观火"，其实在终端才可以更好地让自己的理论和实际接轨。如果没有在终端实践过，有时真的很难了解终端，所以"其实你不懂我的心"的状况在企业总部和终端之间时而发生。

基于员工可能存在的种种心态，在我们下发市场执行方案之前应该提早预料到一些可能出现的问题，早做防范，而不是下达到终端现场的时候才发现执行落地困难重重，比如说："你没有真正站在我们的终端现场，你不知道顾客有多刁钻"，"这些根本就不实用，顾客不会听你讲这些的，不信你自己去试试看"，"这些话我都说过，顾客根本听都不听你讲"，结果几句话下来就把所有有用的部分都否决了。其实不是内容没用，而是销售顾问在几种可能的心态下纠结的结果：

猫尾巴式的分析：

其一，不想承认自己有问题，所以把我们也拖下水了，意思就是不只是我不行，你也不行，咱俩都是一个水平。

其二，不想增加自己的工作负担，毕竟大多数状况是，人人都想多赚钱，但不一定人人都能做好付出代价的准备。

其三，对领导每次到现场时只动口不动手存有抵触情绪，自己都不会还要下来考核我，太不公平了。

其四，在销售现场上遇到实践上的问题，导致往前继续迈进的勇气降低，害怕再面对挑战，需要有经验的领导给予辅导。

其五，不是每个人都有远大的抱负和理想，有些人只是来赚点钱贴补家用，对自己没有过高的要求，所以对于改变意愿不大。

其实在做项目咨询的时候我也常常找机会在终端亲自尝试做销售，目的并不是要创造出多大的业绩，也不是想要在销售顾问面前证明什么，而是要亲身体验这个品牌的销售顾问平常所面对的顾客群体，可能出现的状况及问题并预测未来的应对策略等。但是，要明白销售顾问不是万能的，品牌与品牌之间还会有某种程度的差异，如果不亲身体验根本无法想像到，只有贴近销售现场，才能做出真正贴合实际的项目内容，因为不管员工是基于什么样的心态而抵触，解决问题的根源就在于四个字，叫做"以身作则"。

> **专家箴言**
>
> 在制定执行方案之间，要深入终端现场调查，寻找员工需要的、能接受的并乐于执行的方案，这样方案在落地执行时才不会有那么多的阻碍，员工的执行力才能高。

能力欠缺，有心无力

如果没有能力的限制，我也很想开开战斗机，体验一下超音速是什么感觉；如果没有能力的限制，我也很想登上喜马拉雅山，体验一下站在世界之巅是什么样的滋味。不过想归想，这辈子应该都没有这样的机会去体验了。基于能力的限制，每个人想尝试的事情很多，但真正能做的事情却有限。

其实，如果没有能力限制，我相信大多数员工都愿意完成公司下发的业绩目标，愿意执行所有的表格分析，愿意通过最佳的搭配提高连带率，但是往往因为自己的能力有限，所以在执行上会大打折扣。其实能力的提升也非一朝一夕可以完成，当我们意识到自己的能力有缺口时，从下定决心到真正付诸行动，再到最后得到提升总是会有一段或长或短的路途要走。

高估或是低估员工的实际能力都不好，而且高估比低估更糟糕。因为执行一定会牵涉到员工的技术水平，一旦高估了员工目前所具备的能力，就会发现在执行上出现重重的阻碍，心有余而力不足。最近我发现许多企业都要求员工做PPT报告，我也看过某些品牌的员工所做的PPT报告，有些确实很专业，有字数限制、特效、音效、排版和美工的美化。当然在同一个品牌内也有人做的PPT"清汤挂面"，询问原因时他们就会自讽地说自己水平不够，所以经常被领导训导：年纪大了，电脑也学不会。

关于这个部分，我提出两个观点，没有对任何企业的管理行为做出批判的意思，仅供参考：

猫尾巴式的分析：

其一，实用价值思考。

我们做这样是基于什么样的理由？是不是有特别的训练内涵存在？这理由跟我们对于这个岗位上最大的期待是否一致？PPT制作精美与否到底代表的是什么？对PPT制作的要求是不是也应该分职级、分场合？这些问题都是值得我们思考的。员工在PPT上花费时间，势必会减少对工作职责的关注，或者影响自身的生活。第一，员工必须付出额外的时间去工作，因为这工作是要让一个非美工专业出身的人把美工做好。第二，员工需要寻找额外的资源解决电脑操作的问题，否则打开电脑也不知道应该从哪一个按键开始。第三，员工的心态开始产生变化，形式大于实际，最终员工自己都找不到这样做的理由。有得必有失，有时候在得失之间需要权衡，为了这个"得"所造成的"失"是不是值得的。

其二，工作职能思考。

每一个岗位都有他的价值和意义，不需要把每个岗位的人都训练成

第二章 管理迷思十问

全能，销售部门的工作就是带动业绩的成长完成企业区域的销售目标，所以应该让这些市场人员把时间最大化地应用在提升销售业绩上，而不是把精力都消耗在这些方面。

另外，要求和考核也分主次，如果因为次而影响到主，这时候就容易让员工进入顾此失彼的状态。大多数员工都希望把工作做好，所以对于公司的要求都会尽力去完成，但他们却未必能清楚地评估自己的能力和精力，也未必有良好的时间管理习惯，所以样样都想要周全，结果可能变成样样都周全不了。当工作出现缺口时，内疚感就会伴随其左右，主跟次越来越模糊，工作当中没有次，全部都是主，压力越来越大，挫折感不断攀升。

所以用人第一要务，是要搞清楚何为主、何为次，可惜的是用人的前期这个人的"主"为满意度的来源，而用人的中后期这个人的"次"为不满意最重要的根源。相处的时间越长，越容易模糊用人的初衷，就像夫妻相处的初期优点会不断地被放大从而掩盖了所有缺点，但随着相处的时间越长，缺点就会不断地突显，不断地被放大，而优点则会渐渐被忽视掉。所以我经常说，用人之道在于用他现在所拥有的，而不是期待他身上所没有的。当然，我的意思并不是员工不需要提升，而是提升也要分主次，同时要注意发挥其强项，规避其短项，而不是强求改其短项。

专家箴言

我一岁多的儿子最近想学大人拿筷子吃饭，但却因为没有足够的能力使用筷子，所以老是吃不到，一方面肚子又饿，一方面心里又急，最后经常是摔筷子抗议。这就是有意愿没有能力的尴尬，想执行但又执行不到位，因此让一个没有能力执行的员工去负责执行，就是把员工逼到这样尴尬的境地之后让他不知如何自处。

打好基础，再谈提升

我经常说麦当劳和肯德基的成功并不是把服务做到多么极致，而是把最低的标准做到统一化，人人一致。焦点决定投入的方向，观念决定行为。如果要能够快速出效益，与其花时间投入去做员工最高能力的训练和复制，还不如去做最低标准的统一和训练。能力低的员工做到最低的标准是应该的，因为如果连最低标准都做不到的话那这个员工基本上毫无用处可言了；而能力高的员工做到最低的标准是简单的，如果连最低标准都做不到的话那就是工作态度出现了极大的问题。

以前在终端销售服务标准化项目中对员工进行销售培训时，我一再强调求质不求量，不要高估自己，更不要高估员工，所以不要用我们所认为的"应不应该"和"简不简单"去制订培训计划的推进，而要以员工最低的能力、实际的工作状态和可操作的时间去进行思考。比如，关于模板的训练，我经常建议，让员工回去之后一个星期练一个模板就行，练到可以脱口而出，这比十个模板没有一个是熟练的要好得多。其实，模板的意义不在背诵，而是把几个简单模板练熟之后就可以调整其说话的方式，最后可以自然地应对大多数顾客的问题，这就是最低能力思考。

决定团队速度的，并不是跑得最快的那个人，而是跑得最慢的那个人；而决定店铺整体素质的，不是素质最高的那个人，而是素质最低的那一个。大家都希望把店里的每个员工都训练成跟最强的那位员工一样，如果真可以做到，那么这家店铺的业绩真的可以飞黄腾达了，但常常是事与愿违。因此速度与落地之间，我选择落地；量大跟质精之间，我选择质精；少部分人做得到和大部分人做得到之间，我选择大部分人做得到。

所以有时候在训练上，我并不偏向于教得越多越好，越高深越好，反而比较偏向于在最基础的几个工作上重新赋予意义，把旧有的工作做深、做精、做透，让员工找到新的价值，引发其执行的动力。在这个职场上，能力强的毕竟是少数，能力一般的占多数，我们不可能把所有能力强的人都招聘到自己的店铺里效命，也不太可能把每个员工都训练成强者。所以我们的焦点应该放在一般员工身上，把他们能做的做扎实，等他们把最低的要求做到位了，再来逐步进行规划、提升。

另外，落地一定需要时间，如果要让员工都做到落地，需要的时间就会更长。企业经常是第一次培训都还没有彻底落实，第二次培训就已经开始在筹划中，这样一次紧接一次的培训课程，对于吸收转化能力强的员工是好事，但是对于能力一般的员工来说上一次都还没有消化完下一次的又来了，最终就会逐渐养成"听归听，做归做"的惯性思维，造成培训结果大打折扣。

在上课时我经常会用"听懂一百个道理，不如回去把一件事情做好"，"听懂不会出绩效，做到才能开花结果"来作为结尾的总结。企业在进行培训时，要把知识的进出平衡，为员工安排适当的学习步骤，有学习有消化，这样才会起作用。培训很重要，但培训计划制订与实施更重要；上课的氛围很重要，但后续跟进持续加温的氛围更重要。

> **专家箴言**
>
> 最低能力思考不代表最低质量要求，恰恰相反的是，最低能力思考就是为了追求最高质量的执行。因为执行是可以分阶段的，先巩固员工执行的信心，建立好执行质量的基础，以此作为往前推进的起点，执行除了追求速度之外，更要追求的是质量。

管理的迷思二：为什么流程表格执行不了？

在企业走向正规化操作的过程中，流程和表格是每个企业对终端共同的要求，但是几年下来，这部分却还是许多企业心中的痛，硬生生就是落不了地。企业内部不断地针对流程和表格进行开会讨论、优化、细化然后发至终端，就是希望强化终端在这部分上的执行力。但是，无论怎么努力，到了终端执行时，表格填写的乱七八糟，甚至有许多空白，而流程根本没人照着做。

其实流程和表格的运作并不是一张流程表和工具表单这么简单，而做与不做也不是因为做了之后对你有好处所以就会主动去做，因为这些工作都有一个关键因素存在，那就是"人"。因此关于流程和表格，要尽可能分析到每个环节的变数，要能站在执行人的角度上去思考可能存在的问题，不能理想化地去想像执行之后的美好结果。因为最终执行的结果不是与你的能力、认知呈最大相关，而是与执行人的能力、认知呈最大相关。我们不是最关键的，执行人才是最关键的，因为真正到最后一步落地时，主动权都不掌握在我们的手上。

所以我个人认为，许多流程与表格执行不了是彼此所站的角度不同所造成的结果，而不是因为员工跟领导之间的抵触与抗衡。用自己的能力去思考对方的能力，用自己的认知去思考对方的认知，过于乐观，想的太简单，可能是执行不落地的最根本的原因。当然终端执行人员身上可能也有问题，但是我们必须先解决管理者身上存在的问题，然后再一次性解决终端执行人的问题，这样从上到下才能真正的一路畅通，否则如果先解决终端执行人的问题，结果管理者身上的问题势必会再次延续到终端员工的身上。

没有回馈的付出

在企业管理中,我们比较重视下级对上级如何进行汇报工作,包括时间、内容、形式,却忽略了上级对下级的反馈,其实汇报这个动作也是一种双向的沟通和交流。任何一个领导要店铺帮他统计数据,都应该在之后反馈一些对店铺有用的建议、分析或提醒,以作为店铺用心收集数据之后的回报。

我们经常说人无贵贱之分,大家都是同一个企业里的人所以人人平等,但是在工作中无意识之间所体现出来的层级距离,有时候会令终端人员无法接受。店长是最末端的管理者,有时他必须面对旺季销售期间补货补不到,到货时间拖延,商品质量有问题遭到顾客投诉,顾客的售后公司不愿意负责等实际状况。这时他必须解决下属的抱怨,以及上级给予的压力。一方面要想办法维护住领导与公司的立场,让员工继续坚持执行工作和目标,而一方面又会觉得终端员工讲得有道理:需要我们完成的工作或配合的事项,往往都是一通电话后立马就要做好,而我们需要的物料、货品等,通常都是索要多次都无果,并且也不见配合他们的工作对业绩提升有什么好处。久而久之,店长慢慢地就会跟员工站在同一阵线上。

其实这样的状况不单单发生在直属部门,因为有时客服部、营销部、陈列部都会打电话向终端要数据,但交出去的数据总是得不到各部门有效的反馈,长此以往,不仅不会对业绩提升起作用,而且会加重终端的负担,让终端人员心生抱怨,反而阻碍了业绩的提升。所以,关于流程和表格,企业内部应该要做到各部门的协调统一,建立信息共享管道,将重复的进行归并,现在无法做到有效应用的部分删除,目前员工能力不足以支撑的工作分阶段通过教育逐步实施。同时要减少店长在其他工作上耗费的精力,让其花更多的时间带团队做销售。

我在这里绝对不是对企业提出批评,只是把我所看到的现象和看法做一个诚实的陈述,以第三者的立场做一点的提醒而已。我听过许多管理者提出这样一个疑问,"就这一点简单工作就会造成你的负担吗?",针对这个疑问可以做出以下思考:

猫尾巴式的思考:

其一,这个所谓的"简单"到底是以我们的职业能力来评估,还是以店长的职业能力来评估?而最后要去执行的人又是谁?

其二,每个部门只要对终端增加一点"简单"的工作,最终就会变成沉重负荷,因为我们都只是看到自己那一点点,却没有看到每个部门一点点积累之后的"成果"。

其三,做完这些额外的工作之后对店长个人而言,究竟会有什么样的好处,是业绩提升了,问题变少了,还是收入变高了?

所以我给企业的建议是,哪个部门要向终端要数据,在得到想要的资料之后,就要在规定的时间内提出对终端业绩提升有帮助的建议报告给店长,因为要资料就一定有理由,既然有理由就应该有成果。所以不要只是下对上的汇报,上对下也要养成反馈的习惯。一旦部门向终端要数据需要同步增加的自己工作量,许多部门就会少一份随意而多一份慎重的态度,同时也会更加负责任,这样对终端减负也可以起到一定积极正面的作用。

专家箴言

终端是一个需要快跑前进的单位,背的东西越多,前进的速度就会越慢。如果连自己为什么要快跑都不知道的话,终端不仅会放慢跑步的速度,甚至会干脆停下脚步。

没有细部的指导

我总结了一个"带教六加一"的模型,是依据现场的操作特性以及个人的经验总结而成的,每一个环节的设计都有心理分析的背景,在实际的操作中也取得了很好的效果,但这模型并不是创新,只是把过去大家带教时的步骤重新进行了合理的梳理,使得前后逻辑贯穿。这里的"六"指的是:

步骤一:阐述意义

这里的阐述意义不是指阐述现在进行的事情对对方的意义,而是阐述对自己的意义,不是可以帮对方解决多少问题,而是可以为自己解决多少问题,从自己的角度出发。一旦刚开始就说是对对方的意义,有时很容易让对方产生抵触情绪,因为没有人喜欢被他人教育和修理,尤其在成人教育里更是如此。如果某一天领导找我们谈话,一开头就说:"我昨天培训的时候听到一些内容应该对你会有所帮助,我来跟你聊一聊。"这时候可以剖析一下自己的心情和想法是怎么样的?

猫尾巴式的思考:

- 领导要教我对我工作有帮助的东西,我一定要虚心学习,毕竟机会难得;
- 领导认为我的工作有没有做到位的地方,所以准备开始教育我了;
- 听听领导要说什么,有用的我就听,没用的我听听就算了;
- 我工作已经很忙了,事情已经很多了,还想要怎么样?

这几种心态都可能存在,管理者要评估员工出现哪一种状态的几率比较高,如果是第一种比较高,就可以继续维持原有的方式进行沟通,但如果是其余三种,那就小心谨慎一点为好。

这其中的意义和好处是一定要说的,只是看我们用什么样的角度和方式去说，同样的内容，换一个不同的立场去诠释，对方的接受度就会大不相同，吸收的质量也会不一样。尽量以他人的对做正面的教材，以及自身的错来作为反面教材，将自己过去所发生的事件传递给对方，启发对方感同身受。

步骤二：你做我看

你做我看的目的是要为破除对方"我懂"、"我知道"的自以为是的心态作铺垫。管理者不要一开始就告诉对方怎么做，而要让对方实际操作，当他在最真实的状态下把自己的能力和优缺点完全展现出来时，再有针对性地进行教授。比如，在教育员工填写表格的时候就可以先问对方："这表格你一般都是怎么填写的，我们先来填写看看！"，千万不要让对方只是用嘴巴陈述，可以多些时间让其认真地动笔填写出来，一个人的水平高低白纸黑字就一览无遗了。如果对方填写得非常好，那么就可以以这样的标准要求他继续保持，因为他可以做得到而不是做不到。而如果对方填写得不尽理想，他就会静下心来悉心接受我们的指导，而不会总把"我懂，我会，我以前都是这样做"的一直挂在嘴边，毕竟真实填写的证据就摆在眼前，不容否认。

步骤三：我做你看

等到对方把最佳成果展现完之后，可以从旁再提醒一句："还有没有什么不足的或是想要补充的地方？"给对方一个翻身的机会，防止对方最后又说："这我知道，平常我都会注意，只是刚刚紧张忘了写而已。"如果对方确定没有补充了，自己再开始动手，将同样的表格、任务在对方面前再做一次，然后把最终结果呈现在对方眼前即可。

既然要带教，那么呈现的结果当然要是最佳的，所以前期预先做好店铺的准备功课是必不可少的环节。根据目前这个店铺的货品、人员、陈列、业绩状态，把同样的表格提前先做一次，在教育员工表格应该如何填写的同时也让员工知道我们对于他店铺的实际状况了如指掌，甚至比他更加清楚，有数据、分析、总结、解决方案、计划安排，将自己良好的沟通能力及动手实操能力完全展现在员工面前，让其心服口服。绝

第二章 管理迷思十问

对避免到现场之后临场反应，大多数成功的沟通都不是临场发挥出来的，都是经过精心准备之后得到的结果。

"我做你看"是要让对方知道彼此的差距，从而为教育对方奠定基础。我相信我们下市场所带教的东西一定都是有道理的，但是对方有没有意愿听会直接影响到最终教完之后的效果，所以既来之则安之，先不要急着教，要在对方有意愿的时候再教，毕竟工作除了努力之外，还要懂得创造对我们最有力的局面。

猫尾巴式的思考：

- 如果我是员工，我比较喜欢领导说给我听还是做给我看？
- 如果我是员工，说给我听跟做给我看的两种领导，哪一种更容易拥有领导力？

步骤四：找到差距

作业中大家一起开始寻找差距，最好这时候管理者站稳在启发者的角色上而不是教育者的角色上。这里会用"站稳"两个字，是提醒管理者要时时注意自己的角色，不要前五分钟是启发者，然后就不知不觉又变成了教育者。本来寻找差距的环节是要训练员工自我发现能力，强化其对差距的深刻印象，如果此时管理者不停地说教就会导致他们又回到洗耳恭听的习惯当中去。

有差距是肯定的，也是应该的，员工所填写的内容与我们的差距越大，就代表我们过去教得越不到位，更加应该做出深刻的检讨。但要注意的是，寻找差距的目的是要让对方知道接下来应该在哪些方面努力，而不是通过差距的比较把优秀的光环建立在管理者自己身上。所以作为管理者需要注意的是，必须控制自己的耐心，不要企图一次搞定员工的提升，而要让员工每次总结一点就进步一点，每次自我发现一次就多认知一点，一次性全都塞给员工，最终员工记得的也只是他能记住的那些。

步骤五：解读内容

解读内容的意思就是向员工阐述差距是如何形成的，接下来做哪些事情可以缩小距离。这个环节是由管理者对员工进行讲解教育，传递思维、知识和技术，以管理者解说为主，以员工听和提问为辅。

因此在这个环节上，特别考验管理者"说"的功底，如果自己表达能力不佳，说得不到位，就会直接影响员工的吸收，从而影响员工执行的力度。在此，我提出个人的"说"的心得让各位管理者作为参考：

猫尾巴式的分析：

其一，说故事不要说道理。多举一些自己在工作过程中的案例，员工对于案例的接受度会比较高，而对于讲道理的接受度比较低，同时对所讲的道理的记忆也不会太深刻，所以管理者一定要多练习讲故事，通过案例让员工自己感悟到其中的道理。

其二，有褒有贬。完全的鼓励或完全的批评都不是好事，中国人的说话习惯是容易批评、不容易赞美，我曾经听过某一位领导开会时第一句话就是："我们今天来做一下促销的总结，为了节约时间，好的地方我就不多说了，我们把不足的地方拿出来总结一下，这次……"，前三句话刚刚说完，所有员工就都低下头去了。管理者可能没有意识到，这种开会方式非常打击员工的积极性，要知道这一点点的时间跟员工的积极性哪一个重要？

第一层皮：说做得好的地方，先以做得好的部分作为开场，在有效沟通中尽量不在一开始就引发员工的抵触情绪。

第二层肉：提出要改进调整的地方，让员工聚焦到我们如何可以做得更好上，整个过程中不是批判，不是情绪化的宣泄，而是帮其寻找更加有效的方法。

第三层皮：以正向鼓励作为总结，不管这个员工是老员工还是新员工，都要注意与其沟通的方式，尤其是面对老员工时，更需要谨慎一些，因为他们一般会比新员工更加注重面子问题，当面的批评和指责很容易引起其负面的情绪。

其三，谈行为不要谈个性。沟通过程中不要牵涉到员工的个性，因为一旦牵涉到个性的探讨就很容易进入"江山易改，本性难移"的误区中。要告诉员工哪些行为是应该的，是被允许的，而哪些行为是不应该的，不被允许的，与个性无关，要让员工知道不管员工个性如何，这些都是应该遵守的行为规范。

其四，深入浅出。在我们零售的圈子里，一般销售顾问的学历都不高，为了让他们尽快地理解、最大化地吸收，建议管理者在沟通的过程中尽量避免生涩的用字，即使是一个专有名词，都尽量用生活化的语言去解释，要明白让对方听不懂不能显出自己有多高端，只有将一个复杂的管理道理让对方轻轻松松听明白才是真本事。

其五，强化好处。在销售中顾客所购买的不是商品而是商品背后的利益和好处。其实员工也是一样的，不应该为了做表格而做表格，而应该让员工明白做表格背后蕴藏的对自己工作和能力的帮助及提升，只有这样员工才会更加有意愿和动力去做。但是我发现这部分是许多管理者在对员工进行传达时非常欠缺的，很少看到管理者针对需要传达的任务来分析对员工的好处，他们一般都是草草带过。

我将自己习惯的说话方式称为"两片皮夹一块肉"，这是我花了很长时间才养成的说话习惯，其具体指的是：

要达到良好的沟通效果，管理者在沟通之前最好可以站在执行者的角度思考和总结出所要传达的内容对执行者的利益和好处，这样可以让自己的沟通内容更加具有说服力，除了可以清晰地表达如何做之外，更重要的是可以让对方清楚为什么要做。

步骤六：实操演练

说一千遍不如实实在在动手做一遍，所有的理论和内容说明完之后，剩下的就是动手实操了。在带教快结束时，管理者不要说一句"自己这几天一定找时间练习"就完事了，一定要耐住性子，趁热打铁让其完成最后的演练。就我个人而言，我更愿意让对方在我眼前演练，毕竟能把握的就只有现在,而且在我眼前演练时我还可以有针对性地做出指导,让其一开始就做对,这会比之后发现有问题时再来调整要容易得多。若不在我眼前演练我可能就把握不住,因为他们是否真的会练习,我无从得知,只能听他说。

"带教六加一"模型中的"一"指的是工具制作,所谓的工具指的是表格、流程,也有可能是销售中的语言模板等。如果这个工具是公司统一要求的,那么我们当然就要按照公司规定的格式来作业,只要我们在带教过程中把每个部分的意义、好处、操作方式交代清楚,演练确认无误即可。但是如果公司没有统一的格式,建议管理者不要自己动手画一个表格或是写一个话术交给员工,最好是可以跟员工一起动手做,在彼此交流探讨的过程中将最后的工具制作出来,这样制作的同时也可以让员工理解我们的管理思维,需要考虑哪几个方面的问题,以及每个环节需要员工弄清楚为什么。这样由大家共同商讨出来的成果,其接受度会大大提高。

> **专家箴言**
>
> 在执行落地中,教是关键的环节,而"带教六加一"的目的就是要提高辅导的效率,不仅在教之后让其具有执行的能力,而且要为之后的监督和考核铺路,让监督以及考核师出有名。

没有公正的评分

表格与数据最重要的是什么?我个人认为"真实性"是最重要的。如果为真,那么这些内容都有意义;如果为假,最终不管我们分析的多么用心,假装的有多努力,技术含量多么高,最后得到的结论都不具有参考的价值,甚至会引导企业做出错误的判断。许多表格为什么最终流于形式,是因为大家都心知肚明从中已经无法判断这些资料的真假,在不具有参考价值的情况下,又碍于公司的规定必须操作,所以大家都会敷衍了事，因为就算是随便填写的，也并未有任何惩罚性的动作。

一般日常对终端进行检查打分的都是店长，所以要考虑店长与其他员工之间的关系。店长和员工天天朝夕相处，有时候在评分上确实会出现心情上、关系上的纠结，比如昨天晚上大家才一起吃夜宵，今天上班就要公正无私地打分数，可能有些员工就会出现反弹，说我没人情味、架子太大。面对这种情况，如果我是店长，我的心里就会有其他顾虑：

猫尾巴式的分析：

其一，担心影响同事之间的关系。一个屋檐下的人际关系其实是最麻烦的，所有同事都是低头不见抬头见，如果一旦因为扣分造成面合心不合，对团队凝聚力来说非常不利，店长自己也不希望在这样的工作环境下工作。

其二：担心影响员工一天销售的情绪。店长每天都在店铺业绩的完成率当中打转，所以也要顾及员工负面情绪对业绩所产生的影响，如果这位同事正好是销售高手或是在店铺中比较具有影响力，那么考虑的就更多了，所以每次遇到这样的问题时，都会在下手与不下手之间徘徊，下了手，有种种担心，不下手，又对不起自己的职业操守。

我曾听到这样一则笑话：

一个负责计划生育的领导下乡服务，恰巧遇见一个老农夫。

就问老农夫："你知道近亲为什么不能结婚吗？"

老农夫笑了笑，不好意思地说："呵呵呵，因为太熟，所以不好下手！"

店长与员工之间的关系有时就像这老农夫所说的，"太熟了，所以不好下手！"其实有些店铺的表格，只要牵涉到考核与员工工资、奖惩有关的，我个人认为最重要的操作者是店长的领导、督导或区域的主管而不是店长。

猫尾巴式的分析：

其一，这些领导跟销售顾问之间没有朝夕相处的尴尬，所以下手比较公平。

其二，他们可以做到随机抽查、不定期考核，因为他们的行程不需要向下属报备，也没有天天在店铺。

其三，万一被领导抽查不过关，被扣分也好，被扣奖金也好，店长都可以义正言辞地发言要求，因为店长自己也身在其中。

其四，督导与销售顾问之间毕竟还隔了一个店长，也可以替店长发言要求，让店长的工作容易推进与落实。

其五，店长日常只需口头要求和例行的检查即可，万一有同事不过关被扣钱，也怪不到店长的头上，毕竟这事情不是店长干的。

其六，降低店长天天作假的心理压力，可以阳光地面对每一天的工作和生活。

把一个工作交给可能做不了的人去做，问题不在做不了的那个人身上，而是做得了的那个人为什么不去做。

有人问我外企的管理也是这样做的，为什么别人做的了我们做不了。其实最大的差别可能是我们没有像他们一样在职业化素养的培育上花很多时间和精力。我们许多店铺的员工都是在缺人的情况下招过来之后，可能连岗前培训都没有做过第二天就直接上岗了。而外企对于员工的储备和训练已经形成一个规律和系统，在招聘、培养、考核、筛选等环节做到位，能送到店铺的都是经过淘汰之后留下来的，所以不管是在心态上还是技能上都有了一定的基础，对于店铺的制度已经养成了遵守的习惯，对于上对下的考核已经接受而且认为理所当然，从一开始教育到位了，后面的问题自然而然就少了。

我曾经做过一张让终端店长操作的《销售模拟演练抽查表》，上面只有几个简单的栏目，包括抽查次数的序号、抽查时间、抽查内容、被抽查人签名、备注。表格刚发出去不久，对方领导就给我打电话，暗示我

第二章 管理迷思十问

表格不专业。我当然听得懂对方领导的意思,这张表格既要加上评分,也要加上评分的标准,甚至要加上一张培训计划,但是一旦加上这些就会有几个问题出现。

猫尾巴式的分析:

其一,店长和店员的关系。如前所说,这张表格最终是否可以执行跟店长与员工之间的关系有关,可预料的结果是最后会发现三分和四分最多,五分和一二分最少,大家的得分大同小异,都是采取中庸之道的评分方式。这样的分数不仅不能体现出操作之后的价值,反而使表格的目的模糊不清了。

其二,增加工作负荷。一旦有了分数项目,月底就要有分数的总结算,这样管理者不仅为自己多设置了一项工作,而且还要把总结算之后的赏罚制定出来,否则这个分数的结算就一点意义都没有了。但如果评分的真实性已遭质疑,结果处罚的少奖励的多,这样的假象根本不能体现出培训之后的真实状况。

其三,抽查和复查。为了要确定分数的有效性,领导也要参与其中才行,所以领导必须肩负起抽查的职责,而且对于抽查之后的结果要和店长抽查之后的结果做对比,如果差异过大,就要抽时间重新做复查,如果复查确认作假,店长应该如何处分,员工应该如何处分,这就要制定相关的规定。

其四,时间的制约。我们的管理者通常不是只负责一家店铺,而是十几二十家店铺甚至更多,我们自己有没有时间去操作就是个问题。如果我们自己都保证不了时间,这份表格做的越精细,最后的执行性就会越低,专业的管理需要人力去做,而人员配置所需的费用也不小。所以想法是好的,方向是正确的,但是现实的顾虑也很重要。

其五,无奈之下的犯罪。如果店长在操作上本来就有实际的困难,且最后评分造假又要受到严厉的处分,他就会觉得企业有逼人犯罪的嫌疑。明明知道我不好操作,却还是要求我去操作,让我在评分的公平性以及同事之间相处的关系上去纠结权衡，两边都不能得罪，但是又必须选择。为什么很多时候店长接到公司的表格会有恐惧感，这也是其中一个无可避免的重要因素。

因此，我将表格简化至几个栏目，店长只负责抽查并进行现场辅导，不需要做评分，只要被抽查人被抽查之后在这张表格上照实填写即可。每天下班前将这张表格发送给领导，让领导知道这家店铺今天执行销售服务演练的次数，次数低的询问原因再次要求，次数高的口头鼓励赞美。因此，这张表格的目的很简单，用数量带动质量，只要店长可以不断地抽查，数量足够多，质量就可以慢慢地提升上来，再加上管理者不定期的抽查和赏罚，效果就可以持续的出现。

> **专家箴言**
>
> 关系太过紧密，天天朝夕相处的人可以做为辅导的人选，但却不适合做为考核的执行人选，因为他的公平立场会受到严格的考验，执行时也会受到关系的牵绊，容易在关系之间纠结挣扎，最后企业所得到的结果的真实性将大打折扣。

没有监督和检查

我曾说过："没有监督和考核，最终考验的就是人性。"我到店铺之后经常会把店铺的工作日志拿出来好好翻阅一下，因为这是店铺最新的动态呈现，从中可以看到店铺里最近的业绩状况、连带率、客单价、货品状态，以及其他相关的人、事、物的状况。最后我会根据店铺日志填写的情况与店长进行现场沟通与交流，边翻阅边讨论。因为有了这个持续的动作，所以店长在日常工作中也会特别用心地填写日志的内容，因为他知道每次领导下来都是以这里面的内容与他进行交流，而且他会看得很仔细。

我自己遇到过许多领导，他们巡店时也会看店铺日志，但他们却只是看体现业绩的栏目,其他的栏目都不关注,这样做的次数多了,员工自然就认为除业绩以外的内容都不重要,所以不必填写了。长此以往,店铺日志的内容乏善可陈,填写日志也成了敷衍了事的行为。许多领导还经常拿着店铺日志跟我抱怨,"怎么教都没用,我看都懒得看",一点都不认为自己有问题。其实面对这样的状况,领导要思考几个问题:

猫尾巴式的思考:

- 什么原因会造成领导检查也起不了作用,不做依然不做,还可以理直气壮地面对?
- 如果做了是有用的,对方为什么不做?有业绩也不想增长?
- 员工对写店铺日志的想法是什么?
- 员工在填写店铺日志的过程中出现了哪些困难需要协助解决?
- 我多久检查一次?
- 关于店铺日志,我曾经认认真真手把手地教过几次?

店铺的流程和表格执行不了,我个人认为最重要的责任是在店长的直属领导身上,因为员工只会做领导关注的事情。所以多数时候当我们在责备员工的时候,其实最应该检讨的是我们自己,长期的不监督和考核最后换来的当然就是员工的不执行。

猫尾巴式的思考:

- 如果不监督、不考核,员工自动自发地工作的比例有多少?
- 在我的内心深处,是否真的认为店铺日志很重要?
- 在我下市场的时候,是否有对店铺进行常态的检查和要求?

如果时间有限且人力资源配置不够充分,我个人建议企业可以每隔一段时间就针对自己目前的主要目标和次要目标做一个完整的讨论,简化流程和表格的操作，留下与目标紧密相关的，简化或删除与目标不十分相关的部分，让大家的精力集中在几件事情上，因为把几件事情做深、做透，好过于每件事情都是蜻蜓点水。尤其是代理商，要真正做到完整的公司化运作需要时间、资金和人才，当各方面都有压力时，就应该做好工作上的筛选，因为太多的工作重点就等于没有重点，而筛选的目的是希望最终可以将时间和资金做到充分的运用，尽可能用有限的人力发挥出最大的管理效果。

> **专家箴言**
>
> 员工没有胆子大到领导天天关注的事情就是摆明了不做，因此员工敢不执行，或是在领导面前敷衍了事，最大的问题不在员工身上，而是在领导身上。

没有专业的操作

在店铺的管理上数据是很重要的，它是科学化地管理店铺的重要组成要素，因为数据可以作为管理和调整的依据，也可以作为决策时重要的参考指标。比如，过去的销售数据如果可以做好系统的分析，对于来年的订货就可以起到指导性作用。

但是要注意的是，数据采集的工作需要依靠人员和工具才能完成，如果人的资源或是工具的资源不到位，数据采集失真的状态就会出现。如果做不到有效地收集，导致失真度过高，或是收集这些数据必须耗费过高的人力和时间，这时候管理者就必须要权衡得失来决定做与不做。在此提到的"人的资源"主要涵盖了人员的配置、能力、状态、时间分配等。我一直在强调现状和本质，并不是我不认可这些工作的重要性，否定这些数据对管理产生的作用，而是要站在目前的基础上，对于这项工作能否进行以及它可以带来什么好处做出正确的评估。因为任何一个工作都会有正反的效应,如果时机不对、人员跟不上或工具不到位,结果就会背道而驰。

比如,对顾客的进店率进行统计。进店率是指进店人数占店门口客流量的比例。其中影响进店人数的相关因素是店头美工(如灯光、陈列、橱窗、人员形象)和促销推广,而店门口客流数则跟立地分析(如店铺选址、商圈变化、店铺识别度、地标识别度)和促销推广有关,所以这个数据的采集对店铺的实际问题分析可以有很大的帮助。

虽然这个数据很重要,但是数据采集的工作要如何进行?由谁负责计数、要分几个时间段去计数、周末和工作日是否要分开进行计数,有效客流和无效客流是否应当做出有效区分等,这些问题都要事先考虑到。如果要员工自行统计,由于时间、专业能力等因素的限制,其可信度极低,且员工也不会认为这项工作会有什么意义。如果交调研公司或在店内安装自动计数器,又需要花费资金,所以总是难以两全。

那么这些数据应不应该进行统计呢?我个人认为是应该的,因为这些数据对店铺很重要,但是要不要真正去执行统计,最好还是进行评估分析之后再说。如果要让店铺员工去做这个统计工作,我个人觉得意义不大,因为员工都知道这些数字是自己在什么状况下统计出来的,又怎么会觉得这工作是有意义的呢?

猫尾巴式的思考:

- 统计出来的数据,我个人评估可信度有多少?
- 如果要得到真实的数据,我准备要付出多少的代价?

专家箴言

当数据不再真实时,管理者就要思考这项工作是否还要继续下去。如果要,那就要通过改变管理手法来改变数据的真实性;如果不要,那就停止以减轻员工的工作负担。徒然浪费企业的人力、物力、财力去获得一份不具有真实性的数据,完全没有意义。

管理的迷思三：为什么目标完成率总是不尽理想？

目标实施的流程是目标制订→目标分解→目标沟通→目标确认→目标执行→目标跟进，整个过程成为一个闭环，如果目标跟进的过程中发现目标制订存在问题，就应该返回到目标制订上重新做修正。目标执行是一个动态的过程，期间可能发生许多状况造成目标的延迟或提前完成，所以需要评估是否应该做目标修正。

近年来，许多店铺都围绕着"目标完成率不高"在找原因并寻求解决之道。一些管理者为了完成目标，采取比较激进能迅速见效的做法，如举办大型活动，实施终端人员的强激励，参与潜能激发课程等，希望通过此种方式来迅速改变客流，提升人员状态，点燃员工的激情来解决业绩滞后的问题。其实在非常时期采取非常之道无可厚非，但是在事后还应该让目标的执行回归到常态的轨道上运行。毕竟顾客与员工的激情都不会屡屡刺激屡屡反应，若刺激久了他们会出现疲态。短暂燃起的火花无法持久，还是要寻找到长久的光源带来持续的光明。

> **专家箴言**
>
> 目标完成率的问题绝对不是用一个方法或行为就可以完全解决的，因为目标的稳定达成是一个细化的工程，从"心"到"行"，期间还要有技能的调整和不间断的监督与考核。通过短期行为，也许管理者可以解决眼前之患，但却无法解决长期之疾。

第二章 管理迷思十问

没有充足的目标认同

目标是需要沟通的，沟通是目标执行的基础工作也是关键工作，但同时也是最容易被忽略的工作。目标定多少算高？或是算低？如果一个员工认同目标，目标就算再高也不高；如果一个员工不认同目标，目标就算再低也不低。关于目标，我个人认为"认同"是其执行的基础。每次在上课谈到目标执行时，我都会问到两个问题，在这里提出来大家也可以思考一下。

猫尾巴式的思考：

问题一："如果要让一个顾客购买我们一件五百元的衬衫，大概需要花多长的时间去进行沟通？"答案当然是有长有短，我们取个平均值二十分钟可以完成；

问题二："当我们把月目标下放给某个员工时，一般会花多长时间跟对方进行沟通？"少数人的答案是"半小时"，大多数人的回答都是"不到五分钟甚至是几秒钟就结束了"。

关于这两个答案，大家看出问题了吗？换一个角度思考：一个顾客要购买一件五百元的衬衫需要被沟通二十分钟才可能购买，而对于一个每月要做五万业绩的员工，我们用少于二十分钟的沟通时间就期待对方认同、接受并且乐意执行拟定的目标，这样的逻辑合理吗？是什么原因促使管理者认为在几分钟或是几秒钟的时间内就可以做到这一切？此时，管理者最可能的想法有以下几个。

猫尾巴式的分析：

其一，管理者认为我们给你多少你就应该接受多少，因为这是公司今年希望做到的数字，作为员工理所应当要承担；

其二，管理者并没有真正做到不同岗位人人平等，所以连目标都用命令的方式下达，忽略了员工的想法；

其三，自己也没有信心，所以不愿意去进行沟通，只好把目标的下达当成是例行的公事，先下放再说；

其四，自己过去在终端现场工作时也是接受如此的待遇，所以依葫芦画瓢，照搬模式，却忽略了时代背景的变化；

其五，跟员工够熟了，一起共事多年，相信默契可以弥补一切。

我们天天跟员工谈沟通的重要性，可一到自己头上就瞬间抛诸脑后了。如果员工每次外露地抗拒目标都得不到理解和反馈，慢慢地就会对目标失去抗拒的意愿，逆来顺受，但是没有抗拒不代表接受。不外露的抗拒更可怕，所以我常说，员工对于目标有外露的抗拒代表员工还愿意在这个话题上与我们交流，一旦员工对此都默默地接受有几种可能。

猫尾巴式的分析：

其一，员工的服从性非常高，可与军人相比拟，是企业教育的成功。

其二，员工有把握完成目标，甚至超额完成目标，所以不需要与领导沟通，就按领导说的办。

其三，员工已经抱消极态度面对，反正接受也得接受不接受也得接受，尽力就行。

其四，新员工，所以搞不清楚这目标的可行性，无从评估、无从判断所以接受。

人有时候会掉进一个不自知的陷阱，那就是"不珍惜"，所以被我们伤害的人基本上都是熟悉的人，而且越亲近的人有时受伤的几率越高，频率也越高。许多人在面对陌生人的时候总是客气、礼貌，说话到位谨慎，处处展现素质，不希望自己的一不小心伤害到别人，让对方心里觉得不舒服，但是同样的道理就不懂得运用在身边的人，回家之后总是用放纵的行为和语言让爱自己的人受伤。

为什么会举这个例子，是因为员工也是我们最亲近的人，面对顾客我们尚且知道要多交流沟通，用对方喜欢被沟通的方式去进行沟通，甚至为了让对方听着舒服，还要事先准备一大堆的对话模板来练习，但为什么到了员工这里就一百八十度大转弯变成不懂了呢？如果我们拿跟顾客沟通的耐心和用心来面对员工，对于目标或是改变，我想员工应该会比现在欣然接受的多。有时候新老员工也会出现类似的状况，面对新员工总是可以给他更多的耐心，循循善诱，而对老员工则沟通越来越少，要求越来越多。在老员工和新员工之间，哪一种员工对于我们的目标完成会形成更大的助力？我相信大多数人都会选择老员工，因为老员工了解产品，手上有老顾客的资源，对于顾客群的把握度比较高，推荐商品也比较准确。所以我们更应该花时间为老员工建立对目标的信心，因为他们的力量更大，而新员工还需要跟品牌磨合，只要在培训上多下工夫就行，因为他们要进入状态还需要时间，短期之内很难依赖他们为目标做出巨大的贡献。所以我们要反思自己是如何对老员工的，不要做"有了新人忘了旧人"的领导。

猫尾巴式的思考：

- 我对于老员工是沟通多还是命令多？为什么？
- 我是对老员工比较有耐心还是对新员工比较有耐心？如果我是对新员工比较有耐心的话，我用这耐心来对待老员工，可能出现的结果是什么？
- 什么原因造成了我对于老员工的忽略？如果我想要立即做出调整，我应该要做的是什么？

"我花钱就是请你来帮我解决问题的"这样的观念对高层管理者可以适用，但对店长和销售顾问这个层级不太适用，因为他们的经验与资历都有限，能想到办法不多，专业知识也不足，所以给他们目标的同时一定要配套足够时间的沟通，让他们可以真正从内心接受这个目标，从有问题到没问题，从有怀疑到相信自己。

如果我们的前期沟通做得到位，过程中反复调整的时间就少，否则过程中反复调整的时间就多，需要去处理员工对目标失去信心，对目标开始产生抵触，对目标开始放弃等事情。所以管理者要做一个明智的选择，是想要把时间放在前期的沟通上，还是要放在过程中的调整上，一旦选定后就不要有任何抱怨。不过值得注意的是，过程中调整的时间可能是前期沟通的好几倍，而且难度也高。

> **专家箴言**
>
> 认同是目标的基础，有认同再高的目标都会全力以赴，没有认同再低的目标都有可能出现意料之外的差错。关于这个环节，最重要的还是管理者自身究竟重视还是不重视。有足够的重视，那么花费再多的时间也都在所不惜；没有足够的重视，即使有时间也会拿去做其他的工作而不会在这上面浪费。

没有有效的支持计划

如果说目标是一张桌子的板面，计划就是桌子的四条腿，没有腿的桌面充其量只能称为木板子，不能成为完整的桌子。我们可以只给企业高管一张桌面，因为他们有能力自己把四条腿补上，但是店长可能未必可以做到，原因如下：

猫尾巴式的分析：

其一，店长对于计划的重要性认知不足，忽略了计划的重要性，所以店长可能会选择直接趴在地上使用桌面，无计划地执行目标；

其二，店长没有足够的能力把四条腿补上，或是只能补上四条站不稳的桌腿，心有余而力不足。

第二章 管理迷思十问

许多管理者都说员工接受不了大目标，我却认为员工喜欢大目标，可以从以下两个问题中思考一下，就会知道我说这话的立场。

猫尾巴式的思考：

- 如果目标一定可以完成的话，您会选择完成大目标还是小目标？
- 如果目标一定可以完成的话，您会希望今年完成多少目标？赚到多少收益？

我想第一个问题大多数人都会选择大目标，这个问题就好像直接问一个人："如果我可以让你梦想成真，你喜欢成为千万富翁还是亿万富翁。"所以员工并不排斥大目标，因为大目标不仅可以更加体现自己的价值，而且完成之后可以为他们带来更高的收入，实现更多的梦想，他们排斥的是不知道如何完成的大目标，这两种是不同的状况所以不能混为一谈。

现在许多员工在接到指标的时候可能没有思考如何完成或可不可能完成，就已经条件反射地开始心生抵触了。我跟许多终端人员聊过，发现最主要的原因是"在接到指标的时候对于完成指标的方向不清晰，不知道应该如何做，而实现目标的过程中所得到的帮助又太少。"所以造成的原因就是目标下放的同时并没有配套明确的方向和方法。目标很重要，但如何让目标合理化更重要，而要让目标合理化的最大关键就是方向的寻找和确认，也就是计划。

有许多人问我如何制订合理的目标，其实以我个人的看法，目标合理或是不合理经常都是结果论。很多人以去年或是前两年的实际完成情况作为参考，再加上对市场未来走势的预估，新开店的计划导入，最后订出自认为合理的目标后给终端。压指标没有问题，但是压指标的同时也要有相应的配套计划，让员工心服口服才算压得漂亮。所以指标不是问题，计划才是问题，多少的数字不是关键，讲清楚怎么完成才是关键，否则即使不是"压"也会被认为是"压"。

> **猫尾巴式的思考：**
>
> - 当指标下放的时候，配套的计划是否跟终端进行过完整的沟通？
> - 如果我是品牌加盟商或是店长，我对于指标的接受度如何？如果不高，我应该如何建立他们的信心？

因此对于店长，每一个月的月底，领导应该排出时间和店长针对店铺的状况进行讨论，共同找出业绩的增长点或突破口，并制订一系列相应的计划和工作，同时承诺自己将全力支持。关于店长的沟通，一点都省不了事，如果店长没有信心，销售顾问就更不用说了，他的状态会直接复制给销售顾问，最后大家就会在目标下放了之后一起赌运气。

有许多管理者告诉我，自己真是没有这么多时间去做这些计划和沟通。这一点我无法给出最佳的做法，但我知道几件事情。

> **猫尾巴式的思考：**
>
> - 最重要的事情没有时间做，那时间都跑到哪里去了？如果我的时间管理出了问题，目标当然离我越来越远。
> - 占据最少时间的沟通工作没有时间做，当员工没信心需要调整的时候为什么时间又可以被挤出来了呢？
> - 我的工作是要完成目标还是完成所有除目标之外的杂事？最终企业如何评估一个员工的价值？
> - 如果我根本没时间去做好这些工作，那么我对完成目标的信心应该从何而来？
> - 如果我自己对完成目标也没有信心的话，那是什么原因让我不去想办法解决？

对于销售顾问亦同，一个负责任的店长也要在月底的时候针对销售顾问的目标逐个为其制订完成计划，因为销售顾问的信心对于店铺的指标完成有重大的影响。因此，店长需要用心的地方是平常观察出员工技能欠缺之处，甚至要比员工更了解他自己需要什么，如开场有问题，找不准顾客的需求，怕顾客跑单所以不敢做连带，对高单价商品没有信心所以不敢推荐，反对问题处理失当等，要做到心中有数。对于销售顾问所欠缺的部分，店长有一整个月朝夕相处的时间可以观察，只要用心就一定可以找到技能的突破口，如果一个月下来都观察不出个所以然来，就有几个可能：

猫尾巴式的分析：

其一，店长自身的管理能力不够，所以需要加强，这样未来才能给销售顾问实际的帮助。

其二，对员工不用心，没有把员工的业绩完成当成是自己的责任，所以指标下放之后让销售顾问自己处理，用赌运气的心态去面对严肃的指标，一句话，责任心不够，在其位不谋其政。

其三，工作已经出现疲态，对于该做的工作已经没有激情投入，如果是这样的状况，店长应该尽快找到自己所信任的领导寻求帮助，否则状况会恶化到自己都无法想象。

领导的教育和公司的培训只能当作是店铺培训的甜点，店长所付出的才是员工的正餐。针对销售顾问不足的地方每个月安排不间断的演练，持续跟进，而且每个销售顾问所演练的内容各不相同，因为只有改变他们的技能水平，完成业绩才有希望，而且这个工作谁都无法替代店长，店长是唯一的选择。

专家箴言

计划是支持员工完成目标的信心来源，因此管理者在下放指标时，一定要配套完整的计划。没有计划支撑的指标，即使获得了员工口头上的接受，也不代表员工心里会认同，可能只是一时自欺欺人的做法，最终将目标的完成豪赌于运气之上。

> 终端管理・快速灵活・落地执行

没有基本工作量认知

常规的习惯不一定是最好的习惯，只是习惯而已。大多数管理者做目标计划时都是把年目标拆成季目标，季目标拆成月目标，月目标最后拆解成日目标和时段目标，然后分解到每个员工的身上，年复一年早已成为常规，而且身边的人都是这么做的，一点也不觉得这样的做法存在什么问题。但是，不管是由管理者分配到每个员工身上还是由员工自领目标，即使目标已经分配到人，也不代表目标就一定可以完成。所以渐渐地目标制订就变成了形式，直到最后大家只要谈到日目标心里就开始抵触，目标天天领，天天完不成，挫折感日增，信心日减。

其实我个人认为这样的分解方式数学作业的意味大于实际上的执行。用最简单的例子来说，一天如果要完成一万元的目标，我们究竟需要接待多少顾客才有机会完成目标？这个接待顾客数的目标就叫做"行为数量管理"。我在培训现场问过许多管理者，对这个数据不清晰的占比大约是95%。也有人告诉我说很难预估，有时候成交两个人，有时候成交五个人，说不定也有可能一个人就搞定了，这种销售案例在店铺里都可能会出现。但这样的说法还有另一方面的含义，就是能否完成目标有时候还要看运气。目前，大多数终端人员都要反思自己如何才能完成日目标。

猫尾巴式的思考：

- 我对于日目标的完成与否，心里是否具有足够的安全感？
- 如果我感觉不安全，造成不安全的原因有哪些？
- 如果员工告诉我，目标没有完成的原因是没有客流量，我会如何处理？

我坚信一个道理，做销售，"运气只可以作为锦上添花之用，但是绝对不能作为雪中送炭"。目标的完成与否最终一定是跟工作量有关，而不是依赖或是期待出大单，我们可以把出大单当成希望，但却不能依赖其帮助我们完成目标。终端店铺里有大单也一定有小单，但也一定会有平均客单价数值，而这个平均客单价的变化会比较小，因为它是用大数总结出来的平均数字，可以具备一定的参考价值。同时店铺里一定还有一个正常的成交率，这是以店铺内的平均成交水平得到的数值。根据这两个数值，我们就可以推算出店铺要完成目标的基础工作量，即用营业额除以平均客单价得到成交顾客数，然后用成交顾客数除以成交率就可以得出应接待的顾客总数。

有店长说，关键的问题是客流量不是我们可以控制的。这一点我百分百同意，正常的店门口客流确实是如此。但是，店长仍要清楚店铺一天应该接待多少人才能最稳定地完成目标，当接待量降低时，店长就应该安排所有的员工对老顾客进行回访，加大员工在重要时段的客流截流，调整陈列吸引顾客进店，与领导沟通做小活动吸引客流，总之要想办法改变进店的顾客数，通过顾客数的增加来解决员工工作量不足的问题，让员工在以后的工作中把工作量补上来，这样才能对目标的完成形成最稳固的保障。

猫尾巴式的思考：

- 我们的店长是否有意识到工作量对其业绩稳定的影响？是否有意识到工作量对其目标完成与否的影响？
- 提高连带率，拉升客单价，需要员工的意识加技术才可做到，而关于这部分的改变是不是短时间内可以做到？
- 工作量是在平均能力的基础上，为了完成目标应该付出的最基本努力，如果连最基础的工作量都保障不了，能力又无法瞬间提升，那么要完成业绩靠的是什么？

这一点可以参考电话销售行业，因为电话销售行业做的是最好的。十几年前我就认识做金融理财商品的电话销售顾问，他们每个月都可以领到令人眼红的报酬。我曾经仔细询问过他们的成交秘诀，聊完之后发现完全不是我所想像的不断出大单，而是保证完成基础工作量即可。

许多店铺的业绩完成不了不一定是能力的问题，而是工作量不足的问题，但是大多数店铺管理者都没有意识到工作量的重要性，把进店的客户数量解释为无法控制，所以拼命在客单价和连带率上做文章，每天在微博、微信上把十八连单二十连单当成激励人心的案例到处发放要所有员工共同学习，却没有顾虑到销售顾问看到时的心情和想法是如何。有时候管理者在做这些事时是否也要思考一下，这样的案例可以变成常态吗？把这些具有运气成分的案例做大面积的推广，最终不可能收到管理者原本所预期的效果。

猫尾巴式的思考：

- 以我们过去的管理经验来说，这种高件数的连单是技术成分居多还是运气成分占主导？
- 当我看到这个案例时，如果我是员工，我有可能产生什么样的想法？正面的有哪些？负面的有哪些？
- 如果我希望这个案例可以更加具备正面的作用，我在传达时是否应该做些调整？应该如何调整？

这些动作事实上代表管理者可能还是将能否完成业绩寄托在高连单和高客单价上，这种期待不是不能有，而是要提前做好工作量规划，在完成基本工作量的基础上做成高连单和高客单价。

在这边再次提醒管理者，要诚实地面对自己，因为有时候单日目标的完成会掩盖当日工作量不足的缺失，在喜悦中失去了应有的危机感。要能每个月都稳定地完成目标，在做计划的时候一定切记，要把运气的成分完全排除在外，要在平均客单价和成交率的基础上完成基本要求的工作量，并帮助员工成长，这样目标不仅能完成，超额完成的可能性也会大大提升，与其将目标锁定在一个业绩的数字上，不如把目标锁定在更加实际的行为数量上。

> **专家箴言**
>
> 工作量是目标最终能否稳定完成最重要的基础数字，没有建立在工作量上的目标都会含有运气的成分在内，这也是目标完成不稳定的关键原因。如果工作量在缺乏管理的情况下出现严重不足的状况，再加上运气不好，那么目标的完成率就有可能让管理者跌破眼镜。

业绩管理周期不合理

零售行业每每到了月底总是显得比平常忙碌许多，许多店铺都在为月底的业绩目标完成与否奋战，神经都快崩断了，因为距离完成目标还有差距，所以能否完成就要靠这几天了，最终完成了就松一口气，完不成就垂头丧气。面对这样的工作习性和周期，这里有几个问题大家可以思考一下。

猫尾巴式的思考：

其一，时间紧迫的压力对员工可能造成的影响。适当的压力可以让人有出乎意料的成果，但是过大的压力可能就会令人把时间花在担心上而不是继续前进上。

其二，店铺管理的业绩周期与顾客消费的周期冲突。店铺总是在月底时加大推销力度，全力以赴，孰不知顾客在月初和月中领到工资时手头最宽裕、也最容易做购买决定。所以把月底的紧张感放在月初或月中，才会有更好的销售效果。

其三，非常态可行的解决方案。我们假设一个状况来进行业绩完成的思考，情景如下：

现在已经是本月底的最后一个晚上，剩下十分钟就是打烊的时间，但是距离我们完成业绩目标还差三万元，思考一下，还有没有什么办法可以让我们的业绩顺利完成？

我在上课现场听到过几种的解决方案，这些都是店长所想出来的办法，大家也不妨听听。

- 延长打烊的时间

多争取一些时间，创造一些机会，赌最后一把的运气，说不定会有大客户进来一次性就搞定三万的业绩。这确实是个办法，不过前提是要路上还有人逛街才行。不过，我还真是遇到过一个店长告诉我："就是在打烊前最后十分钟，一个顾客走进来，一眼就看上店里最贵的貂，一件八万多块钱，以前员工都没想能不能卖的出去，结果这位大姐二话不说买单走人，最后那个月的目标还超额完成好几万。"

非常态的奇迹有可能出现，但是既然是非常态那就代表无法复制，只能以特例来看，不存在讨论的价值。

- 员工自己内购

这是爱品牌对目标重承诺的表现，不过这方法用一次还可以，第二次可能就行不通了，如果金额还稍微大一些的话可能连一次都执行不了。

- 先内购后退货

这是店铺里相当糟糕的行为，为了完成目标领取诱人的奖金，所以先把这个月的指标完成，把该领的提成领了，奖金拿了，然后再将服装以他人的名义陆续退货。这种做法比没有完成指标更糟，是店铺需要严惩的工作行为，很没有职业道德，但是在现实店铺的管理中却是存在的。

- 先买单下个月再销售

这是属于作弊的方法，先搞定这个月，将所有福利先拿到手，然后用下个月的业绩来作为填补，虽然可以完成这个月的目标，但是不诚信的做法并不可取。一旦做了，店长在员工面前的领导力将会消失殆尽，毕竟这是用投机取巧的方式所得到的荣誉和收获。这种状况在店铺里常见，可怕的是我跟管理者交流的时候，他们对此大都睁一只眼闭一只眼，纵容员工的这种不道德行为，这将带来很大的负面效应。

- 带员工出去摆地摊

这是一个店长在上课时所提到的方法，是店长在高度渴望完成目标的情况之下，在与店老板沟通过之后亲身带领团队实践过的方法。同时因为员工从来没有体验过摆过地摊的滋味，所以激情度比在店铺里做销售还要高，结果还真是把目标给完成。但这种方法偶尔尝试一下还可以，要变成常态的解决办法，员工也不乐意。另外，使用这种方法也有档次之分，只适合低品牌。

- 让想追自己的人来买

这是一个做男装销售的小女孩给出的答案，上课现场笑倒了一大片的同事，人人都说行的通，有些销售顾问还真实践过所以口口声声说效果还不错。这也可以说是个好办法，但不是长久之道，且不适用于所有人。

- 展望下个月

这是最多店长的说法，把这个月的差额加到下一个月的目标中，这个方法可行，但是下个月也有下个月的目标，如果以此类推下去，目标的叠加最后只会导致员工的信心丧失，呈现出"你加你的、我做我的"的局面，完全对他们产生不了任何的压力。

关于业绩的完成，最好的办法当然是今月事今月毕，如果离目标真有多大差距，管理者要把目标往后叠加的话，建议管理者做以下两点考虑。

猫尾巴式的分析：

其一，可以往后多分散两个月，在可能完成的范围内叠加，一旦叠加之后的结果不被员工接受，最后不仅这个月没有完成，可能连下个月的目标也一并被放弃了；

其二，目标叠加之后制订配套的完成计划，而且对于计划的可实现性要谨慎评估，毕竟员工需要承担更大的指标，所以在计划的完整性上要能给员工完成的希望，否则叠加之后只是一个数字与完成无关。

这些都是方法，而且曾经有人尝试过，甚至也成功过，但是都不是常态可以使用的方法，我想这一点大家都认可。所以在业绩目标的管理周期中，我有两句话提供给大家作为参考。

猫尾巴式的思考：

第一句话是："一个月只有三周"。
第二句话是："一个月只有七天"。

一个月只有三周作何解释？这句话很容易理解，就是我们作为业绩目标的管理者，不能把目标分解到结算的最后一天，至少要预留出3~5天，让自己有一定的回旋余地。

如果目标可以在三周之内完成，那最后一周要做什么？我个人的建议是可以做下个月的目标规划，做培训，做沟通，为完成目标庆祝，做什么都行就是千万不要因为目标已经提前完成所以再来一个超额的目标。如果我不给员工休息的时间，员工也会自己找时间休息，所以与其让员工休息的时间分散而影响其他员工的状态，还不如尽量让员工休息的时间统一起来，这样对我们的管理反而比较有帮助。

猫尾巴式的思考：

● 如果我是员工，我拼完了月底的业绩之后，我最想做的事情是什么？

● 如果我是管理者，员工月底休息对我有利，还是月初休息对我有利？

第二章 管理迷思十问

- 如果我是员工,我可不可能一年三百六十五天全年无休都在拼命作业绩?

一个月只有七天又做何解释?意思很简单,就是提醒管理者以周管理为主线管理,而不要以月管理作为主线管理。我们希望员工可以在最短时间之内产生最高的效益,那就不能把目标周期拖得过长,我们的销售型态是百米竞赛而不是十公里越野,所以更讲求的是如何激发员工的爆发力。所以我们的管理重点应该放在周管理上而非月管理上,要记得月目标的达成是周管理到位的结果。"周管理比月管理重要,周计划比月计划重要,周目标比月目标重要,周激励比月激励重要。"抓住容易出绩效的管理周期,可以让管理者在员工的状态管理上少一份操心。

以现在许多人在团队当中做PK为例,如果是月PK,当月中员工发现自己跟对手之间的差距已经被明显拉开时,他就会评估还赶不赶得上对手,一旦失去了赶上对手的信心,就会出现两种状况:

猫尾巴式的分析:

其一,赶不上的人还不到月底就已经俯首称臣了,也不再做最后的垂死之争,用展望下个月做自我沟通和安慰。

其二,已经在远处领跑的人,发现后面的人都不追了,也不会再加快自己的脚步向前,既然已经赢了,差别只是在赢的多还是赢的少而已,至于赢多赢少关系已经不大了,赢了就行,反而没有起到全程激励的作用。

周激励不同,七天一巡回,败了马上可以再战,很快就有新一轮的竞赛,又有一个重新翻身的机会,而赢了的也不要开心太早,因为七天很快过去,新的竞赛又将开始,对员工的激励来说,可以发挥更好的作用。因此我们应该放轻月激励,看重周激励,让员工的焦点集中在周而不集中在月,这样的周期调整更有力于把握员工的状态,让员工在持续竞争当中保持最佳的状态，不是我不让你休息，而是因为你想要获得每周竞赛的胜利不想休息。

> **专家箴言**
>
> 不同型态的销售团队，管理的周期也会有差异，而管理周期实际上就是员工的生活作息周期，因此如果周期把握不当，自然员工的行为周期就会错乱，最终造成行为与所期待追求的结果背离，不健康的周期自然得不到一个健康的结果。

管理者自身没有信心

要想突破业绩，我个人的经验是要把握住三个关键点。

> **猫尾巴式的思考：**

其一，在自己所管辖的店铺当中找准关键店铺。
其二，在关键店铺中沟通好，与关键人达成共识。
其三，与关键人共同制订计划一起管理好关键事。

这三点我称之为"业绩突破三关键"。其中第二点是关键中的关键，成也萧何败也萧何，不管之前的关键店铺选择有多正确，关键事的计划做得多么周详，最后都有可能在人的身上功亏一篑。这个关键人的能力不一定很强，但是一定要是一个有意愿且具有充分信心的人，能力不足我们可以给予他多一些支持，适时出手给予协助，但是如果他是一个扶不起的阿斗，那么所有的工作都很难有任何突破。

因此，一旦关键人出了问题，尤其是失去了完成的信心，这对工作的进展来说就是很糟糕的一种状况，因为领导没有信心的话，他就不会去做以下几件事情。

第二章 管理迷思十问

> **猫尾巴式的思考：**

其一，认真面对目标的完成计划。有时候我们的业绩目标没有完成并不是败在没有计划，而是败在没有一个拼尽全力去推动计划的人。稍有困难就畏首畏尾地退缩，满嘴都是问题，他会把更多的时间放在担忧上，放在完成不了的理由铺垫上，而不会把大多数的时间放在解决问题上。

其二，跟员工进行更多积极的沟通。在完成目标的过程中，管理者需要面对每一个员工心里的变化，完成目标是一个动态的过程，员工的心态变化也是一个动态的过程，这时候就需要管理者时时给予调整与沟通。但一个没有信心的管理者在自己信心不足的情况下，会很忌讳被员工发现自己心里的真实状态，所以尽可能避免与员工做过多的接触，甚至明明知道员工出现了问题也可能无所作为。

其三，正视自己的问题。正视才有解决问题的可能，不正视问题的话就只会把问题推到员工的身上，如员工没有信心、员工对目标有抵触情绪等，甚至会把问题用放大镜去看，无限扩大问题的严重性，错误地引导管理者的焦点，所有的动作就是希望指标可以下降，或是开始为自己的完成不了指标铺垫好足够的理由，做好脱卸责任的事前准备。

其四，寻求资源。人、事、物都是资源，在完成目标的过程中大多不会一帆风顺，而需要动用到许多资源来解决过程中出现的阻碍。对于一个有希望的人来说，任何微小的资源他都看得见并能加以利用，为结果做出贡献。但是对于一个没有抱着希望的人来说，任何大的资源他都看不到，基本是一种等死的状态，坐在原地不动，等着不完成的结果来找他，最后心想事成。

其五，有力量的激励。一个有影响力的人一定是心中对目标有希望的人，在激励别人之前一定要先能够激励自己，如果自己都激励不到自己，要激励员工那就更难了。

其六，与员工站在同一阵线。既然已经没有信心完成，与员工站在同一阵线上的意义何在？一个人的自信其实可以在工作行为中观察出来，能够带兵冲在前线的管理者基本上都是有责任、有希望、充满自信的，而一个没有自信的管理者就经常会站在员工的背后，让员工冲在一线，拿员工当成挡箭牌，让他们为自己遮风挡雨。拿员工的信任不当回事，这样的管理者一旦被员工发现，就很难在员工的心中拥有一定的位置。

因此，我非常不建议作为管理者对于目标有质疑的时候不提出来，应该勇敢地提出来寻求帮助，这不是告诉领导我做不到，而是告诉领导我很想完成，但是在一些地方需要领导帮忙出谋化策，请求资源协助。因为身为管理者，你不是一个人，你会影响到手下的许多人，你一个人的问题不解决会变成手下许多人的问题，提问题不难堪，不找到问题任由目标不达成比较难堪。

专家箴言

领导没信心，员工自然没信心，不管掩饰得多好，还是会在言谈举止之间自然流露出来。虽然不一定有人会去检查领导有没有信心，但这份信心却会在员工之间自然传递，以为别人什么都不知道，但可能别人什么都知道，只是自己不知道罢了。

管理的迷思四：为什么销售话术终端员工不买账？

说到销售话术，我应该是市场上最有资格发言的人，早在 2005 年娜尔思女装的项目上，我就已经通过所有终端店铺的问题收集，总结出了一百五十多个问题，并对这些问题写出了五百多个正确的模板和八百多个错误的模板，以问题、错误模板、正确模板的输出型态出版三本的口袋书，提供给销售顾问现场翻阅作为回答的参考。后来修正第二版、第三版的升级之后成为马克华菲和罗莱家纺等企业终端咨询项目中的关键内容，所以这方面我堪称是市场的鼻祖。

经过多个项目的操练，我看到许多执行得很好的店铺可以有二至七倍的业绩成长，也有许多店铺业绩没有改观。所以现在许多人在听完销售话术的课程之后热血沸腾、信心满满，但最后却屡遭实践上的挫折，心生疑虑。我在这里预测一下大家在执行中可能出现的几种状况，我们一起对号入座，看看这些状况是否如实发生。

猫尾巴式的分析：

其一，员工不愿意背诵。一开始没有建立好执行的共识，沟通不到位，所以员工把背诵模板视为管理者强加的负担，看不见话术的好处所以抱怨连连。尤其是没有参与到培训当中，只是接受内部员工转训的员工，这样的反应还会更加强烈。

其二，理论与实际切割。员工在月底考核的时候，笔试、口试都可以获得不错的成绩，但是现场销售时还是按照自己所习惯的方式进行，话术归话术，实际操作归实际操作，直接画一条线切割清楚。这类状况是缺乏演练和执行辅导所造成的，所以虽然模板背得很熟，但是没有转化应用在实际现场中。

其三，不堪负荷。员工不堪承受背书的负担，或是从顾客身上屡屡受到了挫折，甚至以离职作为要胁的现象时有发生。尤其是有家庭的员工，白天忙业绩，下班忙家务，实在难以抽时间背模板，而又要通过考核，压力很大。

其四，年龄参差不齐。员工的年龄有高有低也是执行上的困扰，但是管理上又很难做出分别对待，标准难以拿捏，只要年纪稍轻的怕他们有意见；不区别对待，又怕这些年长的销售业绩不错的员工不乐意，执行困难。

其五，销售高手的阻碍。销售高手的抵触是让人最头痛的，这些员工有自己辉煌的销售历史，甚至控制了店铺主要的业绩组成，不愿意接受销售基础的重新建立。如果管理者继续坚持执行，有可能一拍两散，如果一旦让他变成特例，他就会变成所有人不执行的借口，最终所有员工执行的意愿都会被消磨殆尽。

其六，小团体与大团体对抗。参加过培训的员工与没有参加过培训的员工格格不入，这些人在其他人的眼中就仿佛是外星人刚刚回到地球，连说话的方式都变了，让人另眼相看。最终少数人敌不过多数人异样的眼光，以及一大堆的说法和自以为有道理的意见，很快就失去执行的热情，恢复原状，随波逐流。培训的成果最终在很短的时间内就付诸东流，慢慢地大家也不再提起，如果下一次再有类似的训练，参加的热情也烟消云散，甚至抵触情绪油然而生。

其七，领导的自我意识。在要求员工之前一定得先要求管理者，如果管理者自己都做不到，又怎能考核员工呢？虽然要求管理者身先士卒的难度可能比要求员工还要大，但是如果不解决，模板的执行就会变成昙花一现。因为领导自己不会，自然就不敢要求，领导自己不愿执行，自然就会收集所有的资源来证明不执行是对的。

其八，半生不熟。有些销售顾问背得半生不熟，原本还知道怎么跟顾客解释的，最后面对顾客时却哑口无言不知道从何说起。

这么多年来，感谢所有的企业给我机会，个人在销售话术上的执行上有几点建议提供给所有的管理者以为借鉴和参考，当然这也是在实际操练中血和汗所总结出来的心得，希望对培训岗位的同事能有所帮助。

> **专家箴言**
>
> 销售话术最大的执行障碍在改变他人从小到大的说话习惯上，不是销售话术是错的，而是在执行的推动上所存在的问题较多，单个个体是可行的，全面推广就会有较大的隐忧，因此热火朝天的上课氛围却不代表最终终端可以落地执行。

个人意愿和企业意愿冲突

企业的发展有很多的阶段，每一个阶段里都会有不同的核心策略，执行的重心和主轴也都不相同，有时有些事情并不是企业不重视，而是可能不是当下最重要的、必须要执行的。所以在推动销售标准化上，企业会有企业的认知，何时推动、如何推动、由哪个部门推动最终是由整个市场的发展阶段，以及销售标准化对品牌战略的影响程度来决定。不是哪个人认为重要就必须马上执行，不执行就是企业高层没有做强的意识，没有重视基础建设的理念。我相信意识和理念都是有的，只是时机是否成熟还要做更多的评估，一旦销售标准化推动失败，未来老调重谈的时候就会更加困难。

企业的阶段和意愿才是销售标准化最终能否体现出成效的关键。许多培训经理认知到销售标准化的重要性，知道员工技能的调整需要借用一些标准化的工具让员工有一个明确的学习方向并促成其快速成长。但是道理归道理，空有个人的认知而没有企业认知的支持，最终也只会落得一厢情愿，没有办法成事，极力争取可能也只会导致伤痕累累。所以做事一定要讲求时机，如果公司到了这件事情非做不可的阶段，自然会把它提上日程，在会议中不断强调，甚至调动资源下达命令。

销售标准化的操作是一段长期抗战的过程，成功与否需要公司的资源和决心，只有公司有决心，所有的部门才会长期重视和坚持，才会把它当成重要的工作去看待，简单地说就是会有基本上应有的配合度。如果公司高层并不关注，只是一个随口的要求，对部门的简单期许，即使做出再好的话术模板，对于结果也起不到太大的作用。但我不是要大家因此就灰心丧志、无所事事，而是要不断积累资源，优化工作结果，一旦时机成熟，自然就可以顺势而为。

猫尾巴式的思考：

- 销售标准化的操作是我个人的意愿还是企业的意愿？
- 销售标准化的执行落地，需要哪些部门的配合？这些部门的意愿如何？
- 我手上的资源有哪些？是否足以支撑我的执行？

在销售标准化的操作上，负责执行的管理者需要几大方面的资源配套。

猫尾巴式的分析：

其一，授权的资源。

有了充分授权之后所有的动作才可以师出有名，而且这份授权需要最高领导人振臂高呼，因为只有他才能唤起全民的警觉，为销售标准化的工作赋予时代的神圣使命，否则许多部门都会持观望的态度，并不会全心地参与，毕竟这不是他们的强项，更不愿意被更多的工作拖下水。因此，最好的方式是公司可以成立一个独立的部门，专门操作销售标准化的相关执行，有了独立的权力、新的上下级关系以及旁部门关系，在执行相关工作之前才能预先把许多不必要的阻碍排除在外，为执行落地铺路。

其二，公司费用的资源。

费用是最现实的考量，因为培训场地要费用，培训师出差要费用，参与会议的人员住宿、饮食、奖品以至于现场的一张纸一支笔都需要费用，如果没有公司的大力支持，就算是培训师跑断了腿，也很难把工作做到位。

其三，各部门的资源。

销售标准化的执行最怕的是这些参与员工的直接领导都做壁上观，到会议现场是观摩视察的，而不是来学习的，一旦这些领导没有亲身的体会就很难参与到后续的执行当中。所以要调动旁部门的资源，除了从上到下的命令之外，培训部门也要充分理解之前所说的"做事之前先做人"的道理，不要认为其他部门配合就是应该的，对于其他部门的配合应该怀抱感恩之心，挟着鸡毛当令箭是最不明智之举。

其四，制度的资源。

要让所有终端人员能够意识到企业的意识，最简单的就是白纸黑字制定出政策、活动和赏罚，这比所有的市场人员费尽口舌宣传推广都要有效果。因为制度的公布代表的是公司的支持与认同，因此如果制度的资源不到位，销售标准化的执行就会大打折扣。

其五，员工的资源。

最终的执行人是员工，员工的配合度对结果的影响也是巨大的。通过以上资源的导入，我们还要抓住"业绩突破三关键"当中人的资源，抓住关键店铺中的关键人，树立榜样店，树立榜样员工，让榜样为执行内容作证，通过事实的呈现激励所有员工奋勇向前。记住小部分的店铺是靠自己亲自去带领的，但大部分的店铺是要靠影响来成就的！

销售标准化的执行对员工平均技能水平的提升肯定有正向的帮助，但不管他的作用有多大，最终还是要由企业的意愿决定，企业有意愿不一定能成，但是企业没意愿就一定不能成。关键在于企业几个关键的思考。

猫尾巴式的思考：

- 在企业解决眼前急患的同时，是否尚有余力花时间去解决后患？
- 基础的工作一定会耗费时间和精力，不过只有如此才能建立企业长治久安的太平盛世，对于这基础的工作是不是已经做好调整的决心？因为来回的反复，最终只会增加执行落地的难度。
- 眼前的一片美好是否真的完全毫无隐忧，对于隐忧的扫除是否有一个具体明确的时间表？还是将这隐忧的解决一拖再拖？
- 百年基业始于基石，终端的体质决定企业二度飞跃的高度，企业是否认为这工作是二度飞跃的关键工作？如果不是，自然可以置于一旁，如果是，那这项工作要如何开展？
- 店铺数量越来越多，组织越来越庞大，如何有效进行庞大的市场多店管理，最终体现品牌的千店一面？目前许多店铺的赚钱与否，个别人的因素起了很大的主导作用，但这终究不是长治久安之计。
- 销售顾问是业绩产生的根源，如果每个人都可以改变一点点，最后的结果就会有天壤之别，这样的投入对企业来说是不是具有价值？值不值得投入？
- 店铺的造血功能一日未建立，终端招不到人，无法进行有效培养的问题就很难得到处理，企业对此长久以来存在的现实问题究竟准备通过何种方式解决？

专家箴言

管理者因为平常都着眼于自己的工作，所以对于重要不重要，紧急不紧急不同管理者会有不同的认知。因此，管理者除了要学会充分表达自己的观点之外，还要学会接受他人的观点，为自己的工作执行取得最佳的立场。一意孤行只会让自己越来越被动，资源越来越少，当大家都袖手旁观时，成功的几率则微乎其微了。

第二章 管理迷思十问

没有有效的培训形式作为支持

一剂药要起效果，药材好只是其一，火候、时间、剂量都是关键。同理，培训内容是否可以出效果，内容好也只是其一，其他相牵连的因素也同样重要，比如培训的形式、培训后的跟进、工作中的辅导、竞赛活动的举办等。如果企图单纯通过短时间的培训就希望可以做到落地执行，过去可能有很多企业会相信，但是培训市场一路发展到今日，我想相信的企业应该已经不多了。

我个人认为，单纯以培训的天数来说，如果要使员工在上完课之后从心理到技能有一个明显的进步和改变，那么这种短时间的培训，其时间是远远不够的，至少要有三天甚至更多，并且还要保证让员工在一个心无旁骛的环境当中安心学习，不能边上课边处理店铺的事务，否则其效果一定大打折扣。

另外，这些由各地区挑选过来上课的员工应该都是精英高手，来到现场不仅仅是为了自己学习，身上肯定还背负着回去之后要转训给其他同事的责任，同时还可能肩负着为自己的店铺争光的使命。而且每个销售高手都有过去的个人习惯和认知，也都会有自己的主观意识，因此要在短时间之内让其放下过去的习惯归零重新接受调整并不是一件容易的事情。所以时间的长短其实是培训成功与否的一个关键，没有足够的时间，有时真是很难达到预期的效果。因此，想在短时间内成功改变所有的参训员工，让员工脱胎换骨，估计这个可能性也不大。

猫尾巴式的思考：

- 如果只有一天的时间，我是否可以改变自己几十年的说话习惯？
- 如果我参加一个会议，从开始到真正可以融入，我个人大概需要花多长时间？

● 如果我是一个销售高手，我能否在短时间之内就接受自己需要重新改造的事实？

如何充分有效利用授课的时间去创造效果，我个人基本上会有八大部分的设计与安排。

猫尾巴式的分析：

其一，运用多元化形式的活动达成破除学习障碍以及归零的心态建立，为整场的培训会议取得一个好的开始。

其二，团队建设，让他们在接下来的学习过程中相互扶持，甚至在负面情绪出现时，可以做到团队成员之间相互开解。

其三，训与练相互结合，让理论在演练中有更加深刻的体会，讲述一段技能之后一定进行一段的演练，让员工体验差异，并且通过不断的现场分享感受。

其四，熟记资料，让其刻骨铭心，并且要求资料的准确性高，以一个标准贯穿全场，这样做的好处是除了可以避免会议中的争议之外，也可以从头至尾让员工学习的方向保持一致。

其五，不同的案例背景设计，让员工进行情景模拟，充分进入到角色扮演，让理论与实际现场进行磨合，缩短理论与实际应用之间的差距，强化销售现场的应用，为培训后的执行铺路。

其六，布置培训后的实施计划，工作表格的解释与价值赋予，延续培训后的效果，而不是培训完之后生死由命。

其七，公众平台的建立，让信息互通，最大化地促使员工的问题员工解决，集合各家的智慧，缩短销售标准化的磨合期。

其八，奖惩制度公布，有赏有罚，立切结书，以书面的作业增加员工对承诺的重视，也为后续的考核竞赛取得一个好的开端。

既然希望最终可以落地执行，那么内容的导入就不可轻率，一定要

第二章 管理迷思十问

经过心理流程的精心策划和设计才能达到预期的效果，因为任何一场会议的成败都不可能只是依赖单纯的内容或是培训师个人的魅力就可以做到。一个人的心理认知才是所有改变的根源，因此只有改变一个人的心理，才能改变所有的行为，而训练形式的建立就是为了通过改变一个人的心理状态或是根深蒂固的观念，让所有的内容可以顺利导入，最终成为实际的行为调整。

因此，管理者或是培训部门如果希望能把销售标准化落实到终端，就一定要在培训形式上下工夫，从销售高手的心理往回去做推演，才能做出一个环环相扣的会议流程。这个会议流程一定要让大家能敞开心扉去接受新的观念和做法，同时从个人学习的角度转移到群体复制上去思考，这一点在标准化落地上尤其重要。因为个人学习的东西可以多元化、个性化，但这些内容却不一定可以很快地在学习完之后做到群体复制，因此个人学习到团队复制的学习角度如果没有转过来，参与学习的员工就会看不见销售标准化的意义和价值。

这里额外提出一个培训市场的发展过程供大家参考一下：

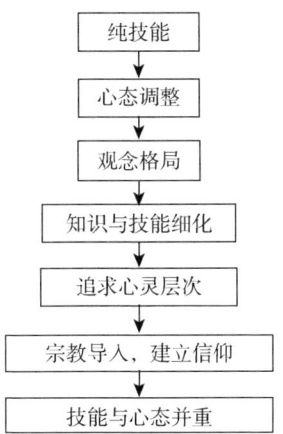

现在内地的市场已经进入到了追求心灵层次与宗教导入的阶段，宗教的话题这两年逐渐被市场上的诸位大师炒热，上课的内容动不动就跟宗教扯上关系。所以要提醒大家，宗教的领域一定要有一个好的引路人才不至于走偏，极善与极恶之间经常就是一线之隔不可不慎，尤其是假

借宗教之名行敛财之实的课程，要谨慎参加，听非宗教的领袖谈宗教还花了大把的钞票岂不可笑。

至于要走上务实的主流路线，在目前的内地可能还需要一些发展的时间，管理者还需要有点等待的耐心，给市场多一些时间过渡，所以在这里奉劝许多按部就班、注重基础的企业干部，要坚持住自己的理念，稳步地向前，不要因为浮躁所以浮躁，不要因为无知所以无知，不要因为激进所以激进。坚持细节的追求，凡事以企业的利益为基础，为大多数人谋福利，走正确的道路，最终一定可以开花结果，而且这段时间不会太长。

> **专家箴言**
>
> 一场成功的会议是需要经过心理流程策划的，就跟写一篇文章需要起、承、转、合四个步骤一样，通过心理流程的安排，再对应选择授课的内容和形式，最终才可以付诸执行，而且执行中还要依据预期的效果进行现场的调整，小心谨慎面对每一个环节的推进，最终才会有一场完美的会议。

大环境同化小环境

学好一年，学坏三天，逆流而上总是比顺流而下困难。一个人只有磁场足够强大，信心足够坚定，信念足够沉稳，才能够拥有影响他人的本质，明白有所为有所不为的道理，抵御外来的诱惑，走自己的路，让爱说的人说去。但是这样的人毕竟是少数，所以我们要思考的是，因为A所以期待B，但是A与B之间又没有直接的联系，这样的逻辑思维是否妥当？如果不妥当，那么最终错就不在完成不了工作的人身上，而是源于做出错误决定的人身上。前面这段话的意思是，一个人拥有很强的销售能力，并不代表他就有充分影响他人的能力；一个人的业绩好，也不代表他的内心就足够强大可以扛住压力前行；而一个学习领悟能力强

第二章 管理迷思十问

的员工，也不一定就具备转训和培养他人的能力。如果这时候因为 A 所以期待 B，既是对对方的不公平，又是对自己的不负责。

猫尾巴式的思考：

- 一个销售能力很强的老板娘，是不是就等于她具有很强的管理能力，因此她的店铺一定可以管理得很好？
- 一个对服装搭配具有天生能力的员工，是不是就代表他的销售能力一定强，他所搭配出来的衣服就一定卖得好？
- 一个销售能力很强的销售顾问，是不是就代表他可以在提升为店长之后把店铺管理得井井有条？

许多管理者都会从下属的员工当中挑选一些精兵强将前来接受训练，期待回去之后能起到典范带头的作用，用他们的力量以及学习到的技能和知识去影响其他没有来接受培训的员工，最终实现销售标准化，达成提升店铺平均销售水平的目标。想法是好的，但在实际操作过程中却有可能成为一大败笔。这些管理者想以小众的力量去影响和改变大众，强将这样的重任委任在这些人的肩上，却没有考虑到这些人是否承担的起，即使他们有承担的意愿，也未必有承担的能力。大多数的状况是这些员工回到店铺之后不用多长时间就已经是伤痕累累苦不堪言，被同事围剿又无力反抗，一方面理论的深度不足，导致无法有效地说服对方，而另一方面技能又未臻成熟，产生不了具有说服力的销售业绩提升。最后且不说影响他人，对于自己在会议中所学习到的都坚持不了，小环境迅速被大环境所同化，无疾而终。

所以在我自己所带教的区域，为了预防这类状况发生，我都会有一个明确的要求，要不一个都别来，要不一家店里所有人不管强弱都来，就是要事先避免后续的互相干扰，把声音净化避免杂音。如果做不到也要清出一家店铺，将所有上过课的销售顾问集中在同一个店铺当中，绝对不让他们分开，创造一个可以延续培训效果的环境给他们，帮他们去掉可能出现在耳边的杂音，清除所有可能阻碍他们落实执行的人，让他们在上课时是一个团队，回去之后依然还是一个团队，彼此可以切磋、分享、鼓励、教导，让会议的氛围延续。

猫尾巴式的思考：

- 如果这些大众我们平常都无法对他们创造出全面的影响，凭什么相信这些小众回到店铺中可以做到？
- 平级的同事之间，虽然销售能力上有差异，但这差异是不是就足以创造出"你要听我的"的局面？
- 当小众与大众抗衡时，我们觉得是小众影响到大众的几率高，还是大众同化小众的可能性大？

当这家店铺已经成为样板店之后，可以把其他店铺的员工分批调入这家店铺学习，但是要注意调入的一定是小团体，这样再加上样板店铺本身已经具备的业绩提升作为佐证，员工进入这个团队之后只能被团队影响而很难以一己之力影响他人，然后管理者再来安排一批一批的员工逐步调整。

要提醒的是，不要因为样板店出了成绩，就急着把样板店的员工拆开，分别调入不同的几家店，企图一次性把效果延伸最大化，这样的做法可能最后会事与愿违，因为当这群人团结在一起时是有力量的，但是一旦在还不够成熟的情况下被打散，最终就会出现被逐个击破的局面，沉沦的速度远远快于建设，一个人影响不了一群人，但是一群人影响一个人则绰绰有余。

专家箴言

能以一己之力影响大多数的人很少，能够与大环境坚持抗争的人更少，对于员工在这方面抱着过高的期待本来就是管理者的错误。一旦员工失去了热情被大环境同化之后，要再燃起其继续改变的欲望则难上加难。事前谨慎思考，胜于事后想方设法补救。

样板店的选择不合理

在样板店的建立中,首要的就是样板店的选择,如果开头选店的时候就没有选好,那么后面的问题自然接踵而来。所以我在确定样板店铺的时候会谨慎再三,以避免执行过程中的后患无穷。对于样板店的评估,我个人有几个先后要考虑的要素。

(一)有意愿的加盟商店铺胜过直营店铺

在我个人操作过的案例中,有意愿的加盟商通常执行之后的效果会比直营的店铺强得多。因为在执行的过程中牵涉到许多的问题反馈,如现场调整、激励政策、模拟监督和考核,加盟商经常和我们讨论的是"我现在碰到什么困难,应该怎么克服!请给我方法",而公司总部的管理者经常跟我们讨论的是"我现在碰到什么样的困难,所以心有余而力不足,执行不了",一个是寻求解决,一个是交代结果,因此我在挑选样板店铺的时候尽量避免以直营店铺作为主力。

大加盟商与小加盟商之间也是相同的道理。在这种选择上,我还是会以意愿作为最主要的评估要素,一个有意愿的小加盟商与一个没有太强的意愿、抱着可做可不做的心态的大加盟商之间,我宁可选择小加盟商,因为小加盟商在执行过程中可以做到全心全意的最大程度的配合,最终成果体现的时候也不会出现"他本来就已经做的不错,不一定是项目执行的效果!"之类的说法。

因意愿所造成的配合度,样版店铺成功与否的关键。

猫尾巴式的思考:

● 我个人挑选样板店铺的标准是怎样的?为什么?优缺点的分析是怎样的?

● 我在执行样板店铺的打造过程中,遇到了哪些问题?最困扰我的是什么?

- 在我执行过程中，让我产生无力感最重的因素是什么？发生的原因是什么？

（二）有意愿的店长胜过能力强的店长

能力强的店长一般主观意识都比较强，对于自身的销售技能也比较有把握，是一个区域里经常被表扬的人物，所以要改变他们并不是一件容易的事。但是，因为培训落地执行需要店长起到带头的作用，所有的执行店长一定要参与其中，也必须接受相同的考核，如果店长心有抵触无法全力配合，最后的结果不用执行就已经可以预料的到了，一堆问题草草收场。

所以在能力和意愿之间，我首先考虑意愿，因为能力一般但对于改变却拥有无限渴望的店长，他们会紧紧地抓住机会提升自己，虽然没有很强的管理能力，但是带头做的部分却是淋漓尽致，和员工站在同一阵线上一起学习，一起模拟演练，开开心心地一起工作，反而最终可以交出一张漂亮的成绩单。我们不怕执行之后没有效果，我们比较怕还没有执行就已经注定没有效果。

（三）中型大小的店铺为主，尽量避开大店

店铺不宜过大也不宜过小，以中型店铺为主，主要是以员工人数作为考量。一般来说，三至五个人比较容易产生互相监督制约的氛围，因为任何一个人要说服另外几个人一起打混难度比较高。

而人数多的店铺事务性工作多、人员也多，一旦加进了销售标准化的工作，有培训、有细节、有演练、有监督、有考核，这时候对店长指挥作战的能力将会是一个考验，当然我们不是不相信大店店长的能力和意愿，而是不愿意将销售标准化落地的重要工作当成是对店长管理能力的考验，更不希望店长因此而焦头烂额。店长的决心和意愿我们要尊重，但是管理者也必须提前为店长思考到未来可能出现的问题，店长可能考虑的不周详，管理者能不能为其做好最佳的安排就是管理者的智慧了。

因此，个人建议还是以中型店铺作为主力，以小博大，等到中型店

铺样板店建立起来，当人力有余的时候再往大店进行复制，会是比较好的选择。

猫尾巴式的思考：

- 以执行管理来说，中型店铺与大型店铺，哪一种更容易进行？
- 在大店事务性工作繁杂的情况下，督导与店长究竟有多少精力可以分心兼顾销售标准化的操作？

（四）人员相对稳定的店铺

人员相对稳定的店铺代表的不一定是店长能力有多强，而是指店长在员工心目中所占的位置一般比较重，对于员工的影响力也比较大，对员工私底下的交流与沟通一般也比较顺畅。销售标准化操作中最忌讳换兵换将，一旦出现这样的状况就代表某些人必须要重新来过，对于执行操作来说不利。

所以人员不稳定的店铺一般根本不予以考虑，新上任的店长一般也不予以考虑，因为究竟店长带兵作战的能力如何并没有经过实践的考验，如果不是我们认为的那样强，势必又是另一番新的调整，这样员工既要适应新店长，又要执行销售标准化，不仅培训人员与员工都累，而且影响执行效果。

（五）中等客流的店铺

客流量太少，一般这样的店铺员工积极性不高，这些人有时就像是被公司发配边疆一样，练得再好没有客流量也是无济于事。客流量太高，即使销售技能不好，因为有大量的客流业绩也差不到哪去，所以这些员工的心态会跟其他店铺不同，对于学习可能有很强的意愿，但是对于改变的意愿就不一定了。管理者要明白学习的意愿不等于改变的意愿的道理，因为他们的退路就是客流量，即使不改变，就是依赖客流量，每个月的销售业绩也不低。所以选择中等客流的店铺原因有以下三个：

猫尾巴式的思考：

其一，对未来的期待。中等客流量的店铺员工希望证明自己，同时又希望自己可以赚的跟客流量大的店铺一样多，甚至希望有朝一日可以被公司派往更大客流的店铺，承担更重要的任务，体现自己更大的价值。因此，这群员工对于可以增长自己业绩的技能和知识会比较关注，因为这是他们可以向前迈进一步的关键机会，改变的几率较大。

其二，容易出效果。中等客流的店铺，我们可以有更多的时间给予沟通和指导，把握度较高，成长的脚步也比较容易控制。一旦我们改变了员工的成交率、客单价、连带率，就比较容易出现较好的结果，这结果对于销售标准化执行的推动可以起到强大的激励作用。

其三，发问题及时解决。中等客流量的店铺有比较充分的时间执行演练，不会出现没有时间的借口，同时还有一定的客流量可以让他们去实践，一方面学习改变，另一方面通过实践知道自己的问题在哪里，从而迅速调整自己，是学习和实践可以同时兼顾的一种店铺类型。

专家箴言

样板店铺的成功代表是可行，是希望，因此在样板店铺的选择上要依据企业本身的资源，执行者的意愿，店铺目前的实际状态，监控的难易程度等做出合理的评估，因为一旦被指定为样板店铺之后，这家店铺就会变成众所瞩目的焦点，当然最终体现出的结果也会被放在聚光灯下检核，不可不慎。

没有高效的培训方法

九年前，我之所以会开发出"销售固化七流程"以及整理了终端销售的几百个模板，是基于总结过去对自己销售技能提升的训练方式，它们确实让我在销售领域做得得心应手、游刃有余，同时也让我带领的销售团队取得了不少好战绩。

第二章　管理迷思十问

话术落地本身所存在的最大困难是"企图用'我'习惯说话的方式去掩盖'他人'说话的方式，企图用'我'习惯的用字遣词去掩盖'他人'的用字遣词。而这些正好是每一个人几十年来所养成的根深蒂固、不易改变的习惯。因此，我开始思考解决方案，但未跳出话术模板的框框。

直到前年，为了要让员工可以更加快速地把模板记忆起来，我将模板梳理出一个个的语言结构，然后再用结构帮助他们记忆模板，其实结构就是解决方案，只把它当成辅助工具来使用。不过，当我让他们去接受结构之后，我发现了几件奇妙的事情。

猫尾巴式的思考：

其一，接受速度快。员工以前半天也背不下来一个话术模板，即使背熟了，一到了演练的时候也很快就忘光了，但是现在不用半天就可以把多个结构背得滚瓜烂熟。我问他们为什么接受度的差异这么大，"我们以前销售时也跟这结构差不多，只是不完整而已，现在只需把缺少的部分补上就行，不像背模板那样，要重新来过！"这时候我才突然意识到"越简单越容易复制"的道理。

其二，自己的模板自己创造。当他们完全了解结构之后，我根本就不需要绞尽脑汁为他们制作话术模板，因为在结构的引导下他们会用自己的语言补充结构，调整说话的逻辑，出来的销售话术既亲切又自然，而且现场上充满了各式各样不同的回答方式。

其三，训练难度低。转训的难度比以往大大降低，因为员工不是改变，只是微调，所以只要店长是有意愿的，基本上由店长转训再加上坚持演练就可以收到不错的成效。在店长执行的难度下降，且员工接受度提升的情况下，转训执行的难度就不比以往了。

其四，监督的难度下降。过去在监督的时候有三个最大的障碍：一是下市场监督的人员本身对于所要监督的内容不熟悉，如果要其熟悉，说不定他的抵触情绪比销售顾问还要大；二是模板数量过多，造成监督上的难度加大；三是因为监督困难，所以监督执行不到位的现象严重。

而结构只要理解之后,基本上就可以记忆起来,不需要额外多花时间去背诵。所以对于负责监督考核的人来说,有几下几点好处。

猫尾巴式的思考:

其一,内容难度大大降低,因此不会增加监督人员的工作负担,所以监督人员也乐于接受执行;

其二,结构本身就很简单,所以考核起来会轻松许多,监督人员也不需要在文字上字字琢磨纠结;

其三,因为简单,所以对于员工的不足之处直接给予指导的意愿也高,指导工作因此可以轻松地进行。

过去所有的话术模板,都是以问题作为出发点,提供终端销售现场常用的错误回答与正确模板来作为培训与模拟演练之用,最后的结果就是问题一大堆,模板一大堆。如果是以资料来说,确实是信息量丰富,但是如果是以执行来说,那可能就会造成员工的恐惧和无奈。

我们对大多数的顾客问题做了分类和总结,最终归为六大类:疑问类、否定类、比较类、价格类、拖延类和赠品类。这六大类问题基本上可以囊括顾客的提问,在此,我们将进行一一介绍。

疑问类问题	
问题范例: ● 会不会起球、跑毛、变形? ● 会不会不保暖? ● 会不会有质量问题? ● 这颜色穿起来会不会不好看?	销售结构: ● 肯定+解说 ● 解说+肯定 ● 肯定+解说+再次肯定

这里有三个结构,但不一定要拘泥于某一个结构,或是非要从中择一作为标准结构,销售顾问可以自由选择,只需要做到"肯定",不管把它放在前面还是放在后面,这个环节必不可少,而且要选择恰当一点的

用句把这个环节做好,不要轻易随口将"不会呀""不会的""这您放心"等语句脱口而出,因为这些随意的语言很容易透露出否定顾客提问的意味,让顾客感觉自己的问题不仅不被尊重还被轻视而不舒服,最终顾客可能为了反对而反对或鸡蛋里挑骨头,总之拒绝购买。

面对顾客的担忧疑虑还是采用谨慎小心一点的说法较为妥当,比如"这一点您放心""这个部分您不用担心""这一点我以前也担心过",先尊重顾客的提问,顾客才有心情听我们的解说。

关于"解说"这个环节,不要应用常规的话术模板,虽然许多模板上都会特别突显出专业,但却不知专业也是一把双刃剑,它一方面可以解决顾客的问题,而另一方面也有可能因顾客不懂专业而引发顾客更多的顾虑,最常表现的行为就是继续针对这一类问题往下深入询问。所以解说这个环节建议分两个步骤来进行处理。

第一步,先简单后专业。意思是第一次的解说可以随意一些,只要起到解说的意味就行,比如"这一点您放心,我自己也买了一件穿,没有出现这方面的问题","这部分您不用担心,我在这品牌五年了,质量绝对没问题的",只要顾客不纠结在这个问题上,就代表顾客对这个问题的担忧程度较低,甚至有可能只是随口问问而已。因此建议,能简单处理的问题就简单处理,不要把问题复杂化,加大处理的难度。

第二步,专业解说。如果顾客继续往下追问,这就表示顾客心中对这个问题的担忧程度较高,或是顾客对这方面比较专业。这时候销售顾问就可以就问题做出第二步专业的解说,如缩水率、工艺技术、预洗水处理等。这时候的专业表现就很有价值,因为顾客需要。

否定类问题	
问题范例: ● 这些款式好土,一点都不时尚! ● 这些颜色太暗沉,穿起来显年纪大! ● 这些颜色都鲜艳了,几个人敢穿! ● 这款式设计太复杂了,一点不实用!	销售结构: 表示理解+政治说法+转移方向

这种来自顾客方的攻击性语言，经常会引起销售顾问心中的抵触，毕竟这样的语言会很直接伤害到销售顾问的品牌自豪感。虽然这样的说法是一种人际交流当中不礼貌的说法，但是我们也没有权利去要求顾客对我们说话要多谨慎小心，尤其对顾客来说逛街购物是轻松自在的事情，并不是在商场上进行谈判，所以不会过多关注话说出去会不会伤害到别人。

人的惯性是被攻击时马上就会有反射性的自我防御，所以我们经常看到销售现场上销售顾问的举措是马上回击："不会呀""怎么会呢""很时尚的呀""这些都是今年的新款""怎么会没有变化呢"，这些语言对于顾客来说，背后的含义有如下几个：

猫尾巴式的分析：

- "真没眼光！不懂装懂！"
- "变化这么大也看不出来"
- "这么时尚还说不时尚，到底懂不懂呀！"

顾客会感受到来自销售顾问的回击否定、嘲讽，不管这是不是我们的本意，只要是顾客所感受到的就是最真实的。这时候素质高的顾客可能下一句话就是"我再看看！"，然后迅速离开店铺。但如果顾客是属于比较较真的人，可能就会引起更多的麻烦。

最好的表示理解的语言是"我理解"，"您说的我懂"，"您说的我明白"，"我明白您的意思"，销售顾问只要能把我们理解的立场传达给对方即可。

所谓的政治说法就是对于顾客所提出的问题不做出正面的回答，把他移到另一个位置上去说明，然后迅速转移到其他的方向上去。因为顾客如果已经产生了自己主观上的认为，再跟顾客在这样的观点上去争论对或错毫无意义，即使说赢了顾客，顾客也不一定会购买，只是自己心里舒服一些，但对于业绩无益。

第二章 管理迷思十问

> **猫尾巴式的思考：**
>
> ● "我们每一年确实会应老顾客的需求，设计一些经典的款式服务老顾客。"

不去说明土与不土的问题，而且土与不土也不是我们说了能算的事，就把它变成经典款，而且是因为老顾客喜欢，所以用以服务老顾客，同时还可以强调我们的服务意识。

> ● "这些颜色会稍微偏稳重，因为现在许多顾客都喜欢选择一些上班休闲都可以穿的颜色，也好搭配一些。"

顾客嫌暗沉，就表示过于暗沉的颜色不会是他所考虑的，因此不必在是否暗沉上浪费时间，以稳重和上班休闲都可以穿作为脱身即可。

> ● "这颜色确实是亮了一些，虽然是今年的流行色，不过也不一定每个人都喜欢！"

认同顾客的看法，同时也为这颜色找到了一个设计的理由，颜色没有对错，只是适不适合自己而已，不一定每个人都喜欢的背后意思就是还是有人喜欢。

> ● "这些款式公司确实是为小众人口设计的，会比较另类一些！"

把复杂合理化，用小众人口暗指你是大众人口就不需要在这款式上研究，看点其他的款式会比在这款上做讨论更有意义。

最后一个步骤叫转移方向，最简单的转移方法就是提问，通过问问题把上面的话题转进到销售的主线上，如询问顾客是想要看上装还是下装，是帮自己看还是帮别人选，颜色要深一点还是浅一点等，这些问题都可以，或是销售顾问自己有更好的问题也行，只要达成转移话题的目的就好。

比较类问题	
问题范例： ● 你们的款式跟某某品牌怎么这么像？ ● 你们家的衣服没有某某家设计的好！ ● 你们这楼层几个类似的品牌就你们家最贵！ ● 我还是比较喜欢某某品牌的设计！	销售结构： 表示了解＋专业对比＋肯定自己

否定他人并不会为自己加分，突出自己品牌的强项更容易留住顾客，但可惜的是许多人都不在自己怎么强上面做文章，却在别人怎么差上面做文章，结果对比完之后不仅没有让顾客产生信心，还增加了顾客的反感，最常见的两种错误做法如下。

猫尾巴式的分析：

其一，立马对顾客的说法做出回击。

比如，我听到过的一些说法，"这两个品牌不好比的"，"我们档次不一样"，"怎么会？他们的质量不行的"，"他们的款式都是仿我们的版"，不管我们说的是不是事实，这种攻击都会让顾客感觉自己很弱智，眼光实在太差连好坏都分不清。

其二，没有缓冲过渡直接开始进行专业对比。

比如，我听到过的一些说法，"他们的面料比不上我们，我们的是……""我们的工艺是……"，对比没有错，但太过条件反射的对比，代表有两种可能的状况：

①这问题问的实在太过于离谱，毫无市场品牌概念，会让顾客在提问之后产生挫折感。

②从销售顾问直接反应的态度可以推测这是一个普遍问题，因此反

而会让人有此地无银三百两之嫌，反而让顾客产生戒心，对接下来的销售不利。

首先还是表示了解，比如，"您说的这品牌我了解"，"这品牌我清楚，在……有他们的店"，"这品牌我很熟悉"，甚至告诉顾客"这品牌我熟，我以前在那里做过几年的销售"，通过"表示了解"先下马威让顾客明白不是只有你知道，我做服装行业这么多年，我比你更清楚，所以接下来你最好别乱说。因为这种顾客最经常的心态有两种，所以外在行为也会有差异。

猫尾巴式的分析：

其一，真心认为我们不如对方，这种顾客如果没有好好处理，跟顾客之间进入良性沟通，顾客很快就会离开我们转往自己心中的目标品牌。

其二，想要为接下来的购买做一下杀价和要赠品的铺垫，这种顾客会一直挑剔但又没有任何离开的意思，销售顾问不要认为他们是来找麻烦的，他们有可能是真正的买家，"嫌货才是买货人"就是这个道理。

在专业的对比中要掌握两个角度的对比，通过这两个角度的对比让顾客可以在自己的需求上做更好的评估和选择。

猫尾巴式的分析：

其一，客观的角度。

客观地承认每个品牌都有自己的强项和不同的定位，大家都是好品牌，毕竟每个品牌能够生存下来，并拥有自己的消费族群，就代表品牌有可圈可点之处，否则早就在市场销声匿迹了。如果顾客过去曾是该品牌的消费者，这样的角度就比较不容易让对方出现抵触的情绪，"其实大家都是不错的牌子，只是在强项上还是有一点区别，比如说我们两个品牌主打的风格不同，我们主要是……"，"我们主要定位的顾客群不太一样，我们会更偏向于……"。我们所要表达给顾客的就是大家都好，只是最好的地方不一样而已。

其二，专业的角度。

如果对于市场上的品牌不熟悉，平常功课做的又不足，这时候就会显得言语苍白无味，说不出个所以然来，不是别人比我们更好，而是没有做到知己知彼，所以不管自己有多好都被自己搞砸了。所以我个人觉得销售顾问要多多进行专业的品牌对比。要让顾客转移品牌忠诚度，也要做多点功课，给顾客多点理由，总是要靠品牌做培训，这样的个人提升要等到猴年马月才成。

最后把专业对比做完之后，话锋一转回到主题，用肯定自己作为收尾，"这些方面，我们做的是最好的"，"在这个定位的领域里，我们的口碑是最好的"，"这些部分在同类型品牌里，我们是非常有信心的"。

价格类问题	
问题范例： ● 能不能算便宜一点？ ● 折扣可不可以帮忙申请一下，再低一点？ ● 把零头去掉，我就买了，你们这太贵了！ ● 买一件不打折还说的过去，买三件都不打折就一件都不买了，你考虑看看！	销售结构： 表示抱歉＋利益最大化＋反问

要求打折在销售现场是再平常不过的事情，而不给顾客任何一点折扣也是经常发生的。因此，顾客在杀价时，也不确定百分百可以做到，所以顾客对于提出要求后被拒绝是有心理准备的，这一点销售顾问应该掌握。

第二章 管理迷思十问

拒绝顾客是不可改变的事实和结果，差别只在于我们如何拒绝对顾客而言更容易接受。顾客有时候不是不能接受杀价被拒绝，而是不能接受被很没面子地拒绝，不是接受不了结果，而是接受不了被狠狠拒绝之后的心理感受。所以在结构的设计上，除了要能帮顾客守住面子，让顾客有台阶下，还要维护住公司的立场，坚持统一价格的销售，最终还要能对销售的成交有促进的作用。

猫尾巴式的思考：

- 当您在外面消费杀价时，您是否有百分百能杀价成功的信心？
- 过去在外面消费时，杀价不成功的经验多不多？
- 当您杀价之后如果产生了不舒服的感觉，是因为被拒绝所以不舒服，还是因为对方拒绝的方式让您不舒服？

第一步是抱歉，是由心而发的抱歉，因为顾客的需求我们确实无法满足。这个环节销售顾问要从硬拒绝的习惯转换到软拒绝的习惯上，可以使用"真的很不好意思"，"真的是很抱歉"，"这一点真是对不起您了"，但如果只是单纯的文字使用，这样的抱歉还不能达到最佳的效果。要达到最佳的效果，就要在讲这两句话时注意两个部分，一是放缓说话的速度，刻意压低声音声调，表现出为难的感觉；二是眼神和表情表现出无辜、无奈，做不了主，很想满足但是又无法满足对方的需求。

第二步是利益最大化，避开其锋芒，不要在顾客纠结的问题上与顾客纠结。从谈判的立场来说，如果我们手上握有打折的筹码，这时候我们就可以和顾客就价格来谈价格；但如果我们手上没有打折的筹码，那么就应该和顾客就价格谈利益。

猫尾巴式的分析：

- "最重要的是您穿起来好看，这件真的特别适合您！"

- "其实有时候我们买衣服真的是无心插柳,找到自己真正满意的多难得呀!"
- "喜欢的衣服买了之后会经常穿,穿的几率高其实算起来更划算!"
- "羽绒服最重要的还是保暖性,像我最怕冷了,打着哆嗦多难受呀!"
- "像这一类的大衣并不是年年买,质量好一点,多穿几年其实更划算!"

第三步是反问,"您说是不是?""您说对吧?""您说呢?",反问的目的是要逼迫顾客认同我们的观点,慢慢用无可反驳的道理去建立顾客理亏的立场,逐渐软化对杀价的坚持。当然,顾客不会马上就低头,也不愿意这么快就低头,所以许多顾客还会跟我们继续纠结价格。这时候销售顾问仍然可以继续以利益最大化作为连续的处理,只要利益最大化的理由不同就行,顾客积累了越多的理亏,对我们的成交就越有利。一旦顾客连续出现三个价格问题,销售顾问就要在反问之后进入尝试结束销售的环节,不要拖的太长,以免夜长梦多。

拖延类问题	
问题范例: • 等你们做活动的时候再过来买! • 过几天再过来看看! • 我先出去转转,过会儿再过来! • 过几天我带我老公(老婆)再过来看看,到时候再定!	销售结构: 表示惋惜+未知的恐惧+询问原因

顾客想要拖延决定就一定有原因,可能是衣服价格,可能是衣服颜色,也可能是准备去竞争对手店里对比一下,但顾客心中真正的问题到底是什么,猜是猜不出来的,所以最关键的工作是要能通过询问找出顾

客心中的顾虑，解决顾虑，最终顾客才有买单的可能。这时候有两件事情不要做。

猫尾巴式的分析：

其一，心中主观认为。

直接在心中认定顾客是因为价格问题所以不马上购买，然后一直在价格问题上进行强化解说。这种状况在销售现场上经常出现，"其实真的已经很便宜了"，"价格能少就一定会少给你的"，"这价格在市场上不算贵的了"。

其二，过于直接的询问。

不要一开口就问顾客在顾虑什么，有三个原因：

一是顾客在已经有顾虑的情况下，太过直接的询问会给顾客造成较大的压力；

二是顾客未必愿意把自己的实际状况告诉销售顾问；

三是顾客或许想要到我们的竞争品牌看看，但不愿意在我们面前说出来。

所以这时候销售顾问应该要用的是巧劲而不是蛮劲。创造一个环境，首先要表示惋惜，"那真的是很可惜"，"那真是太可惜了"，"这真是好可惜呀"，"好可惜哟"，真心表达出顾客的这个决定会造成遗憾的感觉，引发顾客心里对于决定的不安，让顾客愿意再多停留一会儿，这样成交就还有可能。跟前面所述一样，说这句话时，要注意自己的表情和声音声调，不能表现出生涩和不自然，一副还在练习中但还没有练习成熟的样子。

第二步是未知的恐惧。未知的恐惧是人类六大恐惧中的其中一项，而为客户建立起未知的恐惧这项技巧已被许多销售顾问运用得很纯熟，所以不需要提醒只要沿用就行，"这款确实卖得很好，您的码数也只剩下这一件了"，"等到活动期间，尺码和颜色都不全，真是要买也不一定有呀","上周三有个顾客过来，就因为考虑了两天，结果没码数我也帮不上忙"，我们所说的这些状况不一定真会发生，但是说出来提醒顾客总好过于等顾客自己去提醒自己。许多顾客都有过类似的经验，因此在顾客想拖延决定的时候用未知的恐惧唤起顾客不安的潜意识。

最后再加上询问，"请问您是不是还在考虑些什么，是款式、颜色还是……"，"请问您是不是对产品还有什么问题，我来帮您解决"，"请问您是不是觉得什么地方不妥，您可以放心说看看"，用亲切关心的询问去找出真正的原因。当然，顾客还是有可能不说出自己心中真正的想法就离开，不过没关系，因为我们已经把该做的都做了，谋事在人成事在天，留下一个美好的印象给顾客，下一次还有销售的机会。

赠品类问题	
问题范例： ● 把这赠品送给我我就买单！ ● 要不你把这条丝巾送给我！ ● 买这么多，多送我一份赠品，我送给我朋友！ ● 给了折扣之后，还要赠品！	销售结构： 表示抱歉＋解说原因＋拖延满足

如果我们可以给赠品，当然是赶紧送给顾客促成买单。但是，最怕的是我们并没有多给赠品的权利，这时候就会让现场的成交出现僵持的局面。其实，面对这类问题的处理方式是，如果本身没有谈判的筹码，就不能在这个点上坚持，以巧劲化猛劲，可以说："真的很抱歉，这个赠品现在真的很难给到您，其实最重要的是您穿这件羽绒服真的很好看，如果不好看的话，即使一堆的赠品送给您，您可能也不会买，是不是？"

不过，赠品和折扣有一点不同的是，折扣随时都会有顾客要求，而赠品却是在某阶段的某个活动中才会出现，并不是每次都有的，这一点顾客心里也很清楚。而且赠品的数量绝非无限量源源不绝地供应，一定都是企业为配合活动而相对应配给的，数量有限而且会严格控管。对销售顾问来说，直接婉拒顾客确实有点难处，只要拖延即可，用结构化的方式待之以礼。

首先一定要抱歉，然后只要把公司的难处在顾客面前诚心诚意加以说明就行，"我们的赠品都是公司一对一配送过来的，如果给了您，其他顾客就拿不到了"，"我们的赠品确实是数量有限，活动期间公司的管理也很严格"，但是不要把话说死，要留一点转圜的余地给自己，否则就会把顾客逼到买还是不买的境地，这样也会造成顾客难堪。一旦面子成了问题，最终可能顾客连正品也不考虑了。

所以以拖延的战术作为解决方案，不是不给而是延后给，不是让顾客享受不到而是希望顾客可以配合我们延后享受，双方都稍退一步，"您看这样，我等活动结束，只要有多余赠品，一定帮您留下来，到时候要不您过来拿，要不我帮您送过去，以您方便为主，您看这样好吗？"于情于理于法都站得住脚，并且在情字上为顾客想足了办法，给足了面子，这时候就能很大程度上解决顾客对赠品的异议。

猫尾巴式的思考：

- 我们在消费过程中，如果面对厂家的赠品价值较高时，我们会不会真正的去强求？
- 关于一件自己喜欢的商品，大多时候我们会不会因为要不到赠品，连正品都不购买？
- 面对销售顾问拖延的说法，我们是顺势下阶梯，还是会坚持站住立场不下来？

在整个结构训练的章节中最后提醒管理者两个重点。

重点一：结构训练不重其形，只重其意，方向对了、逻辑顺了即可，不需要在过多的细节上去纠结，因为只要处理的思路通畅了，我们就可以达到七八成的处理效果，员工也会在技能上有大的飞跃。至于用字上的一些不完美之处，可以忽略不计，也给员工留一点私人的空间。

重点二：结构训练除了在销售上可以提升员工技能之外，最重要的是可以让员工养成良好的说话习惯，提高个人素养的外在表现，所以它不仅仅只是用在销售上，还可以大面积地应用在沟通上，不管是同事、朋友、上下级或是旁部门之间。所以不要只是狭隘地把结构训练看成是为了提升业绩所总结的方法，而要把结构变成一种习惯，它可以改变人际关系，甚至可以改变一个人的人生。

专家箴言

未来的销售培训讲求的不单纯是共性的训练，而是共性与个性之间互相结合的培训方式，在共性中还保留着每一个销售顾问的个性，在个性中又还有共性的痕迹可循，并且可以以此作为员工培养复制的依据。销售结构训练是未来主流的销售训练，因为它具有快速、可复制、好操作、易监督的特性，执行落地性更强，也更容易让企业看到培训后的成效。

管理者迷思五：为什么 VIP 顾客忠诚度不高？

过去在赚快钱的年代里，VIP顾客的重要性只是放在许多管理者的心中，或只是个喊了很久却又不落地执行的口号，很少在服务过程中真正的去实践，否则也不会出现顾客忠诚度不容易建立的问题。所以当现在业绩后力越来越大，客户越来越难维护时，我们应该反思自己。

猫尾巴式的思考：

- VIP顾客的重要性我是今天才知道，还是好多年前就已经意识到其重要性？
- 过去几年里，我在VIP顾客的管理上，做过了哪些用心做过的工作？
- 目前我的店铺中，真正忠诚的VIP顾客数量是多少？如果除以我们经营的年数，平均下来一年有几个？
- 如果我对目前的VIP顾客管理不满意，我准备怎么做？是否有明确的时间计划表？还是只是停留在一个想法的阶段？

其实很大的一个关键问题就在于VIP顾客的维护上，因为VIP顾客是一家店铺业绩最稳固的磐石，是业绩的中流砥柱，可以让店铺在风雨飘摇中挺住，即使受到影响，也可以把影响降到最低。

一个大部分业绩都来自流水客的店铺，如何能有抵御风险的能力。一旦竞争对手增加，景气不好影响顾客的消费，促销活动恶性打折，这些原本就没有忠诚度的流水客自然就在多个品牌之间不停地流转，不打折顾客不来,打了折利润急剧下降,导致企业进退两难。这时候与其怪顾客没有忠诚度,不如思考一下过去几年我们究竟为顾客做了些什么,现在的果一定是过去某时间点上种下的因。

> **专家箴言**
>
> 过去不等于现在,现在也不等于未来,因此用过去的做法未必可以解决现在的问题,也未必可以满足现在顾客的需求。一旦满足不了顾客的需求,顾客自然毫不留情地琵琶别抱,与其怪罪顾客没有忠诚度,不如怪自己做的太少,怪自己变得太慢,怪自己可以满足顾客的不够。当对方厌倦自己时,要好好问问自己为什么会做到令对方厌倦。

最基础的顾客尊重

目前在服装行业中,VIP 对消费者来说到底存在什么意义?我自己就是许多品牌的 VIP 顾客,对我来说,最大的意义就是有一个固定的折扣,有活动的时候接到通知,生日的时候有一张打折券而且如果当日不消费可能就会作废。

真正的 VIP 顾客不应该只是一个数字的代码,也不应该只是一张买单时打折的卡片,我们来看看下面的一段对话。

收银:"有 VIP 卡吗?"

顾客:"有!"

收银:"您的 VIP 卡请出示一下!"

顾客:"没带怎么办?"

收银:"麻烦你报一下电话号码!"

顾客:"……"

收银:"好了,可以了!"

这一段对话冷冰冰的,毫无感情可言,这时候的 VIP 就是一张卡,

第二章 管理迷思十问

一个电话号码，一个固定的折扣，其他什么都不是，当买单的时候查出了VIP顾客的姓名之后仍然不用称谓去尊重对方，如果顾客不把忠诚度建立在折扣和赠品上，那么应该建立在哪里？

对我个人而言，我认为进店之后能够被销售顾问用该有的称呼来接待，是一个VIP顾客应该获得的最基本的尊重。我们经常在销售中说要化解我们跟顾客之间的冰山，如果来消费几次的顾客我们连称呼都不知道，又怎么化解呢？所以顾客为什么没有忠诚度，因为连最基本的尊重都没有做到，如何谈得上忠诚度。

> **猫尾巴式的思考：**
>
> ● 统计一下，我们现在在外面所有的消费，有几个场所可以正确无误的用我们的称谓来称呼我们？
> ● 这些场所里有几个是服装品牌的消费场所？
> ● 对于一个永远搞不清楚我是谁的消费场所，我的忠诚度建立在哪里？

我经常问许多管理者，在所有VIP顾客的资料里哪一个栏目是最重要，有人说电话，也有人说是生日、消费习惯、消费档次、消费的明细等，这些都很重要，但是我个人认为最重要的是相片，如果没有相片也要有外观的特征描述，因为这些所有的资料要能在销售过程中提供给销售顾问发挥"知己知彼，百战百胜"的作用，前提就是要能够认得出对方是谁，这样所有的资料才有用。比如，如果我们知道顾客消费的习惯是只穿我们的上衣，从来没有穿过我们其他类别的商品，那么为了提高顾客的消费潜能，就应该知道从哪里下手，想办法搞清楚顾客不消费我们其他类别商品的理由，从而拓宽顾客在店的消费宽度。

有人说，顾客不会留相片给我们的。如果我们毫无理由地直接要顾客当然不会给，但如果我们给他充分的理由呢？我收集过一些实际的解决办法，这些只是众多方法中的一些部分，可以供大家参考。

> **猫尾巴式的思考：**
>
> ● 规定现场销售顾问只要顾客从试衣间出来，就要用手机拍照让顾客看看拍下来的效果，把这变成常规的服务流程并且纳入考核；
>
> ● 以要求VIP顾客实名制录入，必须将顾客的相片印制在VIP卡上为由，让顾客留下相片以方便VIP卡的制作和寄发；
>
> ● 在VIP顾客答谢会上，要求签名，最后拍照，以此获得VIP顾客的相片；
>
> ● 以活动为由，举办每月最上像十位顾客选拔，并配以消费的特殊折扣或是赠品，让顾客在试穿完之后选一套最满意的来拍照；
>
> ● 从微信上或QQ上取得，通过取得微信号，从顾客的个人资料上取得相片。

我还听到过有用摄像头偷拍的，而且就装在收银台方便操作，顾客买单的时候就偷偷把顾客的相片拍下来。这样的方式我们并不提倡，毕竟每个人都有自己的隐私权，这一点是需要被尊重的。

当我们有了相片之后，对于高价值顾客，店铺里就要开始要求销售顾问记住顾客的相貌，甚至做出监督和考核。我见过一个加盟商老板为了让销售顾问记住重要VIP顾客的长相，每天都会陪同销售顾问一起复习三个VIP顾客的资料，并且持之以恒地做，每月月底还有考核，一起看相片抢答顾客姓名，每个答对的还有十块钱的奖励，寓教于乐，员工也开心地参与、没有压力。最终在他们的销售现场，顾客进店不是只有一个销售顾问可以喊出他的姓名，而是店里所有的销售顾问都可以喊出他的姓名，平常在街上看到的时候也都会打招呼。试想一下，若关系维护做到如此境界，那么顾客一旦需要购买商品第一个会想到谁？

在此，需要提到一点，其实这位老板做到的不仅是VIP顾客的服务，而且还实现了店铺从"单点操作"突破到"多点操作"。我们许多店铺都有同感，老员工待久了，一旦离职到其他品牌工作就会带走一帮老顾客，造成一批老顾客莫名其妙就消失了。最终会造成这样的状况一般是顾客每次到店之后都是找同一个销售顾问购买商品，而管理者也很放心地任由他去接待，时间久了以后，顾客就会只认人不认品牌了，最终顾客就是将忠诚度建立在销售顾问一个人身上而非店铺的整体上。而这个老板做到的是所有的销售顾问都可以服务一个顾客，因为每个人对这个顾客都熟悉，不管哪位员工离开都影响不了顾客，最终顾客的忠诚度是建立在店铺上，品牌上而非个人身上。不能让顾客永远只是习惯对接某一位固定的销售顾问结果形成单点操作，而要让顾客感觉是整个店铺都在为他服务，这就是多点操作。

所有的VIP顾客服务细则都是死的，是冰冷的，是制度化的，是由文字叠加出来的，只有人是活的，是能与顾客建立感情联系的，是温暖的。大多时候能让顾客感受到温暖的不是冷冰冰的服务细则，而是能与之互动的人。

> **专家箴言**
>
> 重视一个人就一定要记得一个人；相反，如果不重视一个人，就算见了几次面还是不会记住对方。有时要记住一个人并不是方法的问题，而是意愿和意识的问题。员工没有意识可以理解，毕竟他们的经验有限，但是管理者没有意识就说不过去了。如果连最基本的顾客尊重都做不到，如何期待顾客对我们忠诚。

不运用 20/80 法则，形式化主义过浓

少数 20% 的顾客创造 80% 的效益，而多数 80% 的顾客产生 20% 的效益。真正金字塔顶端的 VIP 顾客绝对不是多数而是少数，如果能把这些顾客真正照顾好，一家店铺保底的业绩就会有稳定的着落，不需要为业绩高低起伏有过多的操心，但是我们需要问一下自己在这些年里"我在

这20%的人身上真的尽心了吗？这些顾客对我们的忠诚度如何？我的店铺里有多少这样20%的顾客？"

每次销售顾问要我填写VIP顾客资料的时候，都会感觉到很明显的形式主义，无非就是要姓名、电话，其他的栏目基本上形同虚设，可填也可不填。顾客资料表里面琳琅满目一大堆的栏目，如姓名、电话、邮箱、地址、爱好、工作属性、通过何种渠道了解到品牌、平常习惯何种方式联系等，看起来很专业但有时真是怀疑这些资料到底最后的应用在哪里。我会这样说是因为VIP顾客的资料需要电脑的服务系统去支持，当资料录入之后可以作为分析之用，比如作为宣传推广的费用计划制订、VIP顾客的活动举办、有效的服务类信息发送、顾客群体的变迁、价格带和价格线的变化等，如果做不到这些分析，那么之前大费周章收集资料的意义就不大，反而增加终端无用的负担。

这样的形式主义在销售顾问身上也会有体现，因为不是只有顾客搞不清楚为什么要填写这么多的内容，连店铺人员也搞不清楚为什么要填写这么多的内容。因为我不止一次在填写资料的时候听到销售顾问的"善意"提醒，只要填写姓名与电话就可以了，其他的不用填，或是其他的我帮你填就可以了。"我帮你填"，这句话代表的是一种贴心的服务，但是出现在这时间点上感觉就怪怪的，你又不是我，你是怎么帮我填写的？

猫尾巴式的思考：

- 我是否检查过我们VIP顾客资料表上所有的内容，哪些是有用的？哪些是没用的？
- 我是否有针对我们的VIP顾客资料表对员工进行培训，提升他们对每一个栏目重要性的认知？
- 我是否检查过，我们的VIP顾客资料表上，大多数顾客填写了哪些栏目，没有填写哪些栏目？

同时，形式化主义也体现在VIP顾客的生日服务上。许多VIP顾客

第二章　管理迷思十问

的制度里就规定，顾客的生日要么就送蛋糕，或是送优惠券，或是送鲜花，这些行为许多品牌都在做，我们且不说这些动作是否对顾客具有深刻的意义，这样周而复始地用同样的方式，做久了也就体现不出价值来了。所以针对顾客的生日服务问题，我可能会在整体 VIP 顾客的服务成本上先做一个重新的切割，降低 80% 顾客的费用，把费用重点转移至 20% 的顾客身上。比如，原本每位 VIP 顾客生日时都送一个一百元的蛋糕，而现在我会把一般的 VIP 顾客的蛋糕费用降为 80 元甚至更低，把所有节省下来的费用，全部放在顶级 VIP 顾客身上，既然要送蛋糕，那就干脆送一个大的，直接送到顾客的办公室，这样既大气又有面子，能让顾客充分地感受到品牌的重视。

销售顾问的工作时间分配也可以用 20/80 法则来作为指导。把大部分时间花在能创造效益的顾客身上，但是，面对低效益顾客的时候仍然要待之以礼，尽心尽力地服务，不能因此而有损品牌的形象。

所以我们应该有意识地累积和发展自己手上的顶级 VIP 顾客，要时刻询问自己顾客的资料是否已经熟记、顾客的喜好是否清楚，顾客的特殊习惯是否了如指掌，并提前了解顾客所从事的行业，以促进我们跟顾客之间的话题。如果这些都没有做到位，真正的 VIP 顾客为什么要把忠诚度建立在我们身上？"现在的顾客不缺买东西的地方，但却极缺懂他的人！"越是高端的顾客越有这样的感慨，不是找不到地方买东西而是找不到言之有物的人买东西。

猫尾巴式的思考：

- 我目前一天的销售时间当中，一般顾客、优质顾客、顶级顾客的时间占比是怎样的？
- 针对我自己手上的顶级顾客，我对于他们喜欢的聊天话题知不知道，熟不熟悉？
- 我是否很用心地与这些顶级顾客建立良好的互动关系？

年轻的时候我很排斥打高尔夫球，因为我认为这一项运动做一次就要花费较长的时间，不划算，而且我本身对游泳特别有兴趣，所以对接触与练习高尔夫总是缺少兴趣。但是后来一位前辈的几个问题深深地启发了我，一直到现在依然令我印象深刻：

前辈问："你的顾客现在一般都做什么运动？"

我说："壁球、高尔夫球。"

前辈问："是壁球多还是高尔夫球多？"

我说："高尔夫球多。"

前辈问："那有几个是闷在水里游泳的？"

我说："没有。"

前辈问："所以是你配合他们，还是他们配合你？"

我说："懂了。"

其实引用这个切身的案例主要想说明，如果这些VIP顾客对我们很重要，那么我们就应该为他们付出些什么。而这些事前的工作，个人的提升并不是企业可以要求我们的，只有我们自己去要求自己，有意愿才能坚持做到，坚持把焦点放在产值高的顾客身上，围绕着这一类顾客的需求提升自己。

许多销售顾问都会希望自己可以调到客流量高的店铺，因为大多数人的认知就是客流量低的店铺是做不出业绩的，目标也经常完成不了。其实客流量只是一个参考指标并不是全部，依赖客流来做生意确实不是一个优秀的销售顾问应该有的观念。

其实，客流量低的店铺可以有更多的时间跟顾客建立情感的交流，打下忠诚度的基础，其业绩的关键点就在于VIP顾客的维护上，单靠有限客流量建立起忠诚的VIP，就可以取得不错的销售成绩。在这样的店铺里，销售顾问有更多的时间可以跟顾客交流，可以做模拟演练，可以学习和提升，可以在有价值的顾客身上投入心力，更有利于个人的成长。

第二章　管理迷思十问

> **猫尾巴式的思考：**
> - 客流量是不是跟业绩完全划上等号？
> - 如果要从有限的客流当中发展出无限的业绩，我的方向应该在哪里？

我们可以看到这两年有许多品牌建立针对高端 VIP 顾客的会所，目的是希望顾客在此可以休闲，可以购物，可以放松，可以有专人服务整个购物过程，这就是 20/80 法则的体现和应用。相信这个会所每天成交的笔数应该不高，因为客流量小，但是这未必就代表营业额低。一个高端有价值的顾客一笔单的消费，可能就抵得上二三十个一般的顾客消费的总和。正常来说，一个有价值的品牌用所有训练有素的销售顾问去服务一个人，最终的服务质量会比一个人但是要同时服务好几个人的质量要高得多。其实这也是各取所需，互利双赢而已，因为对于高端的顾客来说，他享受到了他想要享受的服务，而对品牌来说，也通过服务得到了想要得到的业绩和利益。

> **专家箴言**
>
> 作为管理者，有三样东西不能乱用：一是时间；二是资源；三是资金。要将有限的付出换得无限的结果，管理者就要清晰 20/80 法则在管理上的应用，要清楚哪些才是我们品牌的重点顾客，并且将时间、资源、资金做妥善的分配，从客户身上换回企业的最大效益。

未对 VIP 顾客区别对待

饱暖思淫欲，一个人的购物需求通常都是跟他的收入有关，因为收入有时会间接决定一个人的交际圈，出席的场合，对商品的需求。每一个不同收入等级的人，当他真的需要一件商品时，他的考虑点是不一样的，会有一定明显的区别。有的即使需要也不一定会购买，有的需要但会选择时机购买，有的需要当下就会去买。

同理，VIP顾客里也会有等级的区别，有些VIP顾客比较重视的是折扣，有些VIP顾客比较重视的是服务，不同等级的VIP顾客也会有不同等级的需求，不能把VIP顾客全部一概而论。能够为不同等级的VIP顾客设计不同的VIP顾客福利，才能让大多数VIP顾客在这个制度之下各取所需得到满足。所谓贴心的服务不是做我想要做的，而是做你希望我能做的。所以每个品牌都应该为自己所定位的顾客群量身定做属于自己的VIP顾客服务细则，这绝对不是拿别人的VIP顾客服务细则来参考复制一下就可以做到的，只有用心才能真正做到让顾客满意。

猫尾巴式的思考：

● 检查一下我们现行的VIP顾客制度，换位在不同等级的VIP顾客上进行思考，我的满意度如何？

● 目前我们的顾客群中，大致可以分为几个等级，他们的需求分别是什么？

首先，在建立VIP顾客制度的时候，个人认为要有一个"先求量再来筛选质"的观念，在有一定的数量之后再来筛选出不同等级的VIP顾客，可以缩短品牌前期积累的时间。没有量就开始求质，虽然可以一开始就维护住品牌的定位，但可能会让许多有发展潜力的顾客一开始就被拒之门外，品牌的发展之路可能需要更长的时间积累。

所谓的求量并不是只要购买就送，或是无条件的街头派发，而是指多渠道放宽VIP顾客的取得资格，比如一年度里消费多少次或是消费几件就可以获得VIP顾客的资格，要保证资格的取得只是放宽但仍然有一定的限制。反观市场现行的VIP顾客制度，大多是以消费累积多少或是一次性消费多少作为获得VIP顾客资格的条件，这样的制度不是不好，而是无法更大量、更快速地积累VIP顾客，多渠道的拓宽有利于前期数量的增长，也有利于中后期的筛选工作。

在我们的品牌中一定也有收入不一定高，消费能力有限但却真心很喜欢我们产品的顾客，一年之内可以来消费好几次，只是以小件、特价商品为主而且金额都不高。如果将他们纳入我们的会员行列，就能维持他们的品牌忠诚度。

同时一定也会有平常不见踪影只在品牌做大型活动的时候才出现的顾客，其购买的件数很高，但是金额却不一定高，因为都是挑选了特价的商品进行消费。对于这些顾客，也可以把他们纳入VIP顾客的管理当中，虽然平常不一定可以为我们创造多高的业绩，但却可能成为我们活动期间的大户，炒热活动的氛围，是年度做清仓时的主力顾客群。

这一类的顾客，主要的需求就是在价格、赠品上，而且这一类的服务对他们来说是最实惠而且最受用。所以最基层的VIP顾客，我们在设计的时候可以以价格、赠品、积分兑换作为主要的考量，让顾客可以很快地体验到成为VIP顾客之后的好处。一旦他们成为VIP顾客之后，我们就可以通过频繁的信息往来增加接触的机会，慢慢对VIP顾客进行改造。

猫尾巴式的思考：

- 如果我想要增加件数和次数的VIP顾客，我要怎样设计这一部分的内容？
- 这一类型的顾客，如果换位思考，什么样的活动对他们来说最具有吸引力？

在这样的VIP顾客资格中要注意两类的顾客。

第一种：次数高，件数高，消费金额也高，但是在原价商品上消费不高的顾客群。这些顾客购买得起，消费力大，但是在消费上会比较偏理性，会选择在适当的时候出手购物，不会一味地追求新品，是高端品有折扣时的主力消费群。

第二种：次数高，件数高，消费金额也高，而且原价商品的占比较高。这类顾客对于消费没有任何压力，也不会对消费的时机过于思考关注，只考虑自己喜不喜欢，甚至以消费新品为荣，喜欢享受高高在上的感受，喜欢被区别对待。

这两种顾客群都是我们拉高营业额的主力，所以在VIP顾客的细则设计上要分别满足这两个族群不同的需求。

首先要思考的是如何区分这两个族群，我个人认为可以从两个方面去着手：一是原价商品的消费金额，因为这是这两个消费群最大的区别点；二是在年度的消费金额上做一个间格较大的区分，这样就很容易区分开所谓最顶级的"翡翠卡"和次顶级的"白金卡"。其次要思考如何满足这两种顾客族群，对于这一点，我的建议是前一种顾客是价格和面子都要兼顾，而后一种则是倾向于给足面子。这里用最简单的举例让大家明晰一下这个概念。针对前一种顾客，可以在年度答谢会的前三日，提供给他们首批的选购，有专人一对一的陪购，每一个时段里有人数的限制，购物环境有一定的质量，面子也给了，好处也给了。而针对后一种顾客，可以保证他们随时预约随时都有专用停车位的接待，指定专人陪购。这里只要记得，最顶级VIP顾客的享受一定是可以被人用眼睛看见的，是显露在众人面前的，这跟高调低调无关，因为这样才能刺激次顶级的顾客慢慢转变成为最顶级的顾客。

> **专家箴言**
>
> 不同等级的顾客会有不同的需求，用心观察顾客并真心与顾客交流，自然就可以发现顾客心底最真实的想法。一个品牌对VIP顾客的重视程度有多少，从品牌对于VIP顾客的服务细则以及需求的分别满足上就可见一斑，谁对顾客好，顾客心里其实清清楚楚。

顾客认为时间越长福利越少

在店铺生意刚刚起步的阶段，一方面为了赢来更多的顾客开始积累稳定的顾客群，另一方面需要许多顾客持续消费来稳定营业额，赶紧把业绩做起来，尽快回收店铺的投资成本，所以容易出现对顾客福利释放的速度过快，而且可能毫无原则可言，只要顾客提出要求，能做的都做，不能做的也都尽可能去做，甚至忍痛忍气的做，只希望顾客下次还来，但是这样的做法美其名曰服务顾客，但实则是利诱的成分高过于服务的性质，不得以而为之的心态比较重。这样一次又一次的积累，自然也养成了店里VIP顾客的坏习惯，无视于服务细则上的规定，而是凭自己的意愿要求店铺配合他个人的需求。

一旦等到店铺的生意稳定了，做大了，渡过了店铺初期艰难的起步阶段，就开始对于这些不正规的做法做出较为硬性的规定和坚持，重新整理确定规则，再加上现场可能没有与顾客做好良性沟通，导致许多老顾客开始慢慢地流失。其实顾客的心态很简单，他们会认为以前可以现在却不行是店铺的服务变了。

店铺的方向并没有错，有可改进之处的是做法。要将品牌做大，一定要从一开始就对店铺的规范有一定的坚持，不能过于随性任意改变，随性的结果不仅是顾客没有规则，连销售顾问也为了成交不惜牺牲店铺的利益，一次又一次地下探底线，这会造成品牌操作上极大的困扰，对品牌的建设不利。其实我们可以采取更好的做法把负面的效应降至最低，比如，做这些规范化的落地执行规定之前先告知所有的老顾客，不管是以短信、邮件、卡片还是在VIP顾客的活动上做宣导的形式都行，让对方能在心理上有所准备，同时也要事前做好一定的员工训练，让员工知道面对顾客提出的质疑时应该如何应对和处理，以柔性的方式进行。

> **猫尾巴式的思考：**
>
> - 如果要从顾客手中收回一些非常规的福利，如何做顾客心理接受程度会大些？
> - 当我要开始坚持VIP顾客服务细则执行时，我是否对员工进行规范化的培训，让销售顾问可以跟顾客进行良性沟通？
> - 万一出现顾客流失的现象，以我目前的店铺阶段会不会影响到正常的运营？

品牌在不同的阶段里会有不同的策略，在生存大于一切的阶段里，出于业绩和积累顾客群的考量，有一些非常规的做法或是较为宽松的原则是正常的，一旦发展壮大逐渐走向品牌化的发展之后取消以前的非常规做法也是必须的，这样的发展对老顾客来说也是与有荣焉的一件事，毕竟它也侧面烘托出顾客的眼光独特。所以顾客在乎不是一些福利被取消，而是是否被尊重。

因此，最好的做法是收回一方面福利的同时，要增加某些方面的福利，用取代而尽量不要用取消来作为处理，不要让顾客感觉与品牌交往的越久福利则越少，被剥夺的权利越多，规定越来越多人性却越来越少，品牌与顾客之间的距离越来越远，而应该让其感觉到与品牌交往的越久对于老顾客的服务越好，虽然多了一些限制没有了过去的随意，但是在心与心的服务上更好了。现在的顾客不比以前的顾客，在心里感受层面上的需求满足会比打折、便宜一点要重要的多，因此品牌对于VIP顾客的发展，除了重视规范化操作之外，要多加上一些人性化的做法，多站在老顾客的角度上关注老顾客的心理感受，毕竟要培养这些老顾客不容易，但要失去却是分分钟的事情，而且一旦失去了，要想再把他们找回来，那就不是一件容易的事情了！

第二章 管理迷思十问

> **专家箴言**
>
> 老顾客是一个品牌在市场上抗风险能力的象征，也是品牌重要的资产。市场是否景气，不是我们所能控制的，但是老顾客越稳定，品牌受到的冲击就会越小。我们的新顾客会越来越多，但千万不要因为新人而忘了旧人，更不要忘记这些老顾客曾经陪我们走过的日子，品牌懂得珍惜，顾客也才会懂得珍惜。

企业提供自以为是的服务

这里所谓自以为是的服务，指的就是折扣，是许多管理者用以折扣去服务不同等级的顾客，不管这是不是顾客心中最在乎的，仍然执意以这样的方式进行，"不管你是肚子饿还是口渴，反正我提供的就是包子"。

VIP顾客分级的服务最重要的是要从顾客的角度去思考，找到不同等级VIP顾客不同的服务方式，"因群而异"最后才能达到效果。在VIP顾客的服务当中，我个人不赞成越高等级的VIP的折扣就越低这种做法，反而比较赞成将所有VIP顾客的折扣都统一起来，然后在服务方式当中体现等级的差别，原因有几个：

猫尾巴式的分析：

其一，利润下降。

越高等级的VIP顾客消费金额自然也越高，所打的折扣如果越低，当中实际所损失的利润就会越多。这种利润损失不是必须的，而且多这一份损失对于经营者的操作不利。

其二，成本增加。

如果要把越高等级的顾客服务好，那么单个顾客的服务成本就会越高，需要更多的费用才能够把服务做出效果、做出特色。如果一方面利润损失高，而另一方面服务成本又高，想要把顾客服务做到位就容易在成本上出现阻碍，想做但是费用支持不了。

其三，顾客的需要。

越高等级的VIP顾客越重视服务所带来的心理感受，因此这几年各行业定制化、个性化的服务才会越来越盛行。这群顾客不怕花钱，甚至宁可多花钱，但要能享受到最高的心理满足。因此，这么多的高端奢侈品、高端的会所才会门庭若市，而且许多顾客只买当季的商品，过季的商品连考虑都不考虑。

猫尾巴式的思考：

- 如果我们是高端顾客，在一点小的折扣与高端的服务之间，我们会如何做选择？
- 目前我们的VIP顾客服务中，有哪些是我自己非常满意的服务项目？
- 在竞争品牌中，我们的哪些服务是其他品牌没有的，是具有特色的，是顾客很满意的？

用折扣去服务顾客，把顾客分成三六九等，分别给予不同的折扣，然后轻轻松松完事，这是服务当中最简单的方式，也是最懒惰的方式。与定期给顾客发短信问候，送生日礼物和给VIP顾客现场不同的接待服务相比，给折扣不是最懒的方式吗？

在过去大家的平均收入不高，对于消费支出更在乎折扣，因此用折扣确实可以满足一大部分的顾客，不过这样的时代已经过去了。随着收入的提高，顾客心理需求变得非常多元化，因此服务的方式也应该伴随着环境变化而改变，尤其是对于经营和管理者来说，更要深刻地去研究顾客消费心理，才能通过多元化的服务方式满足多元化的顾客需求。

所以大家都要用心去思考有哪些特殊的服务方式可以体现高端VIP顾客的尊贵，获得顾客更高的评价和满意。比如，可以从以下几个方面作为参考。

第二章 管理迷思十问

猫尾巴式的思考：

- 专用的休息区；
- 预约时间专车接送；
- 有个人姓名的专属咖啡杯供现场喝咖啡之用；
- 预约时间以及固定的销售顾问陪购；
- 停车位免费预约；
- LED 欢迎字幕；
- 新品上市可以拥有某时段的封馆服务，所有销售顾问只为一个人忙碌；
- 提供隐密的休息室与选购室；
- 上门试穿服务，把销售战场从店里移到家里；
- VIP 顾客个人的新品搭配设计以电子杂志等形式寄发给顾客参考；
- 定期的时装搭配师顾问服务。

这里只是抛砖引玉启发大家来思考，顾客的服务一定要不断地翻新与创造，根据顾客的需求转移而快速变化，能超前满足顾客的需求，在顾客还没有想到的时候我们已经做到，超出顾客的期待，这样才能让他们源源不断地来店铺里消费。

有一个问题是之前在上课时学员提出来的，"顾客就是在乎折扣，不管什么等级的顾客都希望能便宜一点"。关于这一点，我从消费者的角度来解答，如果品牌与品牌之间的服务都是大同小异，都是以折扣来服务顾客，那么我就只能在乎折扣。所以顾客将焦点放在折扣上，是因为我们都注定折扣服务。要让顾客转移焦点，只要我们改变服务即可。

专家箴言

折扣有用，但折扣绝对不是万灵丹。如果品牌大面积地用折扣去服务顾客，最终只会把顾客的忠诚度建立在折扣上而不是品牌上。这些顾客群会随着市场的活动而转移消费的场所，他们不会轻易在一个品牌付出忠诚，对品牌而言会有业绩，但不会有稳定的业绩。

讨厌企业无事不登三宝殿

我以前经常问一个问题："有一种销售顾问，经常只在促销活动或新品上市的时候才跟顾客联系，平常的时候也是不见踪影，这种销售顾问你喜不喜欢与其交流？"，答案当然是否定的，大家都不愿意。关系是需要日常去维护的，不是我已经尽到通知你的义务了，如果你有需求就来，没需求看看就行，把发短信当成是一个例行的工作在进行，没有生命力的展现。

猫尾巴式的思考：

- 我们现在对顾客所进行的短信传递，是否在短信内容上精心准备和安排？
- 我们所发送的短信与其他品牌所发送的短信有没有什么不同之处？
- 如果我们自己收到了自己品牌的短信，我有没有兴趣看内容呢？内容有吸引力吗？

关于短信的应用，许多管理者也纠结到底该不该发，如果发了，其效果也不是明显，但如果不发，又担心跟不上竞争品牌的节奏。许多管理者说："现在顾客收到短信都很反感，所以发短信千万要小心！"我也比较赞同"发短信时要小心"的说法，因为没有经过策划的短信乱发一通确实很容易导致顾客反感，但如果说"顾客收到短信都很反感"倒也未必，问题的关键在于短信的内容，跟发短信的这个行为无关。因此，不能说顾客对于收到短信都很反感，应该是收到对自己无用的短信才会产生反感，毕竟无用的短信可能对顾客来说就是变相的骚扰。

短信有效果，一定也要有一些讲究，绝对不是把别人的短信拿过来大量转发就可以达到效果，而要遵循最基本的几个原则。

第二章 管理迷思十问

猫尾巴式的分析：

其一，男女顾客要分开。

男人有男人的话题，女人也有女人的话题，各自有不同的关注点。男性对于偏理性的话题比较感兴趣，如投资理财、经济趋势、国家政策等，而女性则对偏感性的话题比较感兴趣，如星座血型、两性关系、网络话题等。所以对于男女顾客来说，一定要在内容上有一定的区分，发一个对方不感兴趣的话题就等于是自讨没趣。要把每一分钱花在刀刃上，发挥它应有的作用。

其二，不同年龄顾客区分。

不同的年龄段代表的是不同的人生阶段，不同的人生阶段自然会对于不同的话题感兴趣，这跟年龄的增长、阅历的增加、工作的历练、人生的成熟有关。比如，20～30岁的顾客，会对流行时尚、娱乐休闲、人生激励等方面比较感兴趣；30～40岁的顾客，会对投资理财、企业管理、员工管理、亲子教育等方面比较感兴趣；40～50岁的顾客，会对于心灵追求、家庭关系、历史文化、企业管理等方面比较感兴趣；50岁以上的顾客会对心灵追求、个人修身、保健养生、经济趋势、医疗科学等方面比较感兴趣。

其三，宗教信仰要分开。

这一类的顾客是比较特别的顾客族群。信仰的力量是最大的，对于有信仰的顾客，其实可以作为单独的一类顾客来进行信息的服务。比如，如果顾客信仰的是佛教，可以将佛教界知名大师的经典名句整理出来作为信息发放的内容；如果是基督教，也可以许多知名小故事和经典名句作为内容。在网站上，每一块宗教领域应该都可以轻易地收集到大量的资料，关键在于我们愿不愿意用心在这一类顾客的身上。

其四，笑话一则，轻松一下。

还有一类信息是老少皆宜的，而且在网上随便一搜就有一大堆资料可以参考，那就是笑话。它特别适合在周一的时候发，因为刚刚度过了周末，又要回到朝九晚五的工作岗位上，大家想必都还有点郁闷，如果这时候可以来一点开心的、幽默的、让人会心一笑的小笑话，特别能让人印象深刻。

假使对于VIP顾客可以一个月发三条短信，其中男女顾客区分一条，年龄顾客区分一条，开心笑话一条，并持之以恒，相信顾客不仅不会删掉我们的短信，而且还会逐渐有所期待，因为这些都是对顾客有用而且愿意看到的信息。通过这些日常的交流，我们可以抢占顾客购买商品时的第一印象，自然顾客到店的机会就可以大过其他的品牌。而且费用还不高，可以大致估算一下，一个顾客一个月三毛钱，一年就是三块六毛钱，就算有一千个VIP顾客，一年最高也才花三千六百元，这些钱可能还不够我们做一次广告宣传。用钱可以达到宣传推广的作用，用心也可以达到宣传推广的作用，两者相较之下，用心的成本比较低。

有用的活动短信，要用十条以上与任何活动都无关的短信做铺垫，先软化顾客对于品牌无事不登三宝殿的印象，然后接下来的那一条活动短信顾客才不会过于反感，因为它只是其中之一而非全部。但如果大多数短信都是与活动相关，时间一长顾客心中就会介意了，顾客并不排斥短信，但是顾客排斥天天叫自己去消费的短信。

> **专家箴言**
>
> 　　有时候没有效果的原因并不是方法不好用，而是没有用心把方法用精、用透。如果不改变用心的程度，只是不断寻求新的方法，最终大多数的方法都很难持续出现成效。现今市场上的方法不是不够多，而是方法用得不够深、不够细、不够精、不够透。

管理者迷思六：为什么员工的主动性不高？

"如果所有员工都可以自动自发地工作，先不说为老板、为企业而战，如果可以做到为自己而战，为自己而学习、提升、成长，那该有多好！这样他们的收入可以更高一些，工作可以更稳定一些，生活质量也可以再提高一些，这样不就是双赢的局面吗？为什么这么简单的道理他们都想不通呢？天天都要人盯着才行！"这段话是加盟商和代理商与我私底下聊天的时候说出来的，而且不只一位曾经对我说过类似的话。

理想很丰满，现实很骨感。人有七情六欲，会受环境影响，会被情绪左右。所以管理者不能期待员工的主动性可以自然提高，当然在我们的员工中确实有人可以做到，但毕竟是少数，大多数员工是很难做到的。因此大多数人是需要被管理的，是需要经过多次良性沟通的，而不是这次沟通了之后下次就不需要再沟通了，这是一个长期且反复的工作。主要有两个原因。

猫尾巴式的分析：

其一，每个员工的成熟度不同。

这种主动性跟员工的成熟度有关，而每一个员工的成熟度又与他的职位、能力、经验、人生历练甚至是年龄都有关系，所以并非是我教过你你就应该自己能行，也不一定是我跟你沟通过之后下一次你就要能够做到良好的自我沟通。员工的成熟要经过一个缓慢的过程，在员工能够做到良好的自我控制之间，管理者还应该多费点心。

其二，每个员工的能力不同。

我们面对的是终端的员工，他们的成长并不是一蹴而就的。有的员工接受能力差些，就需要更长的时间。目前他们的个性还在不断修正，能力还在不断提升，工作方式还在不断完善，为人处事上也还在不断成熟，所以需要管理者费心的地方比较多，若非如此，他们可能早就已经是公司的总监了！

主动性、自觉性、自律性与一个员工职业化的程度，参与的平台，文化的传承，优秀管理者的带领，制度约束等都有关。对大多数人而言，这需要长时间的建立和调整，也需要长时间的社会教育来形成。如果给予的时间不够长，培养不够多，那么我们总不能期待所有具备这样能力的人都被招聘到我们的企业中为我们的品牌效力。因为大多数的员工之所以未来会成为企业的中流砥柱是源自培养的结果，而不是天生自然而成的，企业如果没有做好育人的准备，那就要准备在招聘上付出更高的代价。

> **专家箴言**
>
> 大多数人的主动性都不是天生的，而是通过后天训练逐渐养成的职业素养和习惯。因此，要有主动性很高的员工，管理者只有两个方向：一是一次性把人招对，在招聘环节上谨慎把关；二是通过长时间的培养，慢慢养成员工良好的工作态度和习惯。如果要有满意的员工，双管齐下是比较好的做法。

职业化素养训练不足

职业化需要经过教育之后才可以被建立起来，不会凭空就扎根在一个人的身上进而成为他的本性。有些人的职业化素养是靠家庭教育耳濡目染所形成的，但是多数人的职业化素养是靠社会教育、企业培养而形成的。一个人有职业能力和有职业化素养是两回事，一个有职业能力却没有职业化素养的人对企业的发展建设比较大，但是其破坏性可能也会很大，而一个缺乏职业能力却有崇高的职业化素养的人只要经过一段时间的培养和训练，其能力就能得到一定的提升。所以企业在招人、选人、用人方面需要谨慎对待，用与不用之间是企业智慧的选择！

近几年服装行业跑马圈地，快速扩张，员工的数量也与日俱增，许多新员工可能都没有经过正规的"新员工入职培训"就已经上岗工作。若是在代理商的机制下，因彼此之间可能不是站在同一个共赢的基础上，所以对待新员工训练更是大打折扣，即使有时间做员工培训，可能也只是一些与业绩提升直接相关的而非职业化素养的养成之类的训练，他们对职业能力的养成教育远远高过于职业化素养的养成。

其实，作为企业的领导者、管理者应该明白，职业化素养的训练虽然不能立马看见成效，但却可以在无形中指引员工面对工作时的心态和行为，并且形成一个自疗的心理机制，是企业长治久安的磐石，因此从一个企业员工的职业化素养表现就可以看得出一个企业未来的发展。只有员工的职业化素养都达到了一定的程度时，员工在职场上才会有所谓的职业道德，才会有在其位谋其职的敬业精神，我们且不说他们在工作中能不能自我发挥创意，甚至把企业当成自己的家，但至少可以把属于自己的"一亩三分地"耕得有声有色而不让人操心，做到既对得起企业在其身上的付出，也能高度尊重自己的岗位。

每个人站在自己的岗位上，都需要相应的岗位培训来作为支持和培养。当然，这里涵盖的培训除了岗位本身需求的能力赋予，工作上的流程和制度，上下级关系与汇报程序，须接受的监督与考核等常规的能力培养之外，职业化素养的提升是我个人认为最重要的，且需要在员工所有的培训中进行不断的强调和不断的潜移默化，最终将其深入至每位员工的心中，让这种良好的职业价值观根深蒂固。

猫尾巴式的思考：

- 我们都希望员工具备职业化素养，但是反思一下，在这部分上目前我们投入了多少？
- 如果我们不投入的话，那么他们应该通过哪些途径具备这样的职业化素养？

有时候企业的培训不能单凭员工的喜好去组织安排，员工越不想听的内容，就越需要进行培养，许多人可能是因为本身不具备此方面的知识且又不重视才会心生抵触，或是因为只想听与跟自己工作收入直接相关的课程内容，所以对于其他方面的培训就会失去耐心，没有一个良好的心态去照顾到自己未来全方位的发展。而且企业培训中听课的员工并非自己一人，所以并不能以自己的需求来判断全体员工的需求，以自己希望达到的目的来判断企业所想要达到的目的，要明白自己也是企业和团队中的一份子，应该要顾全大局。通常情况下，员工如果已经具备课程内容中所述的职业化精神，那么他就应该平心静气乐于学习而不会心生抵触，否则就会心浮气躁，听课时坐如针毡。

一个不具备职业化素养的员工不只是在一个企业里没有工作上的主动性和责任感，而是在所有的企业里都不会有主动性和责任感。而在企业中一般会有三类员工明显缺乏主动性和责任感。

猫尾巴式的分析：

其一，本性使然。

这一类员工本身就对自己的人生没有过多的追求，抱着无所谓的态度，当一天和尚撞一天钟，且不说对企业了，就是对自己的人生都没有主动性和责任感。对于这种人应该在招聘的时候就过滤掉，不应该让其进入企业之后造成企业的困扰。

第二章 管理迷思十问

其二，利益驱动。

这一类员工略有不同，他们对人生有一定的期许和追求，其中利益是其最大的驱动力，有明确的利益时其责任感和主动性就强，没有明确的利益就不会有责任感和主动性。当你发现员工只是在利益的驱动下才会产生主动性时，你就应当思考两点：一是这种的主动性是不是企业所乐见的，因为这是比较偏向于利益交换的立场，所以在对企业的向心力上会让企业感到不安；二是这种主动性可以持续多长时间，除非企业愿意付出一次又一次更高的代价，直到负担不起为止，然后一拍两散各奔前程。

其三，被逼无奈。

这类员工的主动性不强是由于长期被企业中各种无奈之举所逼迫而成的，比如企业内部管理混乱，领导者的个人风格难以接受，企业的文化差强人意，旁部门的协作不畅通，企业整体的工作氛围压抑等都会迫使自己在工作中诸事不顺，对于某些难以解决的事情却又力不从心、别无他法，最后逐渐地对工作丧失激情与斗志，随之就会变得越来越缺乏主动性和责任感。

所以企业需要观察的是，如果只是个别员工的主动性不佳，那么此时的处理方式就是依照他们个人的不同问题针对性地进行调整，但如果大多数员工的主动性都不佳或者说是企业整体的工作氛围变得异常，那么就需要从企业内部、从高层开始寻找原因。此时针对大多数员工的主动性不佳的现状，绝对不是组织一场团队活动或是请一个培训讲师来做激励、团队建设就可以解决根本的问题，这样即使上了课，也很快就会恢复原状。其实，此时作为领导者、管理者的你应当沉着冷静地作出以下思考：

猫尾巴式的思考：

- 我是否真正了解员工主动性不佳的原因？

- 在员工所表述的原因中,哪些是他个人的问题?哪些是企业的问题?
- 当我认为员工主动性不佳时,员工认为自己的主动性如何?如果有差异,为什么?

近几年,社会上追求速成的风气盛行,仿佛"快"就是企业的追求。许多员工当然也包括管理者在内,对于立马见效,快速提升业绩,拉高收入,完成指标的相关学习内容非常感兴趣,但对于打稳基础、稳定全局、中长期见效的相关培训内容,虽然知道很重要,但一般都是听得多却做得少,因为总是有更重要的工作在眼前必须执行。归根结底,最主要的还是"速成"这两个字惹的祸,不管是员工还是管理者都对自己在短期见效和长期见效之间难以抉择。

到底业绩和职业化素养之间,哪一样比较重要?当然两者都同样重要,业绩是企业赖以生存的血液,而职业化素养则是长期的发展基础,要做到两者兼备而不偏颇,才能让企业健康地发展。在企业所有的指标中,其实还有一个经常都被忽略掉,很少被提起的指标,叫做"健康"。"健康"其实也是企业应该重视的指标,只有一个企业健康了,才会有健康的组织、健康的市场、健康的员工,大业绩可以让企业走一大段路,而健康的大业绩可以让企业走长远的路。

专家箴言

一个健康的企业一定会有一群职业化素养很高的员工,这样的企业会走很稳、走很远,企业的基础很扎实。而一个业绩很好的企业如果没有一群职业化素养很好的员工做支持,这样的企业会走很快却未必可以走很远。

缺乏参与融入的平台

有参与才会有使命感，有使命感才会有荣誉感，要让员工有主动性，管理者就要做到大开门户采纳意见。因此，管理者要懂得创造一个平台，让更多不同的声音可以在这个平台上出现，同时管理者自身也要放下自己的主观见解，不管听到的声音是成熟的还是不成熟的，支持的还是反对的都没有关系，不要把焦点放在对员工意见的评价上，而要把焦点放在享受员工的投入上。假如大家对团队的事情都不上心，别说提意见，估计大家都是能少说都尽可能少说。其实只要大家都围绕着"把工作做好"这个核心，即使是反对的意见，也是团队向心力的一种体现。一个人投入心血的多少与他参与其中的次数和状态都有一定的关系，参与的越多，其荣辱与共的使命感就会越强，最终其主动性会在无形之中有所提升。说得形象一点，就是管理者要懂得创造机会，把员工很成功地一起"拖下水"。

有时最伤害员工投入激情的事情是"假借民主讨论之名，行专制独裁之实"。会议初始总是很民主、很开放地告诉大家可以畅所欲言，告诉员工最终的方案是由大家共同的讨论来决定的，而不是由公司来决定，公司只负责执行即可。当大家尽心尽力、出谋划策之后，领导却以各种理由否决，最后又提出自己的想法，象征性地询问大家还有什么想法。当大家不再言语时，趁机教育一番，搞得员工唉声叹气、灰头土脸。

猫尾巴式的思考：

- 一个真正民主的会议，我认为应该具备哪些特征？
- 当员工所讨论出来的意见与我的意见相左时，我如何选择？
- 当我在开会时，员工参与意见讨论的氛围如何？并分析一下原因。

我常常称这种民主叫做"假民主"，虽然具备了民主的外壳，但骨子里却还是独断独裁。有些管理者经常抱怨："开会的时候问他们什么都不说,每个人都跟闷葫芦似的,会议结束之后意见却是一大堆!"根据我以前作为员工的经历分析,员工在会议现场不发表任何建议的原因可能有以下几种。

猫尾巴式的分析:

其一,能力不够,所以不知道要说些什么,真的是心中没有想法。

其二,不习惯在会议中发言,有可能是性格特征导致的或是对于民主会议的方式还不适应。

其三,担心自己的意见不够成熟,说出来可能会丢面子,所以宁可闭嘴不发言,即使有意见也不会说。

其四,对于假民主的失望,所以不愿意提出自己的意见,干脆保持沉默,由管理者自行决定,但私底下却又有一大堆的意见要表达。

当员工出现在会议现场不愿意发言,但私底下意见又一大堆的情况时,管理者需要冷静地分析和判断一下是出于哪种原因。只有找到根源之后,才能做出后续的调整。

讨论也可以分大讨论和小讨论、全讨论和部分讨论。如果在组织会议时,心中已有既定的方案的话,最好不要将整个方案都抛出来让大家讨论,因为每个员工的工作经历不同,不可能对方案涉及的内容全面了解,从而避免讨论之后再否定员工的投入而让其失望。最好的做法是先将会议目的说明清楚,然后方案公布出来,不是让大家讨论方案,而是让大家讨论方案的优化。接下来让大家针对这个方案的完整性进行小组讨论,可以把自己所想到的任何可能存在的问题都提出来,这样大家可以从不同的立场对原方案做出更好的优化,甚至可以在方案确定之后,共同把执行的方案也制订出来。最终这个结果是大家比较认同的,毕竟也是自己最终的决定。

如果碰到提出的方案被员工以合理的理由否定、驳倒的特殊状况,

第二章　管理迷思十问

一定不要坚持自己的面子问题，否则就失去了开会讨论的意义。此时应该因为他们的用心而给予一定的嘉许和掌声，然后干干脆脆地承认方案行不通，择日另行开会商讨。以我个人的经验，员工一旦把领导的方案推翻，就会特别有参与的成就感，因为他们的团队思维在这个方案上略胜领导一筹。

如前面所述，事前的沟通越完整，后面的问题就越少，事前的沟通越不完整，员工的认同度就越低，那么后面的调整也就越多。只有当大家群策群力来一起做方案时，大家的参与度和主动性才会是最高的。也许在我们的认知中这方案不一定是最好的，但却是大家认同度最高的，而且是大家有能力、有把握可以执行的。有时候在执行的过程中，最怕的是发现有员工在扯后腿，你在前面使劲，他在后面帮你散播对执行不利的言论，这时候管理者就会陷入前方战事紧急而后方又失火的局面，而且此时应该先处理前方还是先处理后方都是难以抉择的。

即使是公司所下达的既成方案，也要就执行上与员工进行讨论，不要只是把它当成命令来下达，借着开会让大家把难点说出来，同时也可以运用团队的智慧把解决方案做出来。虽然方案的制订没有让员工参与，但是执行的细节和操作的方方面面仍然可以听取大家的意见，将大家融入到这个方案之中，让这个方案流着团队的血液。如果这个方案只是公司制订的方案，那么员工的主动性可能就是我们未来头疼的部分；如果这个是团队制订的方案，即使要头疼也不是只有我一个人，而是群策群力共同解决。

专家箴言

> 有参与才会有融入，有融入才会有责任，有责任才会有荣誉，有荣誉才会有自豪与骄傲，而开放的交流平台是第一个关键的步骤。因此，管理者要从过去偏一言堂式的管理习惯中抽身出来，开始习惯用团队去管理团队，从管理者转型成为领导者。

企业文化传承不足

企业文化是一个员工的灵魂，没有企业文化，他就等同于一个在终端店铺中负责赚钱的机器，他与企业之间除了基本的雇佣关系之外就没有其他过多的联系，这样的员工的主动性一般都会比较低。即使是主动性强的，一方面可能是源自个人的职业素养，而另一方面可能只是想要借助这个平台多赚一点钱而已，对企业不会有太多的感恩之心，因为每一分钱都是靠自己奋斗而来，跟其他无关。反之，如果一个员工有了自上而下的文化传承，就等于有了一脉相传的血液和灵魂，这样他在平时的工作中就会多一份责任感和自豪感，这是文化在一个员工身上扎根之后体现出来的力量。一个身上流着企业文化血液的员工，你一点都不需要担心他的主动性不强，因为他不只是在为自己而战，而是秉持着企业的文化而战，他的行为会受到企业文化的引导。即使受到某些因素的干扰，对于企业来说也不会是难以解决的问题，因为他的根基是稳固的，他的心是跟企业在一起的。

所以无论企业大小，领航者一定要思考自己的企业文化到底是什么，做一行爱一行，做哪个品牌就要像哪个品牌的人。许多店铺没有办法完整传承品牌企业的文化，原因可能有几下几点。

猫尾巴式的分析：

其一，品牌本身对这方面的意识不强，所以加盟商受到品牌企业文化薰陶的机会很少，因此对此感受也不深。

其二，加盟商只是把这个品牌当做赚钱的工具，所以并不关注文化对于店铺与员工的影响，只是互相利用罢了。

其三，没有意识到品牌企业文化传承的根源在自己身上，只有自己先传承到品牌的企业文化，才能够将文化更好地传承下去。

在某些品牌企业做咨询项目的时候会发现,在企业内部所感受到的企业文化一旦到了终端就完全感受不到,企业内部的文化热火朝天,但终端人员却毫无知觉。"内热外冷"的现象经常可以看到,有时会感觉好像到了两个不同的企业。问题究竟出在哪里,我个人总结了几点供大家参考一下。

猫尾巴式的分析:

其一,没有随处可见的文字提醒。

文化的传承通常只是以口头形式进行上下传递,没有通过在终端店铺中张贴一些醒目的文字或是标语进行企业文化的宣导和传播。所以员工也只是听听罢了,未能给其造成强烈的感受和视觉冲击,因此对企业文化的感受也不会很深。

其二,无亲身感受企业文化。

没有让终端员工亲身感受到什么是企业文化,所以他们也只是听得懂字面上的意义,但却不懂其深层的内涵,结果企业文化就只是背下来的一段文字而已。比如,有的企业以"家"作为企业文化,那么企业的领导就应该在平常的言谈举止中体现出"家"的文化。如果领导本身并不是家庭观念很强的人,那么这种文化最终很难通过亲身实践传承下去,最后也可能变成一种口号而已,毫无意义可言。这种只是听得见却看不见的文化,在员工心里会存在有半真半假的感受,无法产生更深刻的理解。

其三,中层干部断层。

中层干部下到市场之后多半只关注业绩的完成情况,对于企业文化却只字不提。这种情况是出现最频繁、最严重的,也是文化之所以断层的关键原因之一。许多管理者在管理店铺的时候都知道管理规定应该行为化、具体化,才能让终端员工有一个清晰的标准可循,最终把动作做标准,进而养成习惯性行为。但是他们却不知道在企业文化的传承上也需要进行行为化,只有将企业文化变成是几个简单的行为,并且将这几个简单的行为贯彻在每个人身上，方能让终端员工亲眼看得见，体会得到，身教重于言教就是这个道理。

其四，没有重视加盟商的文化扎根工作。

对加盟商进行企业文化的传递与扎根，是每个企业需要慎重思考的一个课题。那么如何让加盟商融入企业的文化中呢？企业先不要去思考他们究竟代理了多少个品牌，只要思考我们希望他能达到什么样的结果，应该怎么做比较好。所以品牌公司与加盟商的每一次的会议，每一次下市场的交流，领导的亲自到访或是接见都要能时时体现出企业的文化。只有先让他们传承了品牌的企业文化，他们的员工才有传承到品牌企业文化的机会和可能。

其五，无持续不断的文化推广工作。

企业应当围绕着同一个企业文化主题进行不断的深化、推广，而不是时常都在变更的。如果品牌公司企业文化经常变动，那么终端员工也会迷糊到底要传承哪一个，这样只会越来越糟糕。文化的贯彻一定要从一而终，虽然可能只是几个简单的文字组合，但是它可以潜移默化成为员工工作和行为上的准则。

近几年许多企业都在研究"胖东来"，我个人认为"胖东来"的成功最重要的是从内部高层到终端的操作都将企业文化进行真正的落地执行，注重承诺，只要说得出就能做得到。因此，员工也可以在这样的企业文化的熏陶下放心大胆地工作，不用顾虑太多。这是企业家彻底贯彻企业文化的体现，他不会在利润面前失去原则，也不会在利诱面前低头，这种坚守文化的精神值得效法。

对企业来说，业绩重要，文化的传承也同样重要，因为业绩是企业的血液，而文化的传承则是企业的灵魂，一个是眼前的生存，一个则是长远的大计。如果要让终端的员工站在卖场上有无与伦比的自豪感和骄傲感，以身为品牌的员工为荣，那么企业就要思考应该如何用文化去感动我们的终端员工。许多员工习惯把企业文化只当作口号，喊的时候是震天乱响,等真正执行的时候却一点胆量都没有。其实这并不能去责怪终端员工,毕竟他们权力太小,可以决定的事情也太少,他们能做的就是等待领导的决定,自然不会有太多的主动性。

> **专家箴言**
>
> 企业文化的传递除了文字和口号之外,更需要领导们身体力行,从生活与工作中的一点一滴让员工去体会跟感受。因为文化是抽象的,没有感受就很难融入,因此文化的传递不能急于求成,通过亲身实践之后才可以水到渠成,能急于求成的是口号而不是文化。

被被动性牵引

首先管理者要清楚主动性和被动性在每一个人身上都有,只是强弱不同、产生的原因不同而已。我们不能用"一刀切"的方式去认定某一个人就是如何,要客观地评估每一个人不同的状态,才能找到改变的好方法。一个人的被动性可能是由以下几个方面的问题造成的。

猫尾巴式的分析:

其一,过去工作环境感染。

当一个员工换工作时,身上或多或少都会带着过去公司的习性和影子,这是很正常的。如果过去的工作环境比较散漫,同事的主动性比较低,领导管理也比较松散,那么在这样的大环境中长期受到影响就会养成同样的工作习惯和文化,一旦换到新的工作环境就会因为节奏不同、工作环境和工作方式不同而产生不适应。

其二,从小家庭教育造成。

在家庭环境中养成的面对人生与面对工作的态度,通常与家庭教育有很大的关联,如果属于被动性较强的人,那么要其改变就会很困难,毕竟这不是短时间养成的，而是几十年日积月累的结果，所以如果非要把改变对方当成一种挑战，最后认输的几率会比较高。

其三，缺乏人生目标或工作目标所导致。

本人有主动的意愿，但是因为失去努力前进的目标所以造成个人短暂的停滞不前。这是每个人的人生中都会出现的阶段，毕竟每个人的人生不可能永远都是清晰明了的。这一个阶段的员工最需要有人生的导师能给予一定的指引，帮其梳理和分析，从而制定更加合理可行的目标。所以这时候就需要管理者把员工的未来当作己任，带领员工走出困境。

其四，岗位职责不清晰。

工作内容不清晰，权责划分不明确，无明确的责任归属，所以不知道应该从何处发挥主动性，同时也担心因主动不到位，无意识下的越权反而造成负面影响，所以最后还是选择安于现状、持续被动地工作。其实这种状况的解决在于管理者，只有管理者将所有工作都逐步分工细化、职责明确化，员工才能慢慢地将自己的主动性投入到工作中，否则这种被动性的延续时间也会比较长。

其五，职业疲态困扰。

有些员工工作时间长了，失去了敬业的精神，容易出现"人前一百分，人后不及格"的状况，造成管理上的困扰，我们称之为职场的"老油条"。这一类员工也是比较难以调整的，因为他们属于"心已死去一大半"的类型，除非能够激起他人生第二阶段的希望。因此，面对这一类的员工最好是尽快处理，否则他很有可能把二十岁的员工搞成六十岁的心态。如果这个人是老员工，那么他所影响的面将会更宽、更深。

其六，新环境带来未知的恐惧。

新员工刚刚入职，对所有的工作内容不清晰、不熟练，所以处处都会表现得戒慎恐惧，不敢跨大步前进。这一类的员工最缺乏的不是沟通而是新员工入职培训，如果店铺里没有做过新员工培训，这种员工被动性的出现几率极高。

第二章 管理迷思十问

这些都是可能造成员工被动性强的因素，至于是哪一种原因导致被动性太强管理者必须搞清楚，然后才能制定对应的处理策略。

我们可以用一个简单的时间节点来判断，这样有助于找到问题的根源。比如，我们可以分析这个被动性太强的员工是从一开始进入岗位的时候就是这样的表现，还是慢慢地出现了这种状况。

如果是前者，问题就不在员工的身上，而在管理者的身上，因为在招聘与员工试用期的时候没有做好员工的审慎评估，让员工入职的过程太过于草率。

一个不适用的员工却又被我们招聘到岗位上，原因为何？根据我以往的经验，可以大胆地估计管理者会这样做的原因有以下几个。

猫尾巴式的思考：

其一，平日没有储备人员的未雨绸缪。

公司内所有编制的制定总是为了节约成本而以"刚好够用"为原则，因此最终造成管理者在人员的选择上处于被动的局面。若恰逢店铺急于用人之际，一旦有员工离职，管理者急忙招人，很容易出现草率招人的情况。

其二，企图通过后期的培训改变员工。

"也许员工以后会有所改变"，许多时候并不是管理者一开始没有发现员工身上存在的问题，而是对于这个问题的后续发展抱持着太过于乐观的态度，对用人的风险没有足够的危机意识，忽略了"员工是招来用的，而不是招来改的"的道理。当一个管理者动心起念要改员工时，经常就是付出代价的开始。

其三，光环效应。

因为员工有某方面的特长所造成的光环效应，让管理者割舍不了，所以暂时忽略他的缺点，不断用对方的优点来说服自己聘用他，从而忽略了他的缺点可能会给团队造成的危害。

其四，对于招聘环节的重要性意识不足。

没有深刻认识到一次性把事情做对才是最节约成本和精力的做法，因此导致管理者在招聘时过于草率，不够谨慎小心，等到员工上岗之后才陆陆续续发现问题，一时的疏忽结果造成后续无穷的烦恼。

其五，不专业的招聘。

在不够重视招聘的情况下，将招聘工作交给不适合的人去负责，结果因为招聘的专业不足，无法有效地对员工进行分辨，最后造成管理的困扰。员工招聘时越随意，所造成的后续问题可能就越大越多。

不管是以上哪一种状况造成招聘不到位，我们都要及时地解决问题。管理者可以从以下三个方面做出强化以避免同样的问题重复发生。

猫尾巴式的分析：

其一，人员储备。

人员储备量低没有关系，但是不能没有储备，时间越紧张，招人的难度系数就越高，招到合适的人员的几率也就越低。

其二，加强自身招聘技术的成长和成熟。

能够在用人的第一关上做好把握，尽可能不要想依赖培训来改变，因为这种想法就像是一场赌局，会让自己陷入被动局面。万一没有员工改变，不仅之前所有的付出都付之东流，还有可能给店铺造成负面影响。

其三，有责任的把关。

重要的工作要自己把关，工作不是只要做完即可，而是要讲求效果，如果招聘到一个不适用的员工，还不如缺编空着。为了免除后患，在人员招聘的工作上，管理者自己一定要上心，因为他跟我们后续工作的难易程度直接相关。

如果员工的被动性是在工作中慢慢出现的就需要与当事人进行沟通，找到问题的关键才能予以解决。失去目标、与同事相处出问题、与他的领导合不来、家庭最近出现状况、职业出现倦怠等都有可能造成员工在工作过程中出现被动性。管理者这时候千万记住，不要因为自己对于业绩的需求而要求或责骂员工，因为这样的做法只会让员工的心情雪上加霜，毕竟他们也曾在店铺中做出贡献。其实在员工职业生涯低潮的时候，更需要管理者用心的陪伴。

> **专家箴言**
>
> 人是招来用的而不是招来改的，不希望企业内出现什么样的人，最好的办法就是严格的把关不要让这样的人进入企业，尤其是劳动法规越来越严谨的今天，现在的放松和不严谨只会为自己的未来带来无穷的烦恼。

工资不如预期

工资是企业中比较敏感的话题，也是最难以处理的问题，因为很难找到一个人人都满意的工资方案，再加上工资的高与低是依附于某项参照物而存在的，每个人的标准都不同，所以每一次工资方案的变革都是一次又一次的冒险，需要慎重考虑。如果一旦处理不好，轻则员工失去主动性，重则会有员工开始离职。关于工资的问题，我个人认为它牵涉到几个方面现实存在的状况，针对这些状况管理者可以思考一下，在员工工资问题的处理上会有帮助，同时也可以为管理者设定工资提供一些参考的方向。

①每个人对自身存在的价值认知不同。

有些企业习惯于用企业未来的愿景打动应聘者，让原本工资期望值较高并且超出公司给付标准的应聘者留下来效力。但几个月后工资低的现实就会打败愿景的吸引力。毕竟企业的愿景是一项长期的发展战略，需要一定的时间和团队的共同努力才能实现。所以这类员工通常不到半年就会离开岗位。

②每个员工对自己努力之后的期望值与管理者的认知不同。

针对这一点不管是企业还是单店都应该提出一个明确的工资标准和考核标准,只要通过考核员工就可以顺理成章提升工资。按照标准来操作,这样员工也知道自己下一步应该怎么走。只是在执行过程中要注意到几个重要的操作细节,以避免问题产生之后再来处理。

猫尾巴式的分析:

其一,事前说清楚。

员工入职的时候就要把考核标准和工资提升的方案说清楚,否则很容易造成个人的期待落空,因为他是用自己想像中的期望值去期待,而不是用工资的标准去期待。

其二,明确考核内容。

关于考核的部分有几个方面要让员工清晰明确:when——什么时间可以提出申请,接受考核;what——不同的阶段考核要考什么样的内容;how——怎么考,是笔试、模拟还是口试,平日业绩的考核占比是多少;who——由谁来主考做出评核。即使是单店也要避免出现运用"拍脑袋"的方式进行工资调整的状况,这会让员工陷入无穷无尽的等待中,很有可能会影响员工的主动性,进而导致负面情绪的恶性循环。

其三,提升的金额和比例要明晰。

不要因为员工的表现比较好,就随意改变金额和比例,一旦标准被破坏,工资发放就容易变成无标准的状态,造成员工之间不公平对待的现象。一旦员工没有稳定的工资参考标准,当他心里的期待值与管理者的认知出现差异时,就会造成员工的失落感和不平。

其四,兼任岗位加给。

如果员工有兼任其他岗位的状况出现,最好要有补贴的奖金,不要出现不同工但同酬的状态,多一些工作是可以让员工有更好的锻炼机会,但是不能用学习或是锻炼的理由让员工在付出更多的心力之后却依然领取同样的工资。短时间内员工还能用理智说服自己接受,但时间长了之后难免就会有抱怨，毕竟多做没有加钱，做不好还要被指责，怎么算都不划算。

其五，不要牵涉到私相授受。

意思就是奖金不要私下给，员工与员工之间很难存在永远的秘密，一旦私底下员工都知道了，对管理者的公平性及领导力都是一种考验。

其六，可量化。

应当将考核的内容进行可量化设置，如业绩、连带、客单价、提升比例、考试成绩等，一些非量化的部分尽可能避免，因为这样的考核内容会存在较大的主观意识的判断，若这些判断被员工质疑，最后就会导致抱怨。

③下班之后朋友圈里大家对于工资的比较和攀比。

现在的信息四通八达，品牌和品牌之间的工资被拿来比较也在所难免。在这一点上，我个人是采取多样化的做法来降低这一类问题在团队中出现的可能性。

猫尾巴式的分析：

其一，中上原则。

工资上的设定不一定要当第一，但绝对不要做最后的，保持在中上的水平就可以，虽然无法满足最高的预期，但是也绝对不会是最糟糕的。

其二，情感投资。

加强和员工之间的情感交流，不管是工作中或是私底下，除了营造工作场合里开心，沟通良好的工作氛围之外，还应当多增加一些家庭与家庭之间的互动，能够通过情感的和谐和满足来填补一些工资上的落差。

其三，福利导入。

加强一些福利的导入，工资与福利所代表的意义不同，所谓的工资是员工在岗位上努力之后应该得到的待遇，这是天经地义的。而福利的意义不同，福利是企业为了体恤员工，稳定员工的生活，在工资之外给员工的贴心帮助和照顾，能够满足员工的心理需求。

其四，行业内信息及时掌握。

管理者要提高对竞争对手的信息把握，随时关注行业内的工资变化状态，并随着市场的变化提前做出改变的动作，不要等到员工已经出现反应之后再来进行调整，这样的工资调整就比较难得到员工的认同和感谢，会显得被动许多。

其五，提升和成长。

多提供一些学习和成长的机会给员工，这是一个人在职场上工作的重要需求。但并不一定是花大把钱送员工出去听课，而可以在企业内部组织光盘的学习会，领导下市场时的授课或沟通，月度的读书会，工作上的辅导与技能的模拟，组织经验分享会或是案例研讨会等。

其五，职业化素养的教育。

企业应当培养员工工作上的良好认知，多增加一些职业化素养的沟通，因为我们阻止不了员工接触到诱惑，但我们可以让员工拥有抵御诱惑的能力。如果要我们的工资永远做到市场第一是一种很不实际的做法，只有让员工拥有一个健康的职业观，才可以帮助我们解决更多类似的问题。

④"管理岗位的工资应该比销售岗位高"的错误认知。

我跟一些店长曾经聊到过这个问题，有些店长会抱怨自己的工资比店员还低，认为自己所付出的比以前多得多，但工资却比以前还要低，慢慢地在一个岗位上找不到自己的价值。会出现这样的抱怨就说明有以下几个原因存在。

猫尾巴式的分析：

其一，定位不清造成的结果。

管理者首先要明确自己希望店长是在哪些方面有最佳的价值体现。如果希望店长是在销售职能上体现价值，那么工资的设定就应该是基本工资居中，但提成和集体提成高，并且要有辅导性的奖金，去刺激店长在销售技能上对员工的带领和教育。如果希望店长是在管理职能上体现价值，那么工资的设定就应该是基本工资较高，但提成相对来说设置低一点，让店长有稳定的收入安全感，把心思重点放在管理上。

其二，对正确认知的教育不足导致的。

没有建立好"管理岗位的工资未必就会比销售岗位的工资高"的正确认知。销售岗位的工资主要是靠提成，如果一个成熟的销售顾问有稳定的技能和稳定的顾客群作为支持，那么他的工资比店长高是极有可能发生的状况，所以有些销售顾问不愿意转型成为店长的一部分理由也是这样的。其实店长的收入在基本工资相对较高的情况下稳定度会比销售顾问高，但是未必就一定比销售顾问的工资高，因为这是两个不同的职业发展路线，有的员工希望往管理上转型，但也有些员工愿意在销售岗位上持续进步，一旦选择了不同的职业发展，就必须接受新的成长之路所带来的各种挑战。

专家箴言

> 人的欲望是无穷的，工资也不会有最高的时候，因此如果要就工资来谈工资，可能永远不会有尽头。平常多给予员工正确的价值观，多在非物质的部分与员工互动，会是比较根本的解决之道，也是长远的做法。一旦管理者让自己陷入与员工争论工资的恶性循环中，最后就只能分道扬镳。

没有制度的要求和约束

首先我们不能排斥只把自己的"一亩三分地"做好的员工，因为他们并没有错，我们所支付的工资就是让他把本分之内的工作做好。不能因此就说是员工主动性不高，虽然这样的观念会与管理者对于员工的超值期待有出入，但是我们本来就没有资格要求所有的员工除了做好自己的工作之外，还可以额外承担更多的工作和责任。因此，如果事前没有讲清楚，事后不断地加工作，一旦员工不愿意做，就说员工主动性不高，这不是一种公平的说法。

目前在"20/80法则"下出现的"社会金字塔"，就是因为每个人在事业上的追求是不同的，不同的价值观会决定不同的行为模式。管理者要依赖员工自动自发的主动性去额外付出来做管理，最终表现还要让自己满意，这样的操作方式难度会比较高，因为每一个人愿意放在工作上的时间会依据他自己的价值观而有所不同。

制度化在管理上非常重要，员工在接受聘用的同时就等于接受了我们在制度上对其工作上的种种要求，因为这是管理者支付工资的基础，这时候对员工的要求都是合理的，是师出有名的，员工也没有权利拒绝。因此，在店铺中我个人认为"岗位说明书"是所有制度的核心，从核心中才会延伸出所有其他的管理规定，换句话说，所有的店铺规章制度都应该在岗位说明书中有所体现，一个人该做什么，不该做什么，哪些是他的责任，哪些不是他的责任，都是可以一开始就说清楚、讲明白的。但我经常看到店铺里的岗位说明书，并没有真正被善加利用在管理上，它只是店铺里的一本册子而已，其中最主要的原因就是管理者及店长对于岗位说明书的意义不清晰。我把我个人对于岗位说明书的认知作出以下阐述。

猫尾巴式的分析：

其一，岗位说明书。

我对岗位说明书的定义是，管理者或是投资者对于这个岗位最终预期的结果。所以它是一个结果的说明，不牵涉到细节的过程和操作动作，就只是一个结果的论述。比如，负责单店的招聘工作，完成店铺所交付的营业指标，做好VIP顾客管理相关工作等，先在大的方向上明确管理者最终要看到的是什么，让员工只要一看到岗位说明书，就可以对自己接下来要负责的部分有一个清晰的认知,也清晰管理者对于他入职之后的期许。

其二,主要工作行为说明书。

我对主要工作行为说明书的定义是,为了完成岗位职责所必须付出的主要工作行为描述。所以它是一个过程与行为的描述,比如,岗位说明书里的岗位职责是完成单店的招聘工作,那么主要工作说明书里的内容就是招聘信息的发布与推广、招聘现场所有相关工作的安排与实施、将招聘的结果上交领导最后决策等。

其三,配套的流程、制度、表格。

我对配套的流程、制度、表格的定义是,为了辅助主要工作行为的进行,所配套的流程、制度和表格。而流程、制度、表格从何而来?它是伴随着主要工作行为而出现的。比如,为了辅助招聘信息的发布与推广,招聘现场所有相关工作的安排与实施,将招聘的结果上交领导做最后决策等工作的进行,我们要提供的是招聘的流程,各个岗位的相关条件要求说明,招聘规模与费用的相关规定,招聘的相关表格,招聘现场的实施流程表等,其实就是拿这些流程、表格去完成主要工作的具体行为。

其四,考核制订。

我对考核制订的定义是,依据以上所有的要求,按照店铺所处的阶段,分阶段地实施与考核,根据店铺发展的阶段慢慢地执行落地。所以考核的相关内容一定要在这整套的资料中出现,若事前没有规定事后却要考核员工,只会让员工心生芥蒂,最终导致主动性逐渐消退。

因此,我所认知的考核是从岗位职责一路往下延伸最后才制订出来的,所有的考核内容一定都有依有据,而且每一项的考核都是为了达成某一个目的所制订,也是员工所能接受的,只有这样员工被考核时才会心服口服。

因此,从岗位说明书到考核是前后连贯、逻辑对接的,每一处的衔接都有它的因果关系,当熟读岗位说明书整套资料对自己的工作可以有很大的帮助时,才会有人去翻阅它,才会把它当成店铺运作时的"宪法",而不是流于形式的一些文字而已。

> **专家箴言**
>
> 整个岗位说明书的设计,一定是前后逻辑相关、互为因果关系的。如果要让岗位说明书起作用,至少应该让看的人很容易理解,否则岗位说明书最终就会流于形式。

管理者迷思七：为什么总是训练、强调连带率，连带率依然不高？

连带率的提升是众多零售行业关注的话题，不管是服装、家纺、化妆品还是手机行业，大家都希望顾客在进店之后，销售顾问可以通过连带率把顾客的消费件数以及消费的客单价在过去的基础上做出一定的提升，最终为店铺贡献出更多的效益。所以会看到许多行业在连带意识、销售技术、服装搭配技巧上做出很多的努力，不断地通过提醒、培训、奖金激励等方式，试图让店铺在这些方面能有明显的改变。

有些店铺通过推行高奖金的激励方式，确实也出现过不少高连单的案例。其实针对这种现象，管理者需要思考以下几点。

猫尾巴式的分析：

其一，这种高连单是不是可以作为广泛的复制和推广？

管理者需要分析一下，在销售过程中除了自身的努力、技能的运用和时机的掌握之外，难免还是会有运气的成分存在，顾客不仅有需求，而且还买得起，只有这样才能修成正果。只要其中一个条件不符合，最后的结果可能都是功败垂成。想要把特例通过宣传变成常态，并不是一个实际的做法。

其二，一时的激情带动不了稳定的提升，稳定的提升来自技能与行为的固化。

金钱的激励确实可以带动员工一时的欲望，而员工一时的激情也确实可以创造出销售的奇迹，但是这样的激情维持不了多久。当激情退去，员工恢复成原来的状态时，再要燃起员工的欲望将难上加难。

其三，一个成功的特例背后不知道"吓跑"了多少顾客，管理者经常只看到了眼前的利益，却看不见无形的损失。

当所有的员工都充满激情争先恐后地争取高连单时，管理者要考虑的是这些员工的技能以及跟顾客之间的关系是不是足以在拉动连单的同时，也不会引起顾客心中被强迫推销的反感。如果为了连单、为了奖金，最后造成顾客的反感，导致老顾客的流失，那就失去了连单奖励的意义，反而变成了"偷鸡不成蚀把米"的行为。其实最可怕的是，我们往往只看到一个高连单所带来的利益，却看不见这一个高连单的背后可能损失了多少顾客。

> **专家箴言**
>
> 特例只能一时吸引人的眼球，却永远成为不了常态，管理者要从心里先反思，到底自己在管理上追求的是什么，否则就会出现嘴上天天在说拒绝浮躁，而眼睛却又时时被浮躁所吸引，一点抗拒的能力都没有！

忽视配件商品的搭配

当我们一直在追求许多高端的销售技术时，是不是也要思考一下在我们的店铺中，一些简单的事情是否都已经做到位了，如果连简单的事情都没有做到位的话，那么这些高端的技术学完之后又能够起多大的作用呢？许多时候我们都是一味地在追求一些我们所不懂的、没有听过的、吸引眼球的，以及我们所认为高端的、与众不同的销售技术，却忽略了只有简单的、有力量的、能持续的工作才是大家都能接受的。

我经常在卖场里观察销售顾问的销售过程，不管是男装、女装、鞋

第二章 管理迷思十问

还是内衣，都会发现一些我认为销售顾问应该做到但却又没有去做的工作，其实这些被荒废已久的工作简单、直接、有效，应该重新获得管理者的重视和深思。

猫尾巴式的分析：

其一，卖鞋的为什么不介绍包。

我曾到十家专业卖鞋的品牌专卖店走访，发现这十家的销售顾问在顾客试穿完鞋子之后都会有同样的动作，就是马上引导顾客前往镜子前，让顾客自己看看试穿后的效果，然后销售顾问要不就是静静地在一旁等待顾客说出满意或是不满意，伺机而动，要不就是进行产品介绍，乱枪打鸟希望可以命中顾客需求。以销售而言，让顾客的焦点过于集中在一件单品上未必是好事，因为顾客如果把焦点都集中在一件单品上，最后剩下的可能就是在挑问题。

其实，在鞋子的销售卖场里有各式各样的包，如休闲包、手包、商务包等。所以一个聪明的销售顾问就会去引导顾客的焦点，让顾客把焦点集中在整体的搭配上而不是在单品上，比如多拿几个包让顾客看看不同的搭配所产生的感觉，可以让顾客的焦点集中在整体搭配出来的效果上，或是集中在一双鞋可以搭配各式各样包的便利上。当顾客的焦点集中在整体上时，最佳的结果就是既销售了鞋子，也销售了包包，即使包没有卖出去，单品销售的可能性也会比单一介绍单品时要提高许多。

在此，管理者需要注意的是，一个顾客进到鞋子的品牌专卖店中，要一次性购买两双甚至两双以上鞋的几率远远低于服装，因此如果没有顾及到包包的销售，没有把包包的销售变成是一种习惯性行为，那么连带销售的提高将会比服装更加困难。

其二，卖女装的为什么不介绍鞋、包、配饰？

在女装品牌的销售卖场里，我们可以看到包包、鞋子、丝巾、配饰的陈列，其中丝巾和皮带经常出现在销售顾问介绍搭配的过程中的，但是包包和鞋子以及其他配饰出现的频率极低。销售顾问之所以这么做，是因为他们认为这些东西作为陈列道具的意义可能重于搭配销售的意义，或者认为专业技术不如品牌，不容易销售。所以这些商品存在在我们的销售现场，就一定有其销售的意义，但是最糟糕的是销售顾问却不认为那是商品，或是从心里觉得我们在这商品上专业的技术不如其他品牌，所以根本不去提及，不去做努力，也不将其当成是整体搭配中重要的一部分，只是让其静静的躺在那里，只要随时保持清洁，等着公司陈列标准的考核即可。这些商品最终没能发挥力量不是因为这些商品本身没有力量，而是销售顾问受自己的观念的禁锢，造成这些商品的力量无法发挥。

其三：卖男装的为什么不介绍皮带、包、帽子、领带？

男装品牌里所谓的搭配绝对不仅仅只是上衣和裤子，还有皮带、领带、帽子、包包等。但是如果销售顾问不这么认为，只能说明销售的路本来很宽，是我们自己把路越走越窄，业绩的来源本来很多元化，是我们自己把它变得单一化。

虽然男性顾客购物的目标感比较强，但是也不代表男性顾客除了主要的产品需求之外，其他的商品一概不需要。要知道男性顾客的焦点一旦集中在单品上，那就跟女性顾客一样对销售的进展不利。男性顾客顺便购买的几率不能说比女性顾客高，但是因为男性顾客怕麻烦，所以对于一次性购物到位的需求比女性顾客大，因此一旦销售顾问触发到了男性顾客的需求，他就会为了避免自己下次还要特地出来选购搭配商品而一次选购到位，这时候连带销售的机会就会出现，而且在决策上速度会比较快。

其四，卖床品的为什么不介绍睡衣、浴巾、浴袍？

同样的状况也发生在床上用品行业上，因为床上用品行业的销售顾问会把套件、被芯、枕芯当作自己应该主力去进行销售的商品，但是对于睡衣、浴巾、浴袍之类的一般品则当作非主力的商品，因此如果顾客不主动提及，不主动触摸商品，销售顾问也很少往这个方向上去做消费的引导。只要顾客一进店，销售顾问就已经把顾客的需求框定在自己的认知范围内，企图在有限的范围内做无限的销售业绩提升，而不是凡是眼睛所见皆有可能。

连带销售一定是主商品与主商品之间，主商品与一般品之间相互完美配合才能做到有效的提高。当然，这需要销售顾问能够清晰地认识与对待现场上的每一件商品，否则即使这些商品以"商品"的角色出现在卖场，也只能发挥"陈列道具"的功能，虽然占据了一定的陈列面却产生不了实际提升销售业绩的作用。

我们经常与品牌接触，所以深知对于品牌而言，他们会因为是否要生产一般品而尴尬不已。因为不生产的话，店铺商品多元化就会有缺失，搭配性就会减弱，陈列上也会显得单调且吸引力不强，没有办法让顾客在进店之后产生充分的丰富感。一旦生产，则又会出现销售状况不理想的情况，销售顾问平时并不去做这些商品的销售和推广，最终这些商品在季末就会变成库存。

其实最大的根源还是在于销售顾问的意识与观念，如果销售顾问真心觉得这些一般品都是商品，那么这些商品跟顾客的见面率就高，销售机会就大，而如果销售顾问从心里不觉得这些一般品是商品而只是道具，那么这些商品跟顾客的见面率就低，销售机会就小。因此要解决这个问题，还是得从转变销售顾问的思维观念开始着手，这样才有可能扭转局面。

专家箴言

在一个环境当中待久了之后，一方面经验可以积累起来，但另外一方面对环境的敏感度也会逐渐丧失。其实连带率的提升就在我们身边，唾手可得，但大多数人却愿意舍近求远，去易求难。

缺乏行为的统一管理

麦当劳的成功并不是因为它在服务上做得有多么贴心周到，而是因为它以自己独有的组织和机制实现了标准的统一化操作，让消费者不管是到哪里，只要是进入麦当劳，就能够具有一定的消费信心，因为他们不必在商品的选择上过于纠结，只需单品和套餐二选一即可，更不会出现杀价的问题，同时对于卫生方面也有一定的信心和信赖。因此，这所有的一切都让加盟商老板深具赚钱的信心，甚至放心地把管理权直接交付给品牌进行统一化管理。

麦当劳式的统一操作看似简单，其他企业在效仿实践的过程中，虽然硬件管理方面可以参照运行，但是在软件的操作上其难度却是很难克服的，我个人认为阻碍其实施的原因主要有以下几点。

猫尾巴式的分析：

其一，商品不同。

麦当劳的顾客进店之后选取食物，有事前设计好的套餐作为支持，饮料也比较单一，因此顾客不需要服务员多做复杂的商品解说，如果好吃下次继续点，万一不好吃下一次再换别的吃。而我们品牌的商品不同，它需要丰富的专业知识来支撑才能解答顾客的疑惑，需要专业的搭配技术才可以将商品做到最佳的展示，需要优质的售后服务才可以做到令顾客真正的满意。因此，商品的差异就注定我们如果要实现与麦当劳一样的标准化运作，其难度绝对不比麦当劳低。

其二，需求不同。

顾客进入麦当劳就表明他需要吃东西，有一定的急迫感，所以此时也不会去货比三家后再决定去哪儿消费，或是纠结这一餐到底要吃什么。而我们品牌商品的需求不同，因为今天不买明天仍然有衣服穿，这种"不急迫的购买需求"就会对我们销售顾问的销售技术提出比较严格的要求，不只要简单解说产品，甚至需要销售顾问运用各种不同的方法来激发顾客的购买欲望，把一件不急迫的事情变成是急迫的事情，想办法创造对自己有利的销售局面。

其三，组织发展不同。

所有终端的标准都需要庞大的人员、组织和机制配备齐全才能运行，这不仅仅是具备强大的意愿就可以做到的，毕竟麦当劳的成功主要是因为他们有庞大的总部运作来支持终端简单执行，从制订到实施，从实施到考核，从考核再回到修订，整个环节把控严谨、缜密。然而在我们的中小型企业中，很少有企业具备这样的操作机制，标准不难制订，难的是能顺畅运行的组织和机制。

其四，员工养成系统不同。

现如今，在我们的零售行业中，像麦当劳这样真正拥有员工养成系统的企业并不多，而对新入职的员工进行一系列的训练之后再下放至终端岗位上的更是屈指可数，这个部分最终成了终端的软肋。因为员工如果在上岗前没有训练到位，一旦下放到终端岗位上，就可能会面临各种问题，如对企业文化不认同，对产品不了解，对自己的未来不清晰，对管理的规范不明确等。

其五，发展的轨迹不同。

麦当劳从1940年第一家餐厅开始至今已经经历了七十年的发展，当麦当劳进入中国时，已经具备了成熟的组织和机制。因此严格来说，麦当劳是先有组织和机制后才开始发展全国市场的连锁，而我们的大多数零售品牌则是先发展全国的市场连锁，而后才开始摸索管理的组织和机制，一个是事前就已经将所有的问题掌握在手中，具有成熟的处理模式，而另一个则是事后再来慢慢探索和寻找合适的处理方式。

其实，描述这么多，并不是意味着麦当劳的运作对我们来说完全不可借鉴，只是要提醒大家，我们不是不能成为麦当劳，而是很难成为麦当劳，只有清晰地认识到我们与麦当劳之间的不同，对麦当劳的组织和机制进行理智的筛选，去芜存菁，才能对我们的管理起到最大的帮助。

猫尾巴式的分析：

其一，简单最美。

首先，我们要明白，如果要成为麦当劳，就要学习他们七十年的经验为己所用，这一定需要相当长的时间积累才可以做到，绝不是短时间可成。其次，要能认知简单最美的道理，不要把复杂当专业，也不要把专业当复杂，要把简单的事情复杂做很简单，但要把复杂的事情简单做就不是那么轻而易举的事情了，这是要经过深思熟虑反复验证才可以做到的。因此，最有价值的人并不是把事情变复杂的人，而是把事情变简单的人，简单不代表不专业，而代表在专业的基础上展现管理的智慧。

其二，取其神而不取其形。

我们不要只看到麦当劳细化的管理规定和操作手册，就认为我们应该这样做，或是认为现阶段应该这样做，甚至认为只要努力就可以做到像他们一样，毕竟我们都不清楚麦当劳在发展的过程中付出了多少惨痛的代价才有今天的成就。通常会觉得麦当劳真的很不错，但是你可能没发现，它吸引我们目光的基本上都是外在的表现形式，如洗手间里的卫生检核表、商品整齐的摆放、收银的统一用语等，而这些外在表现形式其实都是由它的"神"延伸出来的有形产物。

我个人认为，麦当劳的"神"在于"行为管理"这四个字，因为在许多的关键环节上麦当劳都做出了统一的规定和要求，所有的员工在每个环节上不管能力强弱都必须接受严格的监督和考核，以维持最终产品的稳定性。比如，每个人对于火候把握的能力都不相同，麦当劳的某些员工可以凭自己的能力做出比现在更美味的食物，但"美味"这一很难统一管理。因此，最终企业决定以食材的大小、重量、温度、时间等方面的规定作为统一的行为准则，一个人的悟性不是企业可以决定的事情，但一个人是否遵守行为准则却是职业素养的问题，是企业可以做出严格要求和管理的部分。相信做过餐饮行业的朋友就一定会明白一个道理，所有的食物不求最好吃，但是一定要求持续稳定。

因此，连带率的管理是可以借鉴"行为管理"的"神"来进行思考的，把连带率的提升做的更简单一些，甚至可以做到大面积的复制和推广，不管能力强弱都可以执行，让能力强的如虎添翼，让能力弱的可以在行为管理中提升和获益，至于详细的做法将后面的章节中论述。

> **专家箴言**
>
> 求形不求神的学习最终会处处窒碍难行，因为我们只具备了的形的外壳，却没有神的灵活，只有具备了神，才能有灵活百变的形。以行为管理为核心，在最低能力思考下，这些行为只要通过固化的训练和要求每个人都可以做到，这样最直接有效且简单易复制。每个管理者都可以依据自己的现状，制订可行的连带率相关行为，让每个员工的行为都可以自然而然地与连带率相关。

技能管理的耐心不足

"技能提升"是终端培训的热门词语，但我个人认为技能训练可以因为员工一时的激情提高而带来短期的业绩和连带率的改变，但是很难持续，因为它不是建立在稳定的技能基础之上的。而技能的训练虽然在短期内很难看到明显的效果，只能通过中长期的实践来证明，但却可以保证稳定的持续增长。

每次在上课的现场问到，"要提升店铺连带率，大家认为最重要的是什么？"除了激励方案的制订之外，出现频率最高的回答就是"提升员工搭配销售的能力"，所以为了提升连带率，许多店铺不断地送员工去学习搭配的技巧，同时也要求员工在销售现场进行搭配的演练，每天还要上传店铺里的搭配图片到微信上与其他店铺交流心得。对于这些提升能力的做法，我个人并不反对，因为我也认为在服装的销售过程中搭配的能力确实很重要，但是如果我们把连带率提升与否寄托在员工的搭配能力上，那么管理者就需要思考以下几个问题。

猫尾巴式的思考：

- 一个员工搭配能力的提升究竟需要花费多长时间？有没有一个标准的预估值？管理者有没有办法对此进行有效的管理？
- 在人员流失率较大的销售现场，我如何规避训练完之后员工离职的现象，避免重复循环的训练工作？不是训练见效，而是见效的时候员工已经不在我们的岗位上工作了。
- 搭配的能力就跟陈列的能力一样，需要有一定的天赋才能有所发挥，而这样的天赋是不是每一个人都可以通过后天训练之后就能掌握的呢？
- 在培训结束之后，通过层层转训下传，最后到达终端销售顾问身上时，传递的能力还剩下多少？且不说能力是否传达，就是传递的内容是否正确，我们是不是已经做好管理了？
- 搭配能力最终提升与否，管理者应该如何进行有效的考核？如果要以量化的概念来说，如何将其以量化的方式进行考核？

终端现场的销售顾问中一定有一类员工，他们销售业绩不错，顾客关系也处理得很好，但就是服装搭配的敏感度与技巧比较弱，然而也会有一类销售顾问对于服装色彩和搭配有过人之处，但销售业绩可能不是很好，顾客关系的处理也不一定到位。其实销售能力跟搭配能力之间不能划上等号，搭配能力跟连带率之间也不能划上等号，一个销售高手未必是搭配高手，而一个搭配高手也未必是销售高手。

其实许多管理者容易在管理上出现一个在事前就可以避免的盲点。思考一下，陈列师之所以会成为一个独立的岗位，就是因为有一些特殊能力的人才能胜任，并不是人人都可以胜任。既然这样，管理者就要思考以下几个问题。

猫尾巴式的思考：

- 既然大家都认可陈列不是每个员工都可以做好的工作，那么又为什么会认为搭配是每个员工都应该提升的能力呢？
- 我不否认产品搭配手册可以对员工的基础搭配能力有一定的帮助，因为一个能力再差的员工都可以靠死记硬背来牢记这些知识点，但是一旦牵涉到多样的搭配变化，员工是不是还可以拥有灵活的反应能力呢？
- 既然这样的能力不是每个员工都可以具备，为什么我们要把提升连带率的希望寄托在提升员工的搭配能力上？
- 如果我们把提升连带率的希望寄托在提升员工的搭配能力上，最终可能出现的结果是什么？

有些员工混搭出来的商品组合会让顾客有惊艳的感觉，也会让顾客在穿着上突破原有固化的格局，但有些员工混搭出来的结果却会吓死人，让顾客不敢苟同。如果管理者一心想把每个员工都打造成专业搭配的销售顾问，无疑就是为自己找一个极大的麻烦，因为我们自己做得到未必代表员工做得到，某些员工做得到也未必代表大多数员工都可以做得到。

技能的管理是一个长期的工作，管理者要尽可能避免两个迷思，以免让自己走入纠结的思考中。

猫尾巴式的思考：

迷思一：能力的提升非一朝一夕可得，因此如果我们选择用能力的提升来提升店铺的连带率或是业绩，就已经注定要走一段比较长远的路程。

迷思二：所有的技能成长都脱离不了"时间"这个因素，在期待用能力提升去改变现状的同时，也做好时间投入的预估。一个只做能力训练但不做时间预估的管理者，最终只会让自己管理急躁而乱了方寸。

> **专家箴言**
>
> 技能的管理需要时间，从听懂到实践，从实践到掌握，从掌握到熟练，从熟练到随心所欲为我所用，时间是必要的付出。因此，如果想通过技能的改变来改变结果，管理者心中就要有正确的预期，如果一直都是以中长期的行为去期待短期的结果，纠结和失落是必然出现的结果。

行为管理的解决方案

通过麦当劳的行为管理与技能管理的时间要求的解读，提醒管理者既然过去的能力管理在执行上有一定的实施难度，不如换个角度或换个方法，如果我们真的可以从行为管理找到突破口来管理连带率，对管理者而言会有几个最直接的好处。

猫尾巴式的分析：

其一，容易监督与考核。

行为的监督和考核会比能力的监督与考核容易执行。如果要以量化的标准或是行为化的标准考核能力会有一定的难度，考核一旦遇到一两次阻碍，管理者可能就会认为这项工作是不必要的负担而被敷衍带过，甚至最终用种种理由拒绝执行。

而行为管理上的考核却是很清晰的，因为所有规范的行为事前就有了一定的标准，一眼看过去就可以知道做得怎么样，所以在考核的结果上不容易出现争执和异议。

其二，考核标准易于统一。

如果企业希望对终端实施有效的检核机制，就必须做到所有的考核人员对终端进行考核时的考核标准统一，一旦产生了差异，这个考核结果就会被质疑，结果导致终端的抱怨和抵触。而行为管理上的考核可以最大限度地降低这一类问题的产生，不容易出现考核人与考核人之间，或是考核人与被考核人之间的认知差异，它能让考核在一个共同的标准下公平地进行，使考核的结果让人心服口服。

其三，不分能力强弱，皆可执行。

如果要将能力的提升与否进行公平的管理和监督，合理的做法就是把能力强的员工和能力弱的员工、老员工和新员工、用不同的标准分开来进行监督管理，这样才能让员工在公平对待下心服口服。不过，能力强弱或是新老员工的界线应该如何划分也是一件比较麻烦的事情。即使区分的标准制订好了，考核人也需要在考核上做出一定的区分，这对于执行监督与考核的人来说无形中也加大了推进的难度。

而行为管理不需要做这方面的区分，因为能力弱的、资历较浅的员工都可以做到，而能力强的、资历深的员工更应该做到，这样大家都没有借口说自己做不到。因此在监督考核上的推动会轻松许多，执行的障碍也会少许多。

其四，时间要求较低，立马改变。

技能管理所需要的时间较长，除了员工是否可以融会贯通的问题之外，还需要配合一定时间的培训计划执行，最终才有落地实施被终端广泛运用的可能，这是不能急于求成的。而行为管理的优点是，只要即将执行的行为标准取得了员工的认同，同时也制定好了一定的监督考核方案，那么这种标准就可以立马执行，而且效果也可以很快地展现在终端。

其五，容易复制，操作简单。

能力的复制在方方面面的限制性会比较大，不管是管理者对此能力的认知程度，还是管理者的复制能力，或是员工的接受程度等，每个环节都可能造成最终能力的提升不如预期，这也是许多企业在培训完之后最伤脑筋的部分，因为许多的环节很难做到顺畅的执行，最后的结果就是每个管理者都认为"复制"很重要，但真正做到的却不多。

而行为管理则简单许多，就是动作而已，大家都做同样规定的动作，即使是一个不知其所以然的新员工到了我们的工作环境，根据老员工的行为也会清楚自己应该做些什么，不需要过多的训练和培养，只要监督、要求、考核即可。

如果我们把行为管理导入连带率的管理中，那么在此也列出几个能提升连带率的行为管理作为参考。

猫尾巴式的分析：

其一，以推荐两件为执行标准。

根据销售现场的观察，我们不难发现销售顾问在推荐商品的时候，以单件推荐为最主要的行为，但是这样的推荐行为存在两个问题：一是把顾客逼上"要还是不要、好还是不好"的选择死角，降低销售率；二是导致商品的见面率低，不利于销售。

其二，试衣间的准备件数。

当顾客进试衣间试衣的时候，有的销售顾问会准备好几件供顾客挑选，但有的就不会这么做或者懒得做。为了避免各种因素造成的差异性，建议管理者直接通过规定建立统一的行为标准，比如，顾客从试衣间出来之后，销售顾问必须拿三件或五件商品在一旁等待，千万不要等到顾客说不喜欢之后再开始重新去推荐。

关于这个行为的考核，管理者可以看顾客从试衣间出来的时候销售顾问是否准备好规定的件数在一旁等待顾客，就可以一目了然。

其三，主推款的规定。

我们经常看到管理者会在销售现场不断强调主推款的销售，但是对于销售顾问是否真的有向顾客推荐这些主推款很难掌握。如果我们可以把连带规定的件数再做一定的细化规定,比如,我们规定的件数是五件,其中必须要有主推款在内,这样我们就可以对主推款的推广多一些把握度,至少我们可以看见主推款式是否被拿出来见客,而不是全凭销售顾问的说法来决定。多一个可以监督的环节,我们期待达成的结果就可以多一层保障。

其四,高单价商品的限制。

高单价商品的推广也是同样的道理,管理者对于销售顾问是否推广了高单价商品很难监控和把握。所以最简单的方式是把高单价的商品也纳入连带规定的件数中,这样就可以保证高单价商品的见面率,从而提高成交率。

其五,一般品的限制。

至于一般品,也可以考虑加进细化的连带规定中,让销售顾问可以在一些配饰品的搭配上养成推荐的习惯。

除了以上所述的之外,一定还有许多可以被执行的行为管理,管理者可以跟店铺的员工一起讨论制订,为自己的店铺量身定做最适合自己的行为管理方案,这样不仅可以增加员工的参与感来为未来的执行扫除障碍,还可以通过一些行为管理将我们所期待达成的目标变成是一个又一个具体的行为,而且执行、监督、考核都容易执行与复制。

> **专家箴言**
>
> 行为管理是最简单可行的店铺落地方式,行为管理和技能管理互相配合,就可以兼顾到短期以及中长期的期待。因此不是偏颇于单一的技能管理或是行为管理,而是这二者合而为一互相支持,借此求得最大的落地成效。关于员工的提升,左手为行为管理,右手为技能管理,左手先,右手后,缺一不可。

连带点的训练导入

连带点是什么？正常来说，在我们店铺里的每一个位置都可以做连带销售，不过我们也可以从现场销售中整理出几个最容易出现连带机会的位置，我称之为连带点，如试衣间、全身镜前、收银台、休息区、饰品柜等。

关于连带点的训练，管理者重点要培养员工的并不是详细的内容，所以也不需要把话术模板做出来让员工去背诵，要培养的是员工引发话题的能力，也就是要学会找由头，通过由头的引导把后面的连带销售带出来，至于这个话应该怎么说并不重要，只要能够引发话题，让销售继续向前即可。

猫尾巴式的分析：

其一，试衣间。

试衣间是一个较好的连带点，销售顾问可以以建议顾客整体搭配为由，让顾客进行整体的试穿，以避免顾客所选的衣服与原有的衣服不搭配，影响单品的销售。同时，出于连带的考量，多让顾客试穿我们的商品，就能够多一些销售成功的机会，销售顾问一定要有"连带是每一个机会点尽心尽力所展现出来的成果"这一观念。

引发话题的参考：

- 您一会儿出来的时候顺便换一下内搭，这样比较容易看出效果来！
- 您顺便换一下这件裤子，整体搭一下，以后您平常也可以这样搭配！
- 这件裤子，我感觉您穿应该不错，您顺便也套一下看看感觉！

销售结构：

由头＋邀请尝试

其二，全身镜。

顾客在全身镜前时也是一个不错的机会点，上一节中我们提到当顾客在试衣时，销售顾问要准备五件商品在一旁等待，这五件商品应该包括两大部分的商品：一是顾客出来之后可以搭配的商品；二是顾客如果试穿不满意，可以带进试衣间做第二次试穿的商品。因此这五件商品中，应该要有两件顾客主要需求的商品，比如顾客主要想买裤子，那就需要有两件裤子作为主要商品，其他的三件可以以搭配性的商品及一般商品来分别准备。

引发话题的参考：

- 这件外套您顺便套一下，看一下整体的感觉！
- 我帮您把这皮带系上，这样看会更有感觉一些！
- 您把这项链戴上试试，这样不会显得太单调，您回家也可以自己这样搭配！
- 您对比一下这个内搭的颜色，这样搭起来的效果，您感觉怎样？

销售结构：

由头 + 邀请尝试

其三，休息区画册介绍。

顾客在休息区坐着等待的时候，大多数销售顾问都会端茶送水，却很少主动递上画册。画册是公司特意花钱做出来的终端销售工具，它以图像的方式刺激视觉来提高顾客的购买欲望，而且在画册中有每一样商品的组合和搭配，可以让顾客在最短的时间之内全面了解我们的产品，如果再加上销售顾问从旁说明，这样连带的机会就会比较高。

引发话题的参考：

- 这是我们今年的画册，您刚刚看的就是这件，如果您家里有也可以这样搭配！

- 这是我们今年的画册，其实我个人觉得这件比较符合您的风格，您稍坐一下，我拿过来给您瞧瞧！
- 这是我们今年的画册，像刚刚您看到的那件上衣，您一般都是怎么搭配的呢？
- 这是我们今年的画册，其实像这几个风格您都可以考虑下，比如说像这个……

销售结构：

画册+介绍（商品、搭配、不同风格推荐）

其四，收银台。

收银台这个位置代表的是一段销售的结束，对顾客来说是心防最松懈的时候，因为接下来就是要拿货走人。当然对许多销售顾问来说，也是最放松的时候，因为这笔交易已经落定了。因此销售顾问应该在成交确定之后，再次把自己武装起来，进行连带销售。

引发话题的参考：

- 您的眼光真好，这件您穿真的好看，像这一款上衣，您一般都是怎么搭配呀？
- 这款真的是太适合您了，刚刚同事还在说您穿真好看，您回去之后准备怎么搭配呀？
- 这款真适合您，像这款上衣特别适合……搭配，您家里有类似的裤子或是裙子吗？
- 您穿这件真是太好看了，其实我个人觉得有一款……特别适合您搭配着穿，您瞧一下！

销售结构：

赞美+询问搭配方式

这里举出的几个连带点不代表是全部，只是指出几个可能的地方作为参考,如模特前、精品柜也可以作为连带点。管理者可以和终端工作的同事一起依据以下工作步骤将连带点的训练设置出来,对员工进行现场的模拟训练。

猫尾巴式的分析:

其一,罗列所有店铺内可能出现连带机会的连带点。

其二,选择店铺内最容易出现连带机会的三个连带点(不要太多,因为连带点一多,又会模糊了员工的焦点)。

其三,根据这三个连带点,设定引发话题的销售结构。

其四,根据结构,和终端员工一起写出可参考的语言模板。

其五,在这三个连带点上进销售情景模拟。

其六,重复、监督、考核。

专家箴言

一个新习惯的养成需要花时间,不过一旦养成习惯之后就可以长期享受其为我们带来的好处,就会在每一个可以出现连带机会的点上做出跟连带销售相关的行为。一点一点成功的几率累加起来,就可以为连带率的提升奠定坚实的基础,不是以运气,也不是以特例,而是以实实在在的行为来达成目标结果。

管理者迷思八：为什么顾客对于积分和赠品没有兴趣？

在销售现场上，企业总是希望通过积分和赠品来提升业绩，但往往事与愿违，一旦顾客对于积分和赠品没有兴趣，立刻就会导致顾客要求销售顾问不要给予积分和赠品，直接以打折的方式处理，从而导致原本顺畅的销售过程变得问题重重。这也是一些销售顾问一直到顾客买单结束之后才说有积分和赠品的原因。

如果管理者发现销售顾问出现了这样的状态，不急着批评他们不支持公司的活动和政策，对公司没有信心，而要静下心来听听他们的声音，找到原因和病根在哪里，然后解决问题。因此，针对这个问题品牌应该要思考以下几个问题。

猫尾巴式的思考：

- 这些积分和赠品最初的选择和设定是来自顾客的意愿，还是来自品牌的一厢情愿？
- 如果这些积分和赠品是诱人的，销售顾问为什么不上心，不以其为对己有利的工具，甚至刻意闪躲？
- 如果我是顾客，我会不会真心喜欢这些积分和赠品，它们对于我的吸引力够强吗？
- 因为销售顾问是站在最前线直接面对顾客的人，我是否有真正打开耳朵，认真地聆听他们对于赠品和积分的真实想法？

第二章 管理迷思十问

• 当我面对来自终端对于积分和赠品的反馈时，我是以何种态度去面对？我是否静下心来想想原因？

其实赠品和积分对销售顾问而言逻辑非常简单，如果赠品和积分是诱人的，是可以促进顾客购买的，销售顾问一定愿意把他们介绍出来，希望借此来增加顾客的购买信心，甚至以此方案作为成交的重要诱因。反之，如果销售顾问对此一动不动，毫无激情，那就代表销售顾问对此方案心里有疑问或是其中有我们可能不知道的担忧没有得到解决，所以企业在这个过程中，要与销售顾问及时沟通，既然花了钱，就要花到位，给顾客他想要的，而不是我们想给的。

专家箴言

赠品和积分其实都是可以有生命的，只不过他们的生命需要品牌去赋予。有了生命，自然可以为我们贡献出生命的力量，没有生命，自然也就只能为我们提供单纯的赠品和积分价值，甚至连单纯的价值都提供不了。

赠品的选择不合理

如果品牌商希望让赠品发挥力量，首要关键就是管理者要管理好自己，要有一个正确的认知去面对赠品，赠品代表的就是品牌商的心意及其对外形象，既然它要出现在我们的销售过程中，那么它就是品牌商所销售的商品，而不是商品之外额外增加的附属品。

只可惜，在过去的销售中，赠品并没有在顾客的心目中体现出其存在的价值，因此许多顾客在销售现场被告知有赠品的时候才会出现兴趣缺缺的外在表现，甚至还有"这不实用"，"这东西不值几个钱"，"有没有其他的赠品"，"这东西就是拿来忽悠顾客的"等语言出现。当这些负面的语言在销售现场传递时，不仅有可能影响到现场其他选购的顾客，最关键的是影响到销售顾问的品牌自豪感与销售的信心度。

我曾经在一个珠宝品牌的销售现场上看到一个案例，一位顾客因为赠送的项链太细，导致在使用的过程中，经常和头发绞在一起，最后在拉扯之间项链发生断裂，此情况造成顾客极度不满甚至怀疑商品质量，因此就直接把项链拿到专卖店现场要求进行更换，双方之间拼命的较劲，但都不愿意负责。其实，顾客的想法很简单：

猫尾巴式的分析：

其一，因为顾客花了足够的钱才能换到这个赠品，所以不能让自己的钱白花。

其二，顾客甚至可能在当时是想办法提高了购买单价之后才换得这个赠品，所以更不允许自己多花的钱失去意义。

其三，要不就不要把这东西给我，要给我就绝对不能是个质量有问题的东西。

其四，如果这赠品顾客本身很喜欢的话，面对质量出问题时不满的情绪将更高。

但是，当时销售顾问的回答却是"这是赠品，不是我们的商品，不在三包的范围内，所以不给退也不给换，这个问题我们处理不了！"可想而知，顾客当场翻脸，最终还是商场出面协调解决，要求品牌在赠品上做出了退换处理。对于这样的结果，相信有过商场经验的管理者应该早就猜到了。

猫尾巴式的思考：

- 在这整个事件中，究竟是顾客无端的无理取闹引起的，还是品牌工作做的不到位？
- 如果您是顾客，当赠品出现这样的状况时，您会不会进行投诉？

如果会，您的想法是怎样的？会希望得到怎样的处理？

- 顾客最后拍拍屁股趾高气昂地走了，最终损失的究竟是谁？损失了哪些？销售顾问的心情与想法是什么？
- 这个顾客是到现场来反映问题的，而那些遇到同样的问题却懒得来更换的顾客心里是什么样的感受？通过赠品，他如何看待品牌？
- 如果下一次顾客还要再购买商品，您觉得这个品牌会不会仍然是他所考虑的对象？
- 如果这个顾客下一次还来选购产品，仍然在购买之后还有赠品，您觉得这个顾客会如何去面对赠品，是接受，还是要求替换成折扣？

赠品有问题，代表的是企业在选择合作厂家的时候没有尽到质量把关的责任，既然选择了就不能把责任推卸给第三方，这个思维逻辑是不被顾客接受的。

赠品也需要经过跟正品一样的用心规划、设计和质量把关，才能获得顾客的满意，特别是当顾客发觉赠品非常实用、质量非常好、很庆幸自己能拿到这赠品甚至与朋友分享时，对品牌商的影响力还是挺大的。消费者的逻辑很简单，连赠品的质量都这么好，商品的质量肯定更好，连赠品都这么用心，肯定对商品的用心程度更高，所以管理者不要小看赠品的力量，它就跟水一样，水可以载舟亦可以覆舟。消费者会从赠品上对商品与品牌产生无数的联想，好的部分会有联想，坏的部分则会有更多的联想，一旦顾客因为赠品而对品牌失去信心和信赖，企业再想挽回就难了。

专家箴言

只要是从品牌手中交付给顾客的东西都代表品牌，不管这东西是大还是小、是贵还是便宜，从顾客的角度来看，这些都是顾客对品牌做出评价的依据。因此，现在的销售已经不再只是商品的本身而是整体的包装，注意每个细节才能提升品牌的价值感。

销售顾问对赠品的错误认知

在我做终端项目的过程中，发现十有八九的销售顾问对于商品的专业知识比较了解，但是一旦被问到有关赠品的专业知识，如面料、材质、功能等就哑口无言了，对赠品的介绍毫无吸引力，也引发不了顾客占有的欲望，当然也就无法产生促进销售的功能。

我曾经在台湾的麦当劳看过一个成功的赠品活动，活动的内容很简单，就是早餐购买一百元以上就可以获得麦当劳赠送的一个时下当红的公仔，这个赠品活动早在一周之前就已经开始在电视媒体上做满了广告。这个广告吸引了众多小孩的目光，激发了孩子们拥有的欲望。最后父母为了满足孩子的欲望，遵守对孩子的承诺，前一天晚上就在麦当劳门前排队。看着那大排长龙的画面很是惊人，如果没有亲眼所见，很难想象一个成功的赠品活动可以造成那么大的轰动。许多人最后都把买来的汉堡送给同事吃，因为他们要的只是孩子期盼的赠品，醉翁之意不在酒。这是一个典型的赠品促进正品销售的案例，我个人觉得这个活动成功的关键因素有以下几个。

猫尾巴式的分析：

其一，赠品本身非常受这次活动目标顾客群的喜爱，因为他与时下当红动画主题人物相关，非常能引起目标顾客群的共鸣。

其二，广告投放的时间段也是针对目标顾客群来设定，将所花广告费用的效果最大化，完美演绎吸睛的功能。

其三，抓住了父母对小孩呵护倍至、舍不得让小孩失望的心态。

其四，赠品数量有限的紧迫感，使得许多父母人人自危，深怕自己来晚了一步。

其五，正品依然不会浪费，因为他是食物，本来每天就必须吃早餐，不买麦当劳也需要买其他。

其六，过往赠品的质量获得顾客的认同，因此对于赠品具有兑换的信心。

第二章 管理迷思十问

其七，赠品为非卖品，即使喜欢也无法在商场里买到，只有限时限量的麦当劳是唯一管道，没有竞争对手。

除此之外，销售顾问可以把自己的思维再加宽一点，换一个角度，只要是交到顾客手上的物品都可以将其视为赠品，如一个提袋、一本画册、一张VIP卡，在每一个物品上通过销售顾问的包装去增加品牌在顾客心中的价值，让这个物品在顾客的心中增加意义。要增加品牌价值不是没有机会，而是这些机会经常都不被当成机会。

比如，企业宣传画册，公司从拍摄到制作完成后下发到终端是花了高成本的，但真正让这画册产生价值的销售顾问却少之又少。许多销售顾问将画册送给顾客的时候就是一句话"这画册送给您，您回去没事可以看看，我把它放在您的提袋里了！"这时候，画册根本不会引起顾客的注意，顾客甚至将它当作垃圾丢掉。如果销售顾问是这样说的，"这是我们公司专门为高端VIP所准备的画册，里面有各种服装的搭配技巧，您可以带回家之后翻阅一下，平常也可以把它当作自己穿衣打扮时的参考，许多顾客每一季都会收藏我们家的画册，我把它送给您，如果您有喜欢画册里的商品，您可以给我电话，如果您没空过来，我可以帮您送过去，也省得您还要跑一趟，我把它放在您的提袋里，回家记得拿出来喔！"即使顾客要丢，也会在认真看完之后确认没有价值之后才丢，而不会一点都不重视地直接扔掉，销售顾问的说法有时就已经决定了画册的下场。

这些物品有没有价值，其实就在销售顾问的一念之间，也可能就在品牌商的一念之间，这些钱都是品牌商一定要花费的，差别只是在花了之后有没有让顾客感受到一点点价值。之所以销售顾问没有对这些物品塑造价值的意识，我个人觉得有几个可能的因素。

猫尾巴式的分析：

其一，无意识价值。销售顾问不曾被教育和启发，所以焦点固化在有价格标签的物品上，对于没有标签的物品就毫不重视。

其二，个人利益与品牌价值分离。因为这些没有标签的物品，对于销售顾问来说是没有任何提成的，所以把焦点都放在对自己有利益的物品上，对于没有利益的物品就不加以关注。

其三，主次的心中设定。把这些物品都当作附加的，它们只是在为有价格的商品服务，没有将这些物品和商品放在同一个天平上去看待。

销售顾问应该习惯将销售融入到自己的血液中，不要被价格标签所禁锢，价格标签是为销售顾问服务的而不是销售顾问在为价格标签服务，这样只会导致自己的思维一味地跟着价格标签走。一个销售顾问的销售机会被限制在瓶颈中而无法突破，除了技能之外，观念和思维是最主要的关键。如果我们认为这些都是我们创造有利局面的武器，它们就可以为我们所用，在适当的机会创造价值，但如果我们不这么认为，那它们就连工具都谈不上，只是具有最基本的物品价值。

就像武侠小说里写的，武林高手在修炼时有个境界叫做草木皆可为剑，只要手上拿着物品，它就可以为我们创造价值。另外一个更高的境界叫做心中有剑，即使手上没有物品，也可以通过语言和个人表现出的外在状态，让其为我们创造价值。赠品可以单纯是赠品，但也可以不是；关键在于销售顾问看它是什么，它就是什么，品牌商看它是什么，那么它就是什么。

专家箴言

再有价值的东西也需要销售顾问的包装传递，如果单从外观来看，能体现出的价值有限，只有通过销售顾问的包装之后，内在的价值才能散发出来甚至是超值发挥而让顾客感受到。因此，销售顾问的观念决定了价值，只有观念改变了，思维、行为、结果才会一一改变。根源不变，结果当然不会有任何变化。

积分与赠品的价值不匹配

我们经常看到各个品牌或是商场都会用积分来吸引顾客,但兑换商品的价值与消费金额相比太低,或者对顾客根本没有吸引力,所以顾客对积分获赠品并不感兴趣。

同样的状况在一般的零售行业中也普遍出现,顾客很少关注品牌的积分到底是多少。造成这样的行为和心态,我个人分析主要有几个因素。

猫尾巴式的分析:

其一,对于所兑换回来的赠品质量没有信心,总认为赠品都是便宜货,而且这个印象一直都没有去除过。

其二,一条短信发过来,只说是精美赠品,其他的什么都不说,以前几次打电话过去才发现赠品只是幌子,因此条件反射地猜测这个赠品也不怎么有价值。

其三,看完赠品之后感觉自己在这品牌里的消费没有获得重视与应有的价值。

其四,品牌商所设定积分兑换的赠品都不是顾客所需要或是顾客认为有价值的东西。

其五,从销售顾问的通知短信与电话中,感受不到积分兑换的喜悦与价值感,如果这些积分连销售顾问都没有激情,那么顾客连看看的欲望都消失无踪了。

其六,赠品都是一些不知名的品牌,顾客完全不知道这些赠品的出处。

积分营销是否成功关键并不在于积分数字的多少,而在于赠品的吸引力有多少。积分是否可以起到促进消费的作用,关键就在于顾客是不是想拥有品牌的赠品,如果顾客想拥有,就会有想办法拉高积分以兑换的欲望;

如果顾客对于赠品一点兴趣都没有，那么再多的积分都没有任何意义。

过去我曾经看过几个经典的赠品案例提供给大家作为参考。

猫尾巴式的思考：

案例一：

在台湾我曾经看到过一次"7-11"便利商店的赠品活动，我和太太走进商店，太太看见柜台上陈列的零钱包、手机带、杂物袋、太阳眼镜包等，非常喜欢，于是我就询问价格，可惜的是这些包都是非卖品，需要买十杯咖啡集十个点才可以换一个包，而且不能挑不能选，因此如果五个包都要拥有，最起码也要喝五十杯咖啡才行。

不过既然太太喜欢，而且我自己本身也是天天咖啡不离口，因此就开始帮太太集点数，最后几乎每天都去这家商店买咖啡，都不知道喝了多少杯咖啡，终于把五个包都兑换到，给太太一个大大的惊喜。其实它的咖啡并不便宜，也不是有多好喝，我就是为了他的赠品。为了想要拥有这独一无二的赠品，所以不得不去消费正品，而且总消费的金额可能远远高过一个赠品的制作成本。

案例二：

这是一个在河南某乡镇日化品牌开业活动中，通过现场积分兑换赠品的成功案例。目标顾客群就是那些会为家庭采购日化用品的家庭妇女，所以在开业当天这位加盟商就举办了一个别出心裁的积分兑换活动，而活动的赠品可能是很多人想都不会想到的，就是老母鸡一只。现场只要达到一定积分，就可以自己去门外抓一只满意的老母鸡带回家。

活动现场的氛围热闹非凡，店里面是人声鼎沸，而店铺外是鸡声鼎沸。顾客在现场就是专心致志地凑积分，衡量哪些商品是有用的，且积分较为划算，最后大家都是抱着几大袋商品买单，然后开开心心地到外面去抓一只老母鸡。说实在的，一只老母鸡的价值并不高，但这个活动却充分满足了消费者的心理。

第二章 管理迷思十问

> **猫尾巴式的分析：**
>
> 其一，新鲜感和好奇，以及凑热闹的心态，因为过去当地没有人用老母鸡做赠品，有趣而且也好玩。
>
> 其二，老母鸡是家里面用餐时一定会用的上等食材，因此绝对不会出现浪费的现象。
>
> 其三，加盟商抓住许多家庭主妇贪小便宜的心态，同样的消费金额可以省下一只老母鸡的钱。
>
> 其四，日化店里的商品比较多元化，只要挑选家里常用的，就一定不白花钱。
>
> 其五，热闹除了吵杂的音乐声之外，还加上了令人出乎意料的母鸡声，把氛围推到了最高点。

> **专家箴言**
>
> 积分只是一个数字，没有顾客会为了单纯的数字去努力，因为数字的高与低本身并不具有什么意义和价值，有价值的是数字背后可以获得的好处，因此这背后的好处才是积分活动成与不成的关键。如果赠品是成功的，那么积分的活动自然红红火火；如果赠品是不成功的，积分再高都是白费，甚至会造成销售现场上种种让人难以解决的成交障碍。

赠品的选择

许多品牌所提供的赠品为什么得不到消费者的青睐，甚至变成是消费者购物时的鸡肋，食之无味但又弃之可惜，问题就在于赠品的选择过于随意，没有真正切中顾客的需求。其实赠品的选择到底应该如何，单靠管理者自己猜是比较难的，也不容易满足大部分主力顾客的需求。客观地来说，我们认为好的顾客不一定认为好，我们认为不好的顾客也不一定认为不好，甚至有可能出现顾客觉得很好的状况。

究竟什么样的赠品可以吸引我们的顾客，我个人觉得有几个方面管理者可以参考一下。

顾客调研

我个人认为最佳的赠品选择是依据我们自己的顾客群所做出来的调研结果，这是最笨但又是最省事、最实用的做法，直接让顾客来告诉管理者他们到底喜欢哪些赠品，顺着顾客的需求把好赠品的质量，就可以较大面积地符合顾客的心理期待。

没有进行过这方面的调研，其实某种程度上也代表了这些品牌面对赠品的态度。我个人分析，品牌不做这件事情可能有几个原因。

猫尾巴式的分析：

其一，品牌VIP顾客系统建立不健全，因此很难做到完整的顾客调研，采集到有用的数据资料，因此即使想做也做不了。

其二，品牌对于赠品的力量没有正确的意识，不仅销售顾问将其视为附加品，品牌至今也将其视为附加品，因此没有将赠品和正品同等对待。

其三，以企业内的少数人决策就想涵盖市场上多数人的需求，闭门造车，自得其乐，自我陶醉。

其四，无真正固守品牌VIP顾客底盘的决心和战略思考，因此虽然知道这些工作该做，但是执行日期无限期拖延。

其五，以偏盖全，想以某些区域的成功案例进行全国大面积复制，并且期待美好结果。

其六，基于现阶段品牌发展的考量，品牌更愿意把时间和资金运用在立即可以看到回报的地方，或是其他更重要的部分。

其七，基于费用或是人力资源现实的考量，企业目前无力进行。

跨行业合作

赠品不一定非要花自己的钱才可以置办,也可以花别人的,这样来思考,我们就很容易加大赠品的宽度去满足顾客。比如,家电大卖场的现金抵用券或折扣券、百货公司的现金礼券、大型超市的现金券、连锁咖啡厅的折扣券、电影票、连锁洗衣优惠券等,这些跨行业的资源不计其数,有太多的行业和品牌可以和我们互相联动,而且这样的联动方式还有几个好处。

猫尾巴式的思考:

其一,加大顾客多元化的选择性,而不是把顾客框定在我们的品牌商品范围内。内求是一个方向,外寻也是一个方向,将更大的选择主动权交付给顾客,降低顾客的受限性。

其二,更加贴心,让顾客的积分可以真正换得自己认为最佳的实惠,针对不同行业的不同消费场所,进行有价值的积分兑换。

其三,有些现金券的费用并不需要品牌承担,因此可以节约一部分赠品的费用,是一种省钱的做法。

其四,增加品牌赠品种类的可看性,增加顾客浏览品牌网页或是翻看积分兑换手册的几率,提高品牌在顾客心中的印象。

其五,借由合作商的品牌效应搭一下顺风车,提高自我品牌的形象与档次,拉高品牌影响力。

其六,赠品的资源扩大,能更大面积地快速地满足顾客的需求。

独特、与众不同的赠品选择

如前所述,麦当劳的成功源于与目标顾客群的需求相结合,定位非常精准,而且赠品的唯一性也凸显得淋漓尽致,只有通过在品牌里消费才能获得,这一点是把顾客逼上绝路的主因。当然要创造出这样独一无二的局面,就要靠品牌在赠品上用心地规划和设计,从而有效地引爆赠品的潜力。

我个人认为，要做到这样的赠品设计，可以以"赠品七大特性"作为考量。

猫尾巴式的分析：

其一，时间季节性。

要符合季节的需要，尽量不去选择一些当季用不着的赠品，赠品的价值在于即买即用，如果在使用上还需要等待的话，顾客就比较容易失去耐心，觉得赠品不实用，所以最好要顾及到季节的问题。毕竟顾客最终买不买我们的账是看顾客的需求，不是看我们的需求。

其二，时尚流行性。

这一类的思考会比较偏向于年轻的顾客群，容易符合他们的需求。赠品可以往时尚流行趋势挂靠，但这种流行趋势不要只局限在服装上，也许是最近非常流行的某一个动画人物，如海绵宝宝、熊出没，又或者是某一种风格的帽子，如画家帽、绅士帽。因此，在赠品的选择上不要自以为很有新意就推出，很容易遭遇到顾客不领情的挫败。

其三，品牌协调性。

在赠品的选择上，一般我们会希望选择那些可以为自己的品牌加分的品牌，而不会选择让自己扣分的品牌，坚持往上找但不往下找的原则。虽然选择比我们低的品牌比较低廉，但却容易因小失大，而选择高一点的品牌虽然费用较高，但却可以提升品牌的整体形象。当然品牌与品牌之间也不要差距过大，一旦差距过大，高攀的感觉就会很明显，所以最好是选择平级再稍微高一点就行。

其四，一般实用性。

实用价值是选择赠品时最一般性的考量，实用价值越高的赠品越容易得到顾客的青睐，因此在实用性的考量上管理者要多加慎重，不要太单一地考虑某一个因素，这样容易出现思维的死角，可以多加入一些参考因素进行评估，如年龄段、性别、行业差异、季节冷暖、成本预算、VIP顾客等级等，尽可能综合多方面的因素，选择评估出最佳的赠品。

其五，独特唯一性。

在所有的特性评估中，独特唯一性是比较难做到的，需要管理者用心去创造才有可能。不过可喜的是，这种独特和唯一性一旦被顾客认可，将产生最大的销售促进力，它是一股不容小觑的力量。不过，在操作上要注意两点：一是独特与唯一性追求的只是短时间的独特和唯一，而不是长远，因为很快就有可能被抄袭模仿，所以"变"是唯一不变的道理，不仅要变得快，而且要领先变；二是不要把独特和唯一只锁定在赠品本身，赠品的取得方案可以是独特和唯一，有效的期限、合作的厂家、有限的数量等也可以，用更宽的角度去创造独特和唯一，这样就可以在活动方案上创造出更多的亮点。

其六，使用外显性。

赠品除了刺激顾客现场购买的欲望之外，最好还可以刺激未购买的顾客前来购买，因此赠品必须是外显的，可以引人注目，诱发他人想要拥有的欲望，这样的赠品才能为我们带来源源不断的顾客，传播得越广，销售的机会就会越多，对品牌的宣传越大。好的赠品很多，但是能同时兼顾到品牌外显与宣传推广的不多，因此这也是管理者要用心思考之处。

其七，质量可靠性。

如前所说，赠品的质量会直接影响顾客对于品牌的联想和信心，所以绝对不可以忽视质量最后所造成的结果，我们可能因为赠品而吸引过来一个顾客，但也有可能因为一个赠品质量的问题而失去了一群的顾客。

依据不同顾客制订多套选择方案

所谓多套选择方案指的是针对我们的顾客群做出几套不同的赠品选择，多样精心挑选，以满足大面积的顾客需求。虽然这样做还是很难做到百分百的满意，但是可以尽量降低顾客这种被强加赠品的感受，避免原本是一片好意最后却没有得到最佳的效果。

如何最终确定活动的赠品，我个人的做法是顾客群分析由大到小，赠品选择由宽到窄，以顾客群的分析为第一步，逐步往下做需求细分，最终由宽到窄锁定赠品。

猫尾巴式的分析：

步骤一：区分主力顾客群和辅助顾客群。最终赠品的思考还是要以品牌主力顾客群作为思考的重点，所以要先把我们的主力顾客群剥离出来，否则就无法做下一步的需求细分，也会造成思维的混乱。

步骤二：针对主力顾客群做第二步的需求细分。这部分要依赖品牌目前经营的现状来决定细分的条件选择，这其中可能会有年龄段、风格追求、职业特性、生活型态等的细分方式，这时候管理者可以选择2～3个细分的条件，这样就可以做到主力顾客群下不同的需求满足。

步骤三：针对第二步的细分结果，分别进行"赠品七大特性"考量，最终做好成本预估确认赠品。

> **专家箴言**
>
> 赠品应该符合顾客的需求，而不是企业硬塞给顾客。赠品的设计遵循本节所讲的七大特性，再加上正确的设计步骤，最终就能设计出有效提升业绩的赠品。

"心灵赠品"

这里我要额外而慎重地提到一个"心灵赠品"的概念，赠品不一定是有形的，也可以是无形的，看不到摸不着但感受得到的也可以叫做赠品。比如，销售顾问对顾客所提供的额外的帮助、贴心的服务、赏心悦目的仪容仪表、精心准备的购物环境、个人素质素养的外在体现、良好的销售技术、日常的售后、温馨的提示等，只要是能够提供给顾客良好心理感受的"心灵赠品"都可以将之称为赠品，一个有经验的销售顾问善于让有形赠品与心灵赠品之间相辅相成。

之所以会在这里提到"心灵赠品"这个概念是因为与销售顾问聊天的时候,会听到他们对于品牌赠品的种种抱怨,所以想要借此提醒大家,不管有形的赠品是什么,有多么吸引人,那都是短暂的,一次成功的赠品策划只能激起顾客一时的激动和热情,而心灵赠品的效应却是长远的,心灵的满足可以掩盖一时有形赠品所造成的不足,因此我们都要随时提醒自己现在是追求心理满足的年代,千万不要企图以生理的满足来取代心理的满足。有形的赠品要发挥加成的效果,一定要建立在无形的"心灵赠品"的基础上,因为赠品本身的价值有限,只有在"心灵赠品"的基础上,才可以把赠品有限的价值发挥到无限价值的效果。

尤其是终端的销售顾问特别要注意与顾客之间"心灵赠品"的互动,因为这是销售顾问最能把控的部分,其他部分对终端销售顾问来说都是未知数。品牌要配发什么样的赠品给我们,我们无权过问,在赠品策划的时候,我们可能也无权参与,甚至连赠品的质量是否过关也只能相信公司的把关。但是我们却必须承担把赠品销售给顾客的责任,包装赠品的价值,化解顾客对于赠品的所有疑问,甚至还要承担赠品万一出现质量问题时的客户投诉。赠品与活动方案对销售顾问来说是比较偏于不可控制的,因此如果一旦焦点纠结在这个问题上,就会导致销售顾问失去销售的力量。

换一个角度思考,有形的赠品是品牌有活动的时候销售顾问才可以赠送给顾客的,但"心灵赠品"却是随时都可以赠送给顾客的,而且最重要的是这个"心灵赠品"的质和量都操纵在销售顾问自己的手上,好是自己做出来的,不好也是自己做出来的,半点怨不得别人。平常的"心灵赠品"如果销售顾问都已经赠送很到位,那就不必担心有形赠品本身的问题会造成多么大的困扰,即使造成了困扰,我们也可以基于过去互动进行有效的化解。

所以说顾客对于赠品不满意,不仅品牌公司有责任,终端管理者、现场的销售顾问都有责任。因此,一个有价值的销售顾问应该清楚地认识自己的角色，自己的价值绝对不是体现在向上反映问题上，而是能够做到提前预知可能出现的问题，并且给予解决。而且以目前许多服装品牌的体制来说，赠品的问题可归纳为以下两点。

猫尾巴式的分析：

其一，它不是短时间之内就可以完全解决的问题，这跟品牌目前的发展阶段、公司的战略、人力资源的组织等都有关系。

其二，即使品牌有心要解决，也不是单方面靠品牌就可以解决的，只要有一方不努力不尽心，这个问题被解决的可能性就较低，因此大家都要在自己可以控制的部分上努力，大家齐心协力、分工合作，最终才能做到互补，把问题最小化，利益最大化。

专家箴言

顾客除了是上帝之外，顾客的声音还是天使的声音。什么样的赠品顾客最喜欢最受用，并不是我们说了算，用我们角度去猜测或分析也只能掌握一部分顾客的需求，最简单直接的方式就是让顾客来告诉我们，我们只要用心的聆听，然后把聆听到的变成是未来给顾客的，由顾客自己来满足自己，更容易获得顾客的满意。

管理者迷思九：为什么员工不愿意推广高单价产品？

高单价的商品绝对不只是价格与商品之间的销售关系而已，一件高单价的商品要进行销售，需要许多包装的手法，才能顺利将商品的价值感体现出来，让顾客觉得物有所值、物超所值。要做到高单价的商品，我个人认为品牌最重要的还是要从行为与标准管理上入手，能用钱、用事、用物解决的，就一定不要用人解决，因为用人解决问题，可能是一种高成本、低效果的做法。比如，要注意商品的陈列、氛围的布置、搭配的设计，这些部分都是可以由品牌出台相关的规定，并且以视觉化的方式体现出来，让员工在每一天的环境检查中按照品牌的标准规范做到即可，当然品牌要克服终端执行力不高、标准化如何落地操作等的问题，最终才可以高效地达成，否则许多工作并不是品牌没有做，而是终端没有达到品牌所预期的效果。

许多时候顾客在购物时，之所以对品牌高单价的商品会出现兴趣缺乏或是质疑，我个人分析有以下几个原因。

猫尾巴式的分析：

其一，这价格突破了顾客对于这个品牌的基础认知，跟顾客心里的预期价位产生了较大的出入，这与品牌的商品价格设计有关。

其二，整体的氛围布置并没有起到商品价格包装的效果，与一般商品之间的错位不明显，因此在顾客的心里没有产生高价格与高价值的预期。

其三，商品的价格确实高，但是与一般价格的商品之间本质区别并不大，商品本身并没有特别突出的亮点足以说服顾客加价购买，价格虚高，空有其价，但无价之实。

其四，销售顾问对于高单价商品的销售信心不足，因此引发不了顾客的兴趣，这与销售顾问本身的内在有关。

其五，销售顾问对于高单价商品的专业程度不高，说不出个所以然来，因此无法赋予高单价商品超值的生命力。

其六，这是一个比较伤人的原因，销售顾问整体给人的感觉，就无法让顾客在高单价商品上建立信心。

不过从现实的角度来说，以上所述有时会被终端管理者认为是理想状态，还存在许多自己无法克服的问题。因为对终端管理者而言，品牌所制订的标准自己更动，至于如何做好氛围的布置，所需要的道具自己说了也不算。因此，终端管理者除了在执行标准之外，更多的工作可能还是从人的角度入手，因为这是终端管理者在现场可以掌握的部分，通过人员质量的改变，与品牌的标准相辅相成，基于品牌考核的要求再往上做出提升。因此，终端管理者可以在两大重点上努力。

猫尾巴式的分析：

重点一：左手先抓"事"与"物"。

所谓的事是指标准与规范，所谓的物是指各种的道具、氛围的布置，主要的目的是在视觉上对顾客进行一定的冲击，毕竟这是事半功倍的做法，因此还是必须以此作为出发点，作为基础。

重点二：右手长抓"人"。

这一点是人员的调整，不管是在观念上、心态上或是技能上，能够在与顾客的短兵相接中取得优势，现场拉高顾客的件单价。而长抓的意思就是指这是一个长期的工程，因此不因季度而有所改变，是一个必须永远不间断执行的工作。

在人的工作上，为什么销售顾问会抗拒高单价商品的销售，或者说努力往这方面调整之后依然看不到明显的提升，我个人认为除了专业知识的不熟悉之外，还有几个重点的可能因素。

> **专家箴言**
>
> 能用事、用物来解决问题的，就绝对不要用人来解决，但是对于管理者来说，用事、用物可能非自己权限之内可以做到，而品牌要做到也需要一定的时间，因此管理者的焦点还是应该集中在人的部分进行调整，将注意力与精力放在自己可以努力的部分上去工作，而不要把注意力和精力放在自己不可改变的焦点上去抱怨，这样才能与事与物产生正向互补的作用。

害怕顾客跑单

这是销售顾问不自信的表现，因为担忧不成交所以不敢向前，以为推高端就是冒险，推中低端就是保险，因此保守的推荐就是其选择的最佳的销售方式，最终限制了业绩的发展。其实影响业绩发展的不是顾客的消费能力，而是销售顾问的心态。在与销售顾问沟通的过程中，我多次听到销售顾问给我的反应是，"这一类商品顾客看的很少"，"我们的顾客群不会在我们品牌里做这种价位的消费，如果要消费的话他们宁可去……品牌"，"顾客经常听完高价格商品的介绍之后，连中低单价的商品都没有兴趣看了"。如果销售顾问的心态如此，那么在顾客进店之后，销售顾问基本上没有将顾客往这一类高单价商品上去引导的动力，因为他们心中已经认定顾客不可能购买。我个人觉得在销售现场可能会出现销售顾问描述的这些状况，但这并不代表顾客"买不起"，也不意味着这就是顾客不消费高单价商品最主要的原因。

现我们就列举两个例子来说明一下。

例一：顾客一句"这么贵"然后就不在这商品上流连了。其实造成此状况的原因可能是销售顾问的介绍不够出色，商品价值塑造不成功。对此，销售顾问可能会从两个方面去理解。

猫尾巴式的思考：

其一，商品的价格与价值不匹配，价值的塑造力度不够，因此顾客产生不了购买欲望，如果可以大力度地强化商品价值塑造，顾客就有购买的可能。

其二，顾客没有兴趣是因为商品的单价太高，导致顾客消费不起，所以我们的顾客群接受不了这么高单价的商品。

一个追求自我提升的销售顾问会选择第一种，而一个习惯性找借口的销售顾问会选择第二种。如果我们的顾客群真的都接受不了这个价格，品牌公司又怎会贸然去生产这一类高单价的商品？顾客真正不购买高单价商品的原因可能是销售顾问的介绍不够出色，商品价值塑造不成功。

例二：顾客一句"这价格我都可以去买……品牌了"然后就不在该商品上流连。其实造成此状况发生的原因可能是销售顾问在品牌与品牌之间的差异化解说上做得不到位。对此，销售顾问也可能会从两个方面去理解。

猫尾巴式的思考：

其一，其实……品牌与我们之间各有强项，我对我们的品牌商品很有信心，我只要把品牌之间的对比说得更到位一些，顾客就有可能选择我们。

其二，我们的价格确实是定的太高了，如果要花这么多的钱来买这商品，那我也会选择……品牌了，连我自己都没有兴趣，那顾客没有兴趣也是很正常的。

还是同样的道理，一个追求自我提升的销售顾问会选择第一种，而一个习惯性找借口的销售顾问会选择第二种。这几种说法背后的潜台词都是因为高单价的商品不好卖、顾客没有兴趣、与我们品牌的定位不匹配、即使介绍了这些商品顾客购买的几率也很低等，所以他们认为不需要往这方面努力，即使努力也是白费工夫。在此，我用几种逻辑思考来解释说明一下。

猫尾巴式的分析：

其一，我们无权主动剥夺顾客的知情权。

如果销售顾问对这些高单价商品不进行介绍，那么顾客可能都不知道这类商品的存在，既然看都没看过，顾客当然不可能购买。在我们不知道顾客是否有足够的消费能力的情况下，我们无权剥夺顾客知道和欣赏的权利。

其二，买与不买的决定权在顾客手上。

如果销售顾问介绍了高单价的商品，那么顾客手上就拥有买与不买的权利。顾客不会因为我们介绍了一款单价较高的商品不适合自己，就连其他单价的商品也不看了，毕竟顾客不可能买下我们介绍的每款商品。其实这就是销售顾问推广高单价商品的契机。

其三，顾客拥有多种价位的选择权。

既然顾客一般不会因为一件商品的单价高就选择离开，那么销售顾问就应该继续往这个方向上努力。在销售顾问心中一定要有一个坚强的观念，"单价不是成交最大的阻力"，要在心里放下价格，多关注价值，因为大多时候销售顾问无法有效地将商品的价值进行包装才是成交最大的阻力。

其四，消费潜能是需要销售顾问去拉动的。

关于这一点，所有的销售顾问应该都认同，其实除了通过提升连带率之外，推广高单价品也可以为我们顺利挖掘顾客的消费潜能做出贡献。大多数顾客的消费潜能不是天生的，而是需要靠销售顾问后天来向上拉动的，但如果销售顾问这时候还抱持着消极观念，认为高单价商品顾客购买的可能性不高因此就不去做推荐，那么应该如何去拉升顾客购买的单价呢？

一个积极的销售顾问，应该要把最终买与不买的决策权交给顾客，但是要把介不介绍高单价商品的权利抓在自己的手上，因为买与不买是由顾客决定的，推不推荐就是我们决定的，如果推了，顾客还有购买的可能性，如果没推，那估计连1%的可能性都没有。

所有不同单价的商品出现在销售现场都有其原因，高单价的商品销售不出去，绝大部分原因是销售顾问本身不具备销售高单价商品的能力所引发的不自信，而所谓的顾客买不起、不如竞争对手都是自我安慰，找借口一定比找方法突破要简单得多，结果导致自己的技能长时期停留在一个水平线上没有任何突破。其实，如果只是一味地循着简单的方式继续在职场上工作，那么瓶颈不是别人给的，而是自己造成的！

关于这一点，管理者不能任由销售顾问自己去思考，而要通过日常的沟通、培训上的引导，以及现场高单价商品成交时的机会教育去逐步改变，慢慢树立销售顾问面对高单价商品的观念，建立其对于高单价商品的信心，然后传授其销售高单价商品的方法，最后将高单价商品的销售列入考核管理。只有除去销售顾问的"心魔"，销售顾问才会跨出主动销售高单价商品的第一步，否则看似简单的一件事情，可能几年都做不到。

> **专家箴言**
>
> 害怕跑单是销售顾问自身缺乏自信造成的，这份不自信可能来自商品，也可能来自自身，但不管是从何而来，这份自信的不足是需要被针对性解决的，否则即使我们规定销售顾问要有介绍高单价商品的行为，可能也只是形式主义的带过，没有办法从根本彻底解决问题。因此，管理者要分别了解员工不进行高单价商品的原因，逐个一一击破，才能取得最佳的成效。

以自己的消费能力评估顾客

以自己的消费能力评估顾客,这是典型的由自己的生活与交际圈的局限性所造成的销售障碍,用自己的消费观念与消费能力去看待顾客可能出现的消费,用自己的消费角度或观念去衡量身边所出现的顾客。

以前在服务一个珠宝品牌的时候就遇到过类似的案例,高单价商品销售的比例很低,中端与中低端的商品销售状况不错。但是在品牌提升的过程中,品牌当然希望可以把中高端与高端商品的销售拉升上来,不希望销售顾问总是一门心思地只看得见中低端的商品。管理者强调过多次,也特别举办过以中高端与高端商品为重点的专业性的商品和销售技能培训,但最终也没有见成效,终端现场依然还是会抱怨:"这种高端商品消费的人毕竟是少数,一般平民百姓也不会在这上面花这么多的钱",甚至还听过更有趣的说法"有多少人会手上挂着'一套房子'在大街上晃悠!"但是销售顾问却忽略了,有些人需要在某些的场合上挂着"一套房子"到处乱晃,不仅需要挂着,而且还希望别人可以注意到。

对于销售顾问来说,"可能思想"是非常重要的,只有这样才能启动自己的大脑去思考。

猫尾巴式的思考:

- 如果要消费得起这些高端商品,一般月均收入应该在多少以上?
- 这些人群在一个企业中是怎样的一种职称状态?
- 除了以上顾客之外,还有哪些顾客有可能会消费这一类高端商品?
- 在这群顾客中,哪一类是我们品牌主力的顾客群?
- 这些顾客平常容易出现的消费场所有哪些?
- 这些顾客的需求是什么,商品的或是心理的?
- 在什么场合里会需要这些高端商品?
- 这些顾客的外在特征是怎样的?

- 这些顾客喜欢被何种方式对待？
- 销售顾问平常与之沟通需要注意哪些事项？

当大脑的思路开始启动时，源源不绝的问题就会出现，思考就会开始进行，我们的大脑就会开始与这些高单价商品产生联系，在身边搜寻需要这些高端品的顾客，敏感地观察哪些进店的顾客会是我们的主要目标。

在培训时，曾建议品牌企业用一段时间补充销售顾问高端奢侈品的专业知识，拓宽销售顾问的眼界，想办法让销售顾问跳脱以自己的消费能力去衡量顾客需求的误区。果然，在持续三个月的奢侈品教育之后，店铺里的高单价商品的销量有了明显的提升，后来我跟许多销售顾问在聊到他们的改变时，他们都告诉我，这些奢侈品的训练对于他们来说，最重要的改变就是他们明白了不同的人会有不同的需求，单价的高低不是成交与否的主要原因，成交与否的主要原因是顾客的需求是否被有效地创造出来。

身为销售顾问，应该把自己的格局越做越大而不是越做越小，应该让自己的眼界越来越高而不是越来越低，应该让自己的顾客群越做越高端而不是越做越低端。因此，销售顾问要能够从自己的基础上拔高视野，这样才能对不同顾客的不同心理有更深刻、更透彻的理解，给对方需要的，而不是给对方我认为需要的，用顾客认为的重点去跟顾客沟通，而不是用我认为的重点去跟顾客沟通，去除掉限制住自己思维的框框，提升对顾客的把握度。

专家箴言

要改变销售顾问用自己的消费能力去衡量顾客的习惯，就要改变销售顾问视野所造成的局限，只有改变了销售顾问的视野才能提高销售顾问的格局，从心里接受高单价的商品，并且积极寻求高单价商品的销售策略，否则单价再高也高不过销售顾问心里的那一道坎。

不具备销售高端品的素质

不要害怕产品单价高,因为再高的产品单价都会有其需求的顾客群存在,关键是消费者愿不愿意掏钱消费。对于高单价商品的销售,我个人认为要通过几个因素的整合才能顺畅、水到渠成,否则就会出现一定的阻碍。

猫尾巴式的分析:

其一,品牌定位。即使企业想改变品牌在市场上的普遍认知和定位,也不是一天两天的事情,甚至可能比重新创建一个品牌更难。

其二,店铺环境。店铺内的氛围营造,有没有整体营造、烘托出高单价商品的价值感,最害怕的是价格孤独的存在,让顾客在面对这商品时理性超越感性。

其三,销售顾问。销售顾问个人素质与商品价格不匹配,对于高单价商品没有起到加分的效果,反而起到减分的效果,形成"商品价格高端,但是人员素质不高端"的尴尬局面。

其四,商品本身,商品本身的面料、设计、工艺、细节、质量等,有没有与价格形成适当的匹配,因为顾客还是会依据商品本身进行理性思考,如果产品不过关,所有外在的包装可能都会失去意义。

对于现场的销售顾问而言,以上四点之中自己完全可以控制的部分就是第三点"销售顾问个人的素质"。一个销售高价格商品的销售顾问,我个人认为其身上应该具备几种素质,才能与其所销售的商品价格匹配,能够为其销售的商品加分,增加顾客的购买欲望。

猫尾巴式的分析：

其一，仪容仪表。

一张符合国际标准礼仪的脸，淡妆是必需的，并且要严格要求个人的化妆技巧。全身上下穿着符合品牌要求的服装，整齐清洁没有污渍，并且熨烫平整不起褶皱。身上无任何异味，尤其夏天一定要使用止汗类产品，不能让异味在不自觉的情况下影响他人。鞋面干净无灰尘，鞋后跟保持清洁。保持口气清新，工作中不食用易产生异味的食物。这些都是最基本的部分，这样至少在视觉上可以让顾客感觉到赏心悦目，因为顾客都会喜欢选择与第一印象不错的人进行沟通。如果销售顾问连这些都做不到，那么有再高超的销售技能，也没有办法让顾客在高单价商品上产生正面的联想。

其二，行为举止。

笑容、站姿、坐姿、走姿、蹲姿、拿产品、邀请的手势、端茶倒水、呈上画册、货品交付等，这些都是行为举止上的表现。要解决问题，最好的办法就是不要让问题产生，许多销售顾问都喜欢把焦点放在问题产生之后的解决办法上，而不喜欢将焦点放在预防问题的发生上。如果问题在一开始就已经被移除，那又何必花这么多的时间去学习解决问题。舍近求远，其实自己就是解决问题的关键，只是愿不愿意去做好自我训练。

其三，沟通技术。

要贴近顾客的心，才能够收买顾客的忠诚。那么如何才能贴近顾客的心呢？有两个最关键的步骤供大家参考。

首先，要听得懂顾客说的话，明白顾客的意图，知道顾客所想，该帮顾客下决心的时候要帮顾客下决心，该给顾客台阶下的时候要给顾客台阶下，该专业的时候专业，该简单的时候简单，知所进退，让顾客感觉我们就是他的知己，甚至比他自己更了解自己。要做到这一切，销售顾问就要强化"听"的技术，从顾客所使用的关键"字"、"词"、"句"中分析顾客，最终制订有效的销售策略。但如果听不懂的话，那"说"

的部分自然就得依赖"乱枪打鸟"的方式了。

其次,要言之有理、动之以情,说得让顾客接受,取得顾客的认同。但说的时候应当具备最基本的礼貌,可以从"听"中制订出相对应的有效策略,说到顾客心里去,说到让顾客接受是关键。这里我建议大家可以参考我之前的书籍《看透顾客的心——叫醒你的耳朵做销售》,从"听"顾客的字里行间中透露的信息来分析顾客的心理一直到最终销售策略的制订,里面有非常详细的解说,并且还列举了多种销售结构的训练方式供大家参考。全书以"听懂之后有效地说"为中心贯穿,为销售顾问提供各式各样不同问题的解决之道。

其四,知识深度。

做一行就要专一行,对于行业内的专业知识要心存敬畏之心,过于自负或是认为个人与顾客之间的关系的把握比专业知识更重要,这样轻忽的心态终究会在销售现场上得到教训。专业知识在销售现场不一定每次都会用到,滥用专业知识甚至还会让销售顾问与顾客之间产生较大的距离感,但是专业知识是每位销售顾问应当具备的技能,需要事前准备妥当以便不时之需。其实,在销售现场,知识的深度会给销售带来以下几个好处:一是销售顾问可以通过专业知识为自己增加销售信心,可以不用到专业知识,但是不能不具备专业知识;二是可以在销售过程中,有意无意、自然而然地与其他品牌做出专业上的对比,借此来取得顾客的信任;三是可以对专业性的顾客进行深度沟通与服务,不会在遇到专业顾客的时候显得手忙脚乱、惊慌失措;四是可以强化顾客对于商品的高度信心,尤其是在顾客过去曾经遇到过不好的经历的情况下,销售顾问的专业可以让顾客在购买决定上吃下定心丸;五是在商品都不完美的情况之下,可以借由自己的专业,强化自身商品的优点,回避自身商品的缺点。

其五,知识宽度。

这一点是服装行业销售顾问极度缺乏的部分,销售顾问都一门心思低头关注自己的领域,关注看似与业绩息息相关的部分,而毫不在意与业绩间接相关的一切。其实知识的宽度是销售顾问是否可以与顾客达成和谐沟通，而顾客是否乐意与销售顾问交流的关键因素之一。俗话说："话不投机半句多。"顾客未必愿意在专业知识的深度上与我们进行过多的交流，因为大多数人不愿意过多地展示自己的弱项，但却愿意在自己的专业领域上获得他人的羡慕与景仰。但如果销售顾问的知识宽度不够，就有可能出现以下的几种状况：一是销售顾问不愿意与顾客交流除了自己专业领域之外的话题，因为销售顾问也不愿意在顾客面前示弱；二是无法通过彼此之间共同的话题拉近彼此之间的距离，因为你有兴趣的我没兴趣，而我有兴趣的你没兴趣；三是如前所说，顾客不缺买东西的地方，但却极缺懂他的人，如果我们跟其他的销售顾问一样不懂顾客，顾客自然很难对我们品牌忠诚；四是无法从更多的角度去掌握顾客的需求，而只会用更多不同的理由去说服顾客购买，这样往前推进越发显得单一且苍白无力；五是无法更有效地根据顾客的外在特征与行为表现对顾客进行分析和判断，因为知识宽度不够，对于各行业不同的特征敏感度不高，甚至无所谓敏感度。

其六，个人品位。

品位是一个人身上自然而然散发出来的一种气质，它可以来自生活上兴趣与爱好的培养，也可以来自书籍的广泛阅读，也可以来自流行时尚的研究和关注，还可以来自家庭环境的教育和培养等。许多人出了社会之后因为工作与生活的压力，逐渐失去了对于身边事物观察和研究的兴趣，除了柴米油盐酱醋茶之外，其他的都不关注，时间一长都会觉得自己言语乏味、生活无趣。

因此，我经常建议一个销售顾问要能够培养一些兴趣和爱好，不要天天只是上班下班，除了工作之外还是工作。其实咖啡、红酒、雪茄、美食、政治、军事、旅游、插花、乐器、茶道等，这些都可以成为我们除了工作之外的心灵寄托，它不仅可以陶冶我们的心性，也可以丰富我们的生活，提升我们的品位，改变我们的气质。不过每次提到这部分，就会有销售顾问振振有词地告诉我没有时间，其实并不是没有时间，而是根本就不重视，因为不重视所以才没有时间。

"高端商品需要一个有品位的人才能游刃有余地驾驭！"这个观念可能会有些抽象，就像有些人的穿着是"衣服在穿人"，而有些人的穿着是"人在穿衣服"，就是这个道理。销售顾问与高端商品之间也会出现匹配与不匹配的问题，或者格格不入或者恰如其分。销售顾问如果想要将高单价商品销售好，就要让高价商品为我们服务，而不是我们为高价商品服务，是我们在驾驭商品，而不是商品在驾驭我们，这部分要靠销售顾问日常的积累才能有所成。

> **专家箴言**
>
> 这是商品与销售顾问之间出现不匹配的状况，即销售顾问的存在不但没有体现出商品的价值为商品加分，反而出现了减分的状况，结果大大阻碍了高单价商品的销售。改变销售顾问的素养和底蕴是根本的解决之道，因为这是长期的工程，所以管理者要反思一下，这部分的工作是不是下定决心改变，是不是目前急需改变的部分，以此来决定接下来的投入以及如何投入。

缺乏高端顾客的积累

我经常听到管理者抱怨销售顾问不愿意推广高单价的商品，店长对于高单价商品不够重视，导致在销售现场上对销售顾问的要求不够高，这样就使得他们对于高单价商品的销售总是处于被动状态，最终造成高单价商品的销售状况不理想，店铺的客单价或是件单价也无法快速提升。我个人认为对这个抱怨应当保持理智的分析和看待，因为这个抱怨存在矛盾的地方，只有找到矛盾点的根源，才能够真正为销售顾问解决高单价商品的销售难点进而改变现状，因此我们可以先试着思考以下几个问题。

> **猫尾巴式的思考：**
>
> - 如果一件商品肯定可以销售出去的话，销售顾问会选择销售高单价还是低单价的商品？
> - 如果销售顾问手上有一群稳定购买高单价商品的顾客群，销售顾问会不会抵触销售高单价商品？
> - 目前销售顾问手上的稳定顾客群属于哪一类型？他们会对于哪一个价格带的商品感兴趣？
> - 关于高单价商品的推广，销售顾问大多是以硬推销的方式进行还是以顺水推舟、水到渠成的方式进行？

销售顾问不愿意推广高单价商品，除了非销售顾问可以把控的因素之外，我个人认为最大的主因在于销售顾问手上没有稳定的顾客群，若手上没有这一类型顾客的积累，就必须依赖现场的流水顾客来进行高单价商品的推广，而流水顾客的需求又不容易掌握，所以在害怕跑单的心态下自然就不敢贸然往高单价商品上去推，宁可做自己认为比较简单容易的商品推荐，毕竟销售顾问也不希望因为价格问题而造成销售过程中多余的阻碍产生。有时候一个人手上资源的多少会决定一个人做事的信心，如果资源丰富，做这件事的意愿和信心就会大增，如果资源贫瘠，做这件事的意愿和信心就会大减。

因此，要改变高单价商品的销售，公司或管理者就要主动协助销售顾问改善手上现有的资源，单纯的命令、要求或考核都无法有效地改变销售顾问的现状，或许短期内可以见效但却无助于长期的改善，这样最终也无法实现公司对于销售顾问的期待促成稳定的高单价商品销售。毕竟他们只是销售顾问，是企业最基层的员工，不管是在社会阅历上还是技能的掌握度上可能都不足以支撑，所以他们不是不愿意改变，而是需要有前辈去引导其改变，给他们方向，给他们方式和方法，而不是让他们充满一腔热血之后却让他们自己想办法突破。当一个人的视野与高度有限时，思维也会有一定的局限，不是不愿意想办法改变，而是不知道应该怎样去想办法。

因此，要想改变销售顾问的现状，我个人有几个方面的建议供管理者参考一下。我曾用这些建议调整公司内部的员工，取得较好的成效。

猫尾巴式的分析：

其一，带领销售顾问走出去，将战场转移。

就目前的销售环境来说，大多数销售顾问的销售思维和行为比较局限于在自己的工作范围之内去完成销售业绩，并没有向外扩展顾客圈的意识，没有真正从"坐商"进化到"行商"。在这一点上，管理者有责任带领销售顾问去感受将战场从店内转移到店外的道理，从有限客流量的等待到无限客流量的创造，从被动地积累顾客到主动地开发顾客资源，从有区域限制的销售到无区域限制的销售。只要传统"坐商"销售模式的框框被打破，我们的销售世界就可以被创造出各式各样的可能，顾客的资源一旦被改变，高单价商品的销售自然而然也就随之而变。

其二，跳脱顾客就是上帝的误区。

过去几年许多人对"顾客就是上帝"这句话朗朗上口，也常常听到管理者教育员工"顾客都是对的"。不过，我却发现这两句话如果没有加以清晰的解释，反而会误导销售顾问面对顾客时的心态。

在销售现场上，往往因为"顾客就是上帝"，所以许多销售顾问对顾客是仰视、崇拜的态度，同时也造成顾客对销售顾问呈现俯视、轻蔑的态度。这种不平等的立场就会造成销售顾问无法与顾客平等地交往，当然也就降低了销售顾问与顾客交朋友的可能。"顾客就是上帝"，其实指的是服务方式，比如，端茶倒水的姿势、迎宾与送客的行为规范、顾客有投诉时的和颜悦色和换位思考，要体现出销售顾问对于顾客的尊重。而"顾客都是对的"，是指顾客无理的态度我们可以理解但不代表顾客就是对的，顾客有可能是错的，只是销售顾问未必需要指出顾客的错误让顾客认同。

给顾客尊重是必需的，但是人与人之间的平等也是必需的，销售顾问与顾客之间要平视而非仰视或俯视，你有买的权利，我也有卖的权利，这样销售顾问才能抬头挺胸地与顾客交朋友，一般的消费者是如此，高单价商品的消费者亦是如此。

其三，建立正确的职业观。

许多销售顾问可能一开始都不是因为对销售行业充满了期望和抱负才选择从事销售工作，反而更多的是迫于无奈之下作出的选择，后来又因为种种原因，在销售的岗位一直干下去。所以许多销售顾问对自己的工作不自信、不满足。

管理者要在日常的沟通中不断地与销售顾问交流，要正确引导销售顾问看得起自己现在所处的行业，也要让销售顾问为自己现在所从事的工作骄傲，只有看得起自己，看得起自己现在所从事的行业，才能与顾客平起平坐，取得平等交流的立场。

其四，制订改善计划和目标。

改变不一定要多，但是一定要持续，有意识地去留意身边出现的人，不管是顾客还是在其他场合里出现的人，就算是一周一个都好，只要持续，就可以为自己积累起庞大的资源。

关于这一点，管理者一定不要对销售顾问的自律能力有过高的期待，因为这样的能力对大多数销售顾问来说并不具备，因此这个改善计划也需要管理者的协助才有可能完成。管理者要弄明白，员工只关注领导关注的，一旦领导不关注、不重视了，即使再重要，那也不是销售顾问焦点聚集的地方。因此，要改善销售顾问的资源，就要制订明确的改善计划，不一定要考核但一定要严格地监督与检查或抽查，要让销售顾问从心底重视这件事，否则改善资源就只是一种说法，而不是一种改善结果的行为。

> **专家箴言**
>
> 一个好的销售顾问不是在店里面等顾客来找自己，而是可以积极主动地向外去寻找顾客资源，然后把顾客资源带回来。千万不要让店铺局限了自己的发展，而要以店铺为根据地跨出去，把有限的市场变成无限的市场，把有限的资源变成无限的资源，化被动为主动，要明白一个道理，店铺里的业绩只是一小部分，店铺外的业绩才是大部分。

没有短、中、长期的落地措施

在销售顾问的提升过程中,管理者要以希望与压力两者并重的形式来进行员工管理,从中长期的训练与调整中建立员工的希望,这时候的时限适宜放远以增加销售顾问对于改变的持续力,但是仍然要在短期的赏罚中给予执行上的压力,这时候的时限适宜放近以刺激销售顾问在执行上的爆发力。

就中长期而言,如果要提升高单价商品的销售,我个人认为可以针对销售顾问做几个方面的工作,以促成长远的提升。

猫尾巴式的分析:

其一,高端品的鉴赏课程,通过高端品的鉴赏提高销售顾问的眼界和层次,了解高端品的价值与内涵,同时提升销售顾问对于高端品消费顾客群的识别能力以及顾客的心理需求。

其二,个人生活品位的培养,跳脱出除了工作还是工作的框框,为生活加点"料",如咖啡、红酒、雪茄、插花、烹饪等,通过这些培养由内而外逐渐调整销售顾问外在的气质表现。

其三,扩展销售顾问除服装之外的知识,打破知识的局限性,通过知识的扩张让销售顾问可以拥有更多的话题与顾客交流,与顾客嫁接起沟通的桥梁,在顾客眼中不要是一个除了服装之外其他什么都不懂的人。

其四,提升销售顾问自我的认知价值,先从看得起自己,看得起自己所从事的行业做起,从而提升销售顾问面对顾客时的自信,能够与顾客平等沟通。

其五,带领销售顾问参加当地各类型高端商品的展销活动,打开销售顾问的交际圈,摆脱固化的交际圈对其的禁锢,通过人际关系圈的突破来打破原有业绩圈的包围。

其六,销售技术与沟通技术的培养,提升销售顾问个人外在素养的体现，让销售顾问变成一个人人都乐于与之交流沟通的人。

而就短期而言，管理者可以从以下几个方面做出努力来提升高单价商品的销售。

猫尾巴式的分析：

其一，通过店铺内一些行为的固化和明确的要求，提高高端商品的见面机会，保障销售顾问在最低的能力下，依然可以通过与高端商品销售相关的行为固化提升高端商品的销售。

其二，严格制订明确的抽查机制与赏罚规定，做与不做一定要有清晰的结果区别，因为销售顾问的持续力与品牌的重视程度直接相关，态度决定结果，如果品牌不重视，销售顾问肯定不重视。

其三，高单价商品的专业知识训练与卖点提炼。这一部分的内容需要强记忆，只有牢记背熟才有可能说得出来，而且专业知识这一个环节是目前终端销售顾问较为薄弱的一个环节。

其四，通过顾客资料的分析，将高单价商品的消费群区分出来，针对高单价商品的顾客设定针对性的短信与其他的服务方式，不能将不同消费层次的顾客同等地对待，要具体体现出高端顾客的价值。

其五，针对高单价商品制订不同的提成策略，抛出诱因，通过收入的刺激集中销售顾问的焦点与推广的意愿。

其六，制订高单价商品的销售目标以及各店铺之间的PK机制，并且在正式的会议场合宣布方案，通过严谨的会议组织取得销售顾问的重视。

其七，树立榜样，当销售顾问有优异的表现时，要及时给予表扬，通过榜样的树立，让其他的员工向其靠近，全面提升销售顾问的水平。

要保证一个指标的落地，就需要有两个方面的配合：一是人的配合，其中包含了执行人与监督人，二者缺一不可，缺少了任何一方都会前功尽弃；二是详细的计划，一份中长期的计划和一份短期的计划二者也是

第二章　管理迷思十问

缺一不可，而且缺少了任何一方也都会前功尽弃。

管理者在做任何一项方案落地之前都要先想清楚人与计划两大方面，没有考虑清楚之前尽可能不要匆忙要求员工实施，即使是一件管理者认为再重要的事情都应该如此，资源不到位就代表时机不成熟，一旦强行为之，就可能会因为太忙、没人可以帮忙监督、没人可以去落地辅导等而造成实施效果不佳，最终这样的结果也会扰乱销售顾问的视线。

当同样的状况发生了几次之后，员工再面对管理者所提出的要求时可能就会抱着观望的态度。目前在终端销售现场经常会发生这种类似的状况，销售顾问对于管理者所提醒的部分总是反应"慢半拍"。其实不是终端人员反应慢，而是不知道领导说的这项工作到底是不是眼前最重要的工作。

因此，管理者有时候不应该着急批评员工，而应该先想想过去自己所提过的重要事情，真正落地、真正持续监督、真正身体力行的有多少，如果意识到了自己的问题，就应该先将自己调整好，只有这样才能以调整好的脚步去调整员工，否则上乱下更乱是必然的结果。

> **专家箴言**
>
> 要改变员工有时不能急于求成，许多时候员工的改变不持续，过一段时间之后就恢复原状跟管理者的管理方式有关。一旦管理者急于求成，没有做好短、中、长期的计划，当在短时间内没有看到员工明显的改变时，慢慢就会放松对员工的要求，一旦员工缺乏了要求、监督、考核，恢复原状是必然的结果。

终端管理·快速灵活·落地执行

管理者迷思十：为什么终端执行最终流于形式？

终端的执行流于形式已经是一种普遍现象，不足为奇。作为企业顾问，我经常在企业内谈项目内容的时候从高层口中所听到的是一种状况，实际到终端调研的时候经常看到的又是另外一种状况，很明显地感觉到上下之间对于事实的传递存在一定程度的认知差异，终端的情况并不是企业高层想象的那么好。

终端流于形式代表着企业许多需要执行的工作在终端并没有得到很好的落实，企业希望终端得到的成长并没有落地，甚至企业希望通过终端所收集的数据可能都未必有真实的参考价值。从执行者的角度来说，执行者流于形式的时间一长，就会养成几种坏习惯。

猫尾巴式的分析：

其一，说谎。为了免责，避免处分加诸自身，所以需要编出种种说法和借口来让自己顺利地脱身，甚至不惜编织谎言。

其二，推责。推卸责任一方面是对工作的抗拒，不想加重个人负担，但是另一方面是不想让自己承担说谎的压力。

其三，敷衍。不想做但却又必须得做，不愿意自己在考核和绩效上出差错，所以最终还是选择做，但是不会尽心去做，而是无奈地做、有抱怨地做，所以不用奢谈创意。

其四，抱怨。我们并不害怕他们向上抱怨，而是担心他们向下抱怨，向上抱怨我们还能疏导，而向下抱怨就会造成员工整体状态的下滑。一旦向上无法抱怨，向下抱怨就是再自然不过的事情了。

第二章 管理迷思十问

一旦员工产生这些负面的能力之后，整个终端就会变成企业的负累，可能连一件简单的事情也都执行不了。

我个人认为终端流于形式虽然很可怕，但对于管理者而言，有两种状况比流于形式更加可怕。

猫尾巴式的分析：

其一，自欺欺人。

明明已经知道终端执行流于形式，但却睁一只眼闭一只眼任其发展下去，而且不断找各种理由来安慰自己，问题一拖再拖，始终得不到解决。

其二，自我封闭于象牙塔。

真心没有发现流于形式，还一直以为终端执行得很好。如果是这种状况，那就代表管理者与终端的脱节已经不是一朝一夕的事情了。终端是企业业绩的来源，管理者的工作应该围绕着终端发展而运转，如果已经跟终端形成了实际脱节，那么我们每天的忙碌是有效的还是无效的呢？台面上前景一片美好，台面下却波涛汹涌。

终端执行流于形式绝对不仅仅是终端的责任，更大的责任应由所有终端运营的管理者担负，这道理显而易见，如果终端可以长时期流于形式，不是管理者默许，就是终端执行者实在遮掩得太好让所有管理者都没有发现，显然后者的可能性会更大一些。

专家箴言

操作流于形式的原因很多，但管理者一定要知道，流于形式之后受到伤害的绝对不只是品牌，执行者甚至顾客都会受到伤害，因此如果明明知道已经流于形式还继续纵容而不去积极地寻求改变与调整，这伤害将会扩大，甚至执行者也会对之后所有需要执行的工作改变态度，慢慢地让流于形式变成个人工作中一个糟糕的习惯。

主轴工作混乱

所谓主轴工作混乱就是，对终端执行人员来说，在工作上已经分不清楚何为主何为次。因为终端事情太多，如陈列、货品数据分析、人员培训、业绩完成率等都重要，所以有时候都分不清主次，或者有时虽然能分清主次但却无法将自己的时间按照主次进行分配，总有突发事件不断干扰自己，身不由己地违反主次工作。终端执行人员的这种无奈心情有时是中高层管理者很难想象的，他们会认为管理规定与指标都清清楚楚地公布了，为什么还混乱呢？除了前面所讲的不清楚执行的意义、没有能力执行、没有监督等之外，我个人通过多年与终端执行人员的沟通总结出了几点供各位管理者参考一下。

猫尾巴式的思考：

其一，公司政策变动过快。

任何一项政策要执行落地都一定需要时间，对于店长这个岗位来说，他们是最基层的管理者，能力上的缺口也比较大，毕竟许多店长都是因为业绩表现不错从销售岗位被提升上来的，然而销售能力却不等于管理能力。因此，如果领导以自己的能力作为执行上的预估，或是高估了我们店长的实际能力，就会发现在执行上问题重重，结果不是他们没有意愿去执行，而是能力跟不上总部变化的速度。因此在时间的考量上，管理者一定要以执行者的能力思考为准，而不是以自己的思考为准，一旦高估了，就注定会出现终端执行速度不如预期的现象。

其二，每个领导的侧重点不同。

这一点对店长来说确实是挺困扰的。店长之上有多层领导，每个领导都有自己对于终端业绩提升和管理上不同的见解与看法，他们都有自己专业的领域和思维，再加上许多管理者在所谓的职业化中越级与越权的现象更多，导致店长变得更加混乱。

第二章 管理迷思十问

其实所有的管理者都应该通过会议或是私底下的交流沟通,对终端的运营先达成共识。领导者们之间不管是关于领导力的较劲还是专业能力的较劲,不论是有心还是无心,都不要在店长的面前表露出来,因为这样的较劲最终只会让店长陷于两难的境地。

其三,终端没有统一的端口。

对于店长的信息来源管理,企业应该首先明确以什么样的形式来推行、由谁来负责传递指令、通过什么方式传递等,应当统一设立一个端口来面对店长,让店长习惯从一个端口接收指令。否则,如果各个领导都下达指令,而指令又不一致甚至矛盾的话,最后就会导致店长不知道该以谁的要求为执行方向和标准。

这一点所有的管理者都要自我要求谨守不越权的职业操守,不管是平级的旁部门之间还是同部门的上下级之间都应该如此。因为一旦逾越了这条线,即使是对的事情可能都会变成错的事情,甚至变成部门与部门之间的意气之争。一旦店长混乱,所有终端的执行都会混乱,当一个人不知道自己应该往哪个方向走时,最简单的办法就是停在原地动也不动,静观其变,等领导们自己先搞清楚之后再开始,免得让自己落入多做多错、不做不错的境地,这是店长最保险的做法。

其四,所有部门都希望在终端有所表现。

一个企业里会有许多的部门,而每个部门都会希望自己能在企业发展中有所表现,对企业有所贡献,因此每个部门都会在年度计划中规划自己部门的工作,当然这里面许多工作都会牵涉到终端,最后必须由店长来进行操作。只是大家都忽略了一件事情,店长是否有时间来做。而这种站在自己的立场出具的规定,未做好事前的沟通与协调,有可能遭到终端的抵触。

最糟糕的情况就是把各部门所交办的工作敷衍了事,而这些敷衍的工作交上去之后部门领导也没有提出异议,这样就会产生一种不好的影响:既然这样的质量就可以过关,那也就不必为了追求质量而加大自己的工作负担。因此,店长慢慢地对于这样流于形式的工作质量也就习以为常了。

其五，店长只有执行权没有反对权。

店长作为第一线的执行者，面对的是销售顾问与顾客，因此店长在执行上所遇到的问题应该得到管理者的重视，因为这些问题如果没有得到妥善处理，执行上的推进就会滞后，甚至最终流于形式出不了实际执行的成果。但现实情况是，我们品牌企业并没有开放的平台让我们的店长有反对权和发言权，因为多数管理者喜欢看到的是结果，而不是问题，所以他们的声音经常没有获得管理者的重视。

> **专家箴言**
>
> 管理者千万不要期待终端执行者可以分清主次，就算能分清主次，他们也无法抗拒由上而下的种种命令。因此，许多时候执行流于形式是因为每一项被交付的工作都有期限，而每一项工作对于各部门来说都是重要的，在有限时间内要将所有的工作完成，还要顾及销售业绩，自然工作质量就会受到影响。因此，管理者要为终端把关，将工作做出合理的安排，否则工作最终的结果除了价值有限之外还耽误时间。

没有过渡的适应期

如前所说，任何一项工作要在终端落地执行都需要时间，如果没有给足时间，就是在拿执行的结果开玩笑，毕竟我们在终端所要执行落地的工作大多都不只是牵涉到一个人，而是一大群人。因此，不管执行的难易程度如何，我个人认为或长或短都应该给员工一个可以接受的过渡适应期。管理者可以客观地从以下几点稍作思考。

猫尾巴式的分析：

其一，技能提升。

如果管理者所交付的执行工作牵涉到终端人员的技能提升，管理者

第二章　管理迷思十问

就要有心理准备，因为技能的提升绝非一朝一夕的事情。技能的成长与最终实现的终端执行落地之间一定要有过渡时间的设置，在过渡期间管理者要制订严谨的培训推进与阶段性考核计划，做到严格的监督，为执行的结果提供最佳的保障，将流于形式的可能降至最低，让员工的能力在真正做到提升之后足以支撑我们所交付的工作和任务。而不是在指令下达之后放任其自由地学习，等到截止时间到了做一次性考核，如果最终考核结果不满意，那么管理者很容易将责任归于终端人员学习不用心、不尽力。其实在管理者放松监督的时候，终端人员也许早就已经将考核的事情忘得一干二净了。

给终端人员过渡的适应期并不代表放纵，而是对于最终结果严谨的对待。

其二，旧有习惯。

不管是工作的、生活的还是学习的，每个人身上都会有一大堆旧有的习惯，而且对于旧有的习惯有一定的依赖，在没有足够的理由支撑下，容易出现拒绝改变的状态。因此，管理者要求员工建立新习惯时，不仅要做难度上的评估工作，而且还要人性化地看待习惯在一个人身上的影响力，因为大多数人在建立新习惯的同时还会受到旧有习惯的牵引，这个部分是不能够被忽略的。

当管理者预留出了适应期之后，可能大多数人还是会在最后的期限到达时才会做出完全的改变，因为最后的时间期限会让一个人下定最后的改变决心，但是留一点时间让员工渡过心里的挣扎期，完成自己内心的沟通，预留这段过渡期的意义就达到了。

其三，能力强弱。

在我们的店长群体中，他们的个人能力状态参差不齐，专业水平上也存在一定的差异，这是许多管理者都清楚的终端现状，也是管理上无法逃避的事实。因此，要让不同能力和专业状态的人最终可以做到一样的事情、达到一样的要求，要以最低能力的店长作为思考的依据，如果最低能力的店长在时间期限之内都可以做到，那么最高能力的店长就不应该有任何的借口让执行的结果流于形式。

管理者在最终的落地执行方案上，一定要让新老店长、能力差异的店长都心服口服，千万不要让能力强的店长做好变成是应该的，而能力弱的店长执行不落地就是可以被允许的。同样的工作出现两套执行的要求和标准，这样的做法可能会让能力强的店长心理不平衡，而能力弱的店长觉得自己不如他人。

其四，内容调整。

许多方案在执行前期制订的时候都会存在过于理想化的设定，出现这样的状况是正常的，很少有人可以在执行之前就把所有可能出现的问题都提前解决，难免会有疏漏之处。因此，预留一段时间的适应期，不仅是为了员工着想，对于管理者来说，也是对自己所要执行的落地方案负责，可以让自己在执行落地的过程中发现不足之处以修正方案，让方案更加可行。

基于以上几点的思考，我建议管理者，与其匆忙地追求执行效率，还不如淡定地、按部就班地循序前进。正所谓有"心急吃不了热豆腐"。一个高效的管理者在追求速度的同时也要追求结果，一旦结果与速度之间出现抵触，也要选择结果而不要选择速度，因为到达目的地才是最重要的。

> **专家箴言**
>
> 适应期对于执行落地来说是一段很重要的时间安排，也可以为我们扫除许多执行上的障碍。

检查内容与终端现状矛盾

终端的现场是一个品牌实际作战的战场，瞬息万变，稍有市场变化终端就要及时采取应对策略以应对顾客需求或竞争对手变化，从而对顾客的消费起到导向性的作用。

在终端现场上经常会有种种不同的现状制约,甚至是总部始料未及的状况,结果造成方案执行的统一性出现变数,如当班的人数少、员工离职造成编制不足、陈列面的大小、商场的规定与要求、实际销售的现状与顾客的习惯等,这些都有可能发生在每个不同的销售现场,而且不同的卖场问题还有差异。一旦在执行过程中发生了这些制约执行的状况,且不能及时取得上级理解或做法上的指导,执行者就会纠结是以销售业绩为思考的重点,还是以公司所考核的规范内容为重点,左右为难。

过去经常听到陈列师抱怨自己工作上的无奈,刚帮店铺做好陈列离开,店铺就将陈列调整回原来的样子,完全处于猫捉老鼠的状态。当然,我们从陈列师的口中所听到的就是加盟商的陈列意识不足,对于终端陈列不重视,没有做品牌的概念。这些现象是现实存在的,不过会出现这样的现象,陈列师可能也要反思一下,是不是终端存在某些现状是我们考虑不到或是了解不够充分,才会造成这样失控的局面。

猫尾巴式的分析:

其一,业绩表现。

在业绩的体现上,有时用加盟商的经验陈列确实可以取得比公司的标准陈列更好的销售业绩。会形成这样的结果跟加盟商对当地区顾客的习惯、消费层次与竞争对手状态高度把握有关。所以加盟商为了增加利润,就会选择对自己有利的陈列方式。

因此,管理者要思考的是如何将现有的标准和规范与加盟商的经验陈列做一定的结合,做到充分沟通之后强强联手,扫除加盟商的顾虑,做出对加盟商有利的卖场陈列,而不是派一个员工下市场执行标准。陈列是为终端业绩服务的,而不是被终端业绩服务的,这个逻辑应该是要遵守与实践的。

其二,现有的顾客群定位。

品牌想要提升市场定位,改变顾客群的结构是正常的,但是提升定位与改变结构也需要分成几个不同阶段的目标,持续推进以实现完全转型成功。这么做在让原有的顾客群逐渐适应品牌改变的同时,也让新顾客群逐步认识品牌、导入品牌成为消费者有利于维护原有的顾客群,从而能让加盟商在稳中求胜的状态中慢慢地适应并跟上品牌的脚步,一旦正面改变的效果体现出来,加盟商就会自动加快改变的脚步,和品牌大面积的配合执行。

其三,季节差异。

中国市场地域广阔,南北温差极大,再加上现在的天气变化剧烈,前后两天的温差可以高达十几度,该冷的地方不冷该热的地方不热,这种季节和温度的差异也造成了执行上的冲突。关于这部分的冲突我就看见过好几次,公司规定要尽可能消化秋装以避免库存,因此要求店铺里要有一定比例的陈列展示,虽然当地的天气已经不再适合做秋装销售,但是在公司的规范之下必须有大面积的秋装陈列展示。所有人都对此表示不满,但由于公司要派人来考核,所以谁都不敢做决定改变,致使来店的顾客来了就走,没有业绩可言。

其四,地区差异。

不同的区域对于时尚的接受度不同,不管是款式、风格还是颜色都会出现或多或少的差异,这时候现场应该如何陈列关键要看当地消费者的接受度。不同的陈列可以满足不同的区域和不同的消费人群,陈列始终围绕着终端店铺的销售业绩进行思考,因地制宜是最重要的。

其五,周边环境状态。

不同的商场、不同的顾客群、不同的周边品牌等周边环境的差异也会影响到店铺的执行与操作。因为周边的环境会影响周边出现的消费顾客群,而这些消费顾客群会有比较接近的心理需求和生理需求,品牌如果希望吸纳这些消费顾客群成为我们的消费者,就应该靠近他们的需求,让他们有尝试的勇气,慢慢走进品牌的世界。有点距离也许是好事,因为一点距离可以让我们和其他品牌产生错位,但是距离如果太大,可能就不一定是好事了,顾客可能会欣赏观望,但却未必会靠近甚至是走进。

当检查的内容与实际店铺运作出现冲突时，店长就会出现先敷衍后干实事的做法，本来只有一件事，现在却变成了两件事，而且两件事都重要，一个是要通过公司考核，另一个是要把业绩指标完成。其实我个人认为在终端标准化运营上，有一个重要的原则就是"抓大放小"，在不违背大原则的情况下，可以结合当地的民情与其他的特殊因素允许个体存在差异，一方面会比较贴合终端的实际操作，另一方面也可以借此增加店长的参与感与责任感。

> **专家箴言**
>
> 不管个体的差异与实际的状况，只是一味地要求执行是不实际的做法，尤其对加盟商来说，业绩和收入是他们继续经营下去的生命。因此，不管是什么样的落地执行工作，管理者都要打开耳朵听一听执行者的声音，因为执行的目的是追求更好的结果，而不是追求执行之后的形式。如果执行方案与现实状况有冲突，那是执行方案的问题而不是执行者的问题，所以需要调整的是方案而不是执行者。

检查者的检查态度

去年一次在店铺里准备带教的时候，突然从外面进来一男一女，两位都带着一张严肃不和善的脸，双手背在后面，进到店铺里之后一言不发，然后开始针对表格上的栏目进行填写，我从店员一副戒慎恐惧的表情中猜测是公司来人做终端检查，只是我没有想到是这样的检查氛围。当他们离开时，冷冷地放一句话下来"刚刚我进来的时候你们连迎宾语都没有"，然后头也不回地离开，一副对终端失望到无话可说的样子。

我对这场面有点震惊，如果我是终端销售人员，对这样的检核不仅抵触，还会有几种负面的想法。

> **猫尾巴式的分析：**

其一，就算没有做好，也不用以这种指责的语气纠正，即便你是公司里的高层，你的工资里有我销售的贡献，如果没有我的销售，你的工资还不知道在哪里。

其二，如果是出于不信任来挑错的，不如直接炒掉我来得干脆，被当作小偷的感觉确实很糟糕。

其三，有本事的话，你也来站几天终端，看看站几天之后你会不会做的比我更好，如果让我心服口服，以后你爱怎么检查我都接受。

其四，总部的人就是了不起，来到终端的时候就是高高在上，难道终端员工就不是员工，连获得尊重的资格都没有？

其五，你有待过终端吗？了解过终端吗？如果没待过，没了解过，凭什么来检核我？要检核我也要找一个专业的人来，外行检核内行是什么状况？

也许以上想法并不成熟，但却是我换位在销售顾问身上时真实可能出现的想法，因为那感觉真是令人太不舒服了，也难怪以前听他们提到公司检核时，反感的表情几乎是统一的标准化。当一个终端人员面对考核出现这样的心态和想法时，考核所造成的负面影响就不能不有所顾虑，因为这会让终端人员与品牌之间的距离渐行渐远，慢慢地就可能只剩下雇佣关系了，企业文化的传承也可能在这一个环节上破坏殆尽。

检查工作是一件重要而且神圣的工作，一方面需要呈现出真实的终端现状，另一方面还必须能够在终端与品牌之间产生正向的联系。做检核但不招人讨厌，是一项很有难度的工作，因为他必须具备几个关键的修养。

> **猫尾巴式的分析：**

其一，专业。

到终端去做检核，专业是最基本的素质要求。一个要对终端执行调研的人员需要经过严谨的训练,从标准的解说、评分的依据、行业的特性、执行的细节到立场的掌握等都要经过严格的把控,才有资格到终端去执行调研的工作。因为经过这样专业的训练之后,才能够采集到终端真正具有参考价值的数据,让专业的人去做专业的事情。如果品牌在执行检核的人员身上并没有做到专业的付出,那么第一个流于形式的根源就是企业品牌本身而不是其他人。

其二,平等。

在企业内的任何岗位上工作都没有贵贱之分,只是工作职责不同的而已。检核人员之所以会跟终端人员形成对立,不具有平等的态度是最大的关键所在。如果检核人不具有企业之内人人平等的职业素养,就没有作为检核人的资格,因为平等是检核人可以公平做出评价最重要的基础。一旦一个人的心态出现扭曲,对于眼睛所见的东西就会受自己主观偏见的影响而无法做出正确的评价,对于天天站在终端一线上辛苦付出的员工来说,是不公平的。

其三,严谨。

检核之后一定会有结果,对于好的部分应该详尽记录,对于不好的部分也应该究其原因之后详加记录,让品牌总部了解问题的根源,而不是随便对员工做出评价。

因此,检核人员要严谨地面对工作,不仅要关注眼前所看见的状态,更要关注形成这状态背后的原因。如果检核人员可以做到如此,终端的人员就会心服口服。

其四,公平。

检核人员要与被考核人保持一定的距离,不要让交情的深浅影响到最终的结果,毕竟可以做到公归公私归私的人比较少。另一方面,终端人员是很敏感的,一旦发现检核人员与被检核人的关系密切,不管检核的结果如何,都容易让人出现不当的联想。为了避免瓜田李下之嫌,检核人员应该妥善处理自己与终端人员之间的关系,自律地要求自己保持公平、公正、公开的立场。

其五，友好。

检核是一项工作，但却不一定是要做到令他人抗拒的工作。它可以在友好的状态下进行，可以让终端人员轻松地面对，好的部分获得到赞美，不好的部分也可以开诚布公地交流探讨，不能光看结果，而不问原因。因此，虽然是检核，却也不一定要把氛围变得非常严肃，使员工深怕自己犯一丁点的错误。

假设考核人一进到店铺首先是微笑，其次是握手，然后自我介绍，最后将自己的来意说清楚之后与被考核人一起做终端店铺检查与交流，这样的检核状态是会让人更加容易接受一些。检核的目的是要找出不足的地方加以改善，而不是打击终端人员的自信心，是要让终端不断地进步，而不是要让终端人员带着压力和恐惧工作。如果目的是确定的，那么我们就应该非常清楚自己应该如何在下市场时进行终端的有效检查了。

检核与被检核之间是一种微妙的关系，不当的检核会让人失去斗志，会让人失去在一个岗位上工作追求卓越的欲望。当这一切失去的时候，流于形式就是注定的结果。

> **专家箴言**
>
> 检查工作的进行不应造成执行者的抵触，一旦执行者出现抵触情绪，执行的内容就不会有创造力。不管这件事情是不是可以对他有帮助，心里的意愿大打折扣时，执行的情绪就不会高昂，当然最终会影响到执行的结果。因此，检查应该是平等友好的，而不是相互不满甚至对立的，如果立场有问题，一个检查可能就可以毁掉整个执行的结果。

无有效的时间管理能力

当管理者把所有的工作交代给店长时，如果管理者将这些工作一一分开并且给足时间让其操作，就会发现大多数店长都可以将其很好地完成,但是如果让店长自己去安排时间完成,就会发现不是这做不好就是那做不好,总之是不尽如人意。因此,最多的抱怨就是没有时间,不能好好静下心去填写这些表格,知道怎么做,但却没有时间做,这是我听过的最多的理由。

其实没有做好不一定代表就是专业技术不够,有时候没有做好是因为在时间管理上出了问题,没有将时间做有效的分配,以至于工作杂乱时间浪费而不自知。如果是时间管理出了问题,我们却一直在加强他们的专业能力,最后得到的结果是店长越来越专业,但工作质量却未必会有明显的提高,反而有可能把终端店铺的管理越搞越复杂。

我经常和店长聊天,发现他们并不是没有时间,只是不善于合理利用碎片化的时间,他们一心期待在店铺中有一整段没有事情的时间可以让自己安心去处理公司所交付的工作。但这种期待在店铺中是不切实际的,因为店铺的大门从打开开始随时都会有顾客进店,需要接待、销售、服务,需要店长将心思放在业绩的提升上,这种随机的工作状态在店铺中是一种常态,因此要有一整段完整的时间可能性不大,如果没有经过良好的时间管理训练,店长自然无法将工作高效高质量地完成。我曾多次在现场进行过调查,90%以上的终端管理者不曾接受过时间管理的训练,也不曾自己买一本书回来研究,大多只是凭自己的经验去安排,最后得到的结论就是工作量太大时间不够,没有意识到是自己的时间管理能力需要提升。

如果管理者真心要看看自己的时间管理是否有问题,可以做一个有趣的统计作业。你可以从到达店铺开始,详细记录自己每一个动作花费的时间,如几点几分开始开早会、几点几分结束,几点几分与某员工沟通、沟通了什么内容、花了多长时间,连续统计三天,你就可以看出自己每天在店铺的时间安排情况。您会发现几个结论。

猫尾巴式的分析:

其一,许多时间段无工作记录,无详细内容填写,这段时间可能是在思考，可能是在发呆，可能是在店铺里闲逛，因为没有实际的工作内容，所以无法形成有效的记录。

其二，单个员工的沟通时间太长，有时一件简单的工作应该二三分钟就可以完成，但却花费了很长的时间，因为在沟通中可能出现了闲聊的话题，结果这一聊时间就悄悄地溜走了。

其三，吃饭与上厕所的时间加总起来也会占据一段不短的时间。

其四，创效性的工作时间过短。所谓创效性工作是指培训、模拟演练、专业知识与搭配培养等，这种时间如果偏短，员工的能力提升自然就会缓慢，员工的工作能力越弱，店长的负担越重、时间越少，恶性循环。

其五，突发事件时间占比过多，如一通电话、领导突然交办工作、领导来店巡察、商场主管到店等。因为不懂得拒绝，不懂得说明情况，总是配合外在环境的变化随机工作，甚至做一些无足轻重的接待。

其六，表格填写时间过长，这跟表格填写过程中经常思路被其他工作打断有关，一旦被打断又必须重新来过，结果延长了完成的时间。其实只要懂得妥善安排工作，避免员工打扰，就一定可以找到一小段时间让自己静下心来完成工作。

其七，工作计划性不足，导致临时想到然后赶紧做的状况频频发生，一方面打乱了今天应该做的工作，另一方面急着赶作业又出不了高质量的工作结果。

同样的工作时间，有些店长在工作上可以轻松应付游刃有余，而有些店长却整天工作都在忙乱之中度过，每天筋疲力尽。能力差异只是其中一方面，更多的还是在时间管理的能力上，其实这一点在店长日志上就可以看出端倪。每日的工作没有清晰完整的计划做支撑，自然就可以提前预料到店长的工作时间分配是随意的，这种随意的时间安排势必造成许多时间的浪费而不自知。

终端是非计划性之内工作最多的场合，店长这个岗位是属于什么事情都要做而且大小事情都要管的一个岗位。所以时间管理的能力就显得更加重要，一旦时间管理出了问题，不仅店长自己会疲于奔命地应付所有来自企业的工作指令，而且也会影响到最终交付企业成果的质量。因此，企业如果希望终端是高效的，时间管理这个科目就一定要重视起来，通过提升员工的时间管理能力来创造一个高效管理的店铺。

> **专家箴言**
>
> 时间管理的能力是需要被教育辅导之后才能具备的技能。终端工作多且繁琐，并且随时还会被进店的顾客中断，如果没有良好的时间管理能力，很容易在低效中忙碌地度过每一天。因此，时间管理能力是让终端执行者高效运作的重要能力，而这份能力的提升需要管理者予以培养才行。

第三章

猫尾巴式管理：终端执行落地模型

第三章 猫尾巴式管理：终端执行落地模型

每一年服装行业都会流行一个管理的话题，从过去的开大店、开多店、公司化、精细化一直到去年高声疾呼的零售转型、侃侃而谈的执行落地，因为企业管理走到今天，标准、流程、制度、表格早已经数不胜数，甚至是泛滥成灾。但是，在发展运营过程中还是产生了诸多问题。他们通常不是不知道要在终端落地哪些方面的内容，而是在落地执行的过程中出现了种种障碍导致无法真正落地。他们也并不是不知道自己的终端应该呈现出什么样子，而是不知道如何将终端真正变成自己想要的样子。

从开始信心满满地预期执行结果，到最后流于形式的无疾而终，管理者在这几年的执行落地上确实没少遇到挫折。当然，遇到这样的挫折也有其正面的意义。

猫尾巴式的分析：

其一，让管理者从心底真正重视终端的所有工作，因为重视多了所以随意少了，严谨多了所以失误少了。

其二，可以用更加缜密的思维面对终端的工作，从制订、传达、计划、实施到监督、考核，清楚地意识到每一个环节的失误都有可能导致最终不落地的结果。

其三，意识到个人落地执行与组织落地执行的不同，一个人做得到不代表组织内所有人都可以做得到，逐渐在挫折中从个人思维发展到组织思维。

其四，管理者对于店长岗位的重要性进行重新评估与认识，因为店长事实上已经成为执行是否落地与不落地之间的关键因素。

其五，加强总部与终端之间的交流，让终端与总部之间的信息往来更加顺畅一些，避免总部与终端之间的脱节现象，各自为政。

其六，终端管理的脚步"从快向稳"转变，拉近了理想与现实之间的距离，反璞归真，按部就班，从量到质转变。

不过，管理者也要从中得到一个重要的启发，就是一旦推行的方案无法执行落地，就会有两种损失产生，管理者必须引以为警惕。

猫尾巴式的分析：

其一，是资源的损失。

对企业而言资源是有限的，不管是人力资源还是财物资源，总有其用处，因此每一年企业都需要在自身资源的运用上绞尽脑汁，期待通过资源的妥善运用得到最大化的效果，避免资源的浪费与效益低下。一旦企业的方向确定，这个方向就有可能是企业全体上下倾注心力、资源投入最大的部分，是所有人、财、物集中的焦点，若运行成功，其产生的成就是最大的，但若失败，造成的损失也有可能是最大的。

其二，时间的损失。

在执行过程中时间是必然需要投入的，一旦执行没有结果，那么消耗的时间成本更大，因为时间代表的是解决问题的契机，这最佳的契机未必还会再次出现，因此企业除了对于资金运用要谨慎小心之外，面对时间也应该有相同的态度，甚至要更加重视，因为时间是无法用金钱来衡量和购买的。

第三章 猫尾巴式管理：终端执行落地模型

> **专家箴言**
>
> 任何执行都需要成本投资，不管是有形的还是无形的成本，既然有投资就一定会有回报或是损失，但是大多数管理者只会计算有形的回报或是损失，很少认真评估无形的回报与损失，而一个好的管理者应该平等地兼顾两者，因为两者对于企业来说同等重要。

终端执行落地模型的缘起

整个终端执行落地模型的思考起源于终端的几个现象。

猫尾巴式的分析：

其一，店长的负担加重。

这两年到终端经常听到一句关于店长的玩笑话："终端店长现在不是表哥就是表姐！"这句话的意思是说目前许多店铺的店长整天忙于各式各样的表格填写，甚至要占据下班之后的一段时间才能完成。其实表格多是一回事，店长的能力足不足以较好地执行又是另外一回事，但是不管是什么原因造成的，店长的负担越来越重是事实，甚至这些附加的工作已经开始模糊店长本身的角色，以及应该发挥价值的方向了。

我个人认为，店长应当把大部分工作精力投放于带着销售顾问做创效性的工作上，如业绩提升、现场激励、技能改善等。当一个店长的时间都被表格占据时，店铺业绩的完成情况可能就会出现一定的风险，毕竟能将时间做出妥善安排和运用并具有一定的时间管理素养的店长并不多，同时愿意牺牲家庭生活的时间，全心全意投入到工作岗位上的店长也有限。

其二，店铺日志形同虚设。

一般店铺日志是品牌企业精心思考设计之后的结果呈现，除了印刷精美之外，里面还有各式各样的数据栏目，如果这些内容都可以被认真地填写和执行的话，管理者不仅可以通过店铺日志收集到各式各样的有效数据，也可以让店长在工作中养成做计划的习惯以提升店长的工作效率。

不过可惜的是，在执行终端项目的时候会发现许多店铺日志的填写过于形式化，除了应填写的基础数据之外，其他的部分都不尽人意。产生这样的问题绝对不只是店长个人意愿或是管理者没有做好监督和考核这么简单，它应该是多重因素的组合，最终才会出现这个令人无奈的结果。因此，单方面指责店长执行力不足、加盟商管理意识不强或是督导监督不到位都是不公平的，管理者应该静下心来分析整个执行不到位的因素到底是什么，或许它的根本原因就出在企业身上。

其三，企业管理者的想法与终端加盟商的实际状态不一致。

我经常听到企业主管或是企业高层希望通过培训来改变加盟商的思维，希望他们可以去除小富即安的心态，拿出二次创业的精神来面对市场与企业共同奋斗。但是，我在与加盟商交流的时候发现，大多数加盟商并不是他们所说的那样。

他们停滞不前的根本原因并不是小富即安，而是没有做大的把握和信心，说得通俗一点就是他们没有做大市场的专业基础，毕竟大多数学历并不高，也没有受过正规专业性的管理训练。在日新月异的市场环境下，他们可能存在双层恐惧：一是害怕被市场淘汰，想前进但又不知道应该如何前进，好不容易前进了一步，又发现困难重重；二是害怕投入做大之后自己又难以把控局面，担心自己过去的心血在经营不善的情况下损失殆尽。

如果要让加盟商大胆地向前，就要给他们提供一些支持和帮助，如管理上的支持与承诺、投资风险的评估与规划等，让他们可以对自己的未来有足够的安全感。只要找到每个加盟商的心结，给予相应的解决方

第三章 猫尾巴式管理：终端执行落地模型

法，加盟商向前的脚步就会与以往大不相同，毕竟对大多数生意人来说，都不会嫌钱多。

其四，企业对于培训效果的质疑。

时代在进步，培训市场也不断进化，企业从过去的课程需求一直发展到现在的项目需求，从对讲授内容的要求发展到培训落地实操的执行结果，越来越多的企业需要的不只是一次性的培训，也不只是着眼于课堂的氛围营造，而是可以在培训的同时将内容在标竿店、样板店进行落地实操，从而可以提炼出"由点到线再到面"的推广方案。

作为一个培训师，一定希望自己所传授的培训内容可以执行落地，绝对不会希望受众在听完课程之后很快就恢复原状甚至完全遗忘。不过，这些培训的知识点最终是否可以落地执行并不是由培训师来决定的，最关键的还是培训结束后企业采取的实际的执行方案如何，如果企业没有持续延伸的做法，单靠这一次的培训，可能效果不会特别明显。

其五，终端人员流失。

人员快速流失是许多企业的培训部门共同的困扰，是企业在终端执行统一操作时的障碍，常常一批人刚刚培养完，还没有真正在企业贡献出价值就离开了，接下来又是另外一批新进人员进入，重新培养的话需要时间和费用的投入，不重新培养的话监督考核又无法统一执行，因此新员工的执行落地问题长久困扰着企业。

其实要解决这部分问题，除了店铺要尽量简化对人的依赖之外，还要以"简单、快速、易复制"作为核心思考点，让新进员工可以在最短的时间内通过学习胜任工作，同时让店长可以承担起培养的职责，做好员工培养的工作，并且在管理者的监督与考核上也简单要求，只有这样才能克服人员的快速流失所造成的执行落地困难。

其六，执行者能力与内容不匹配。

这是存在于终端执行上的普遍现象，我经常从管理者口中听到他们要求店长要做到各项工作，不仅保质还要保量，如流程执行、表单操作、数据分析、文案报告、培训落地等，要求很多也很全面，要做到这些工作对于店长个人能力的要求是很高的。如果这些工作店长都有能力可以做到的话,我相信店铺管理可以走上良性的循环,而且是一个专业化店铺的体现。

但是,我在与店长实际交流中却发现他们的实际能力的状况与管理者的认知有一定的差距,甚至经常出现较大的差距令人诧异,会出现这样的结果就是管理者与终端脱节造成的。因此,店长面对这些工作时总是压力重重,不但没有工作上的成就感,伴随着他们的反而经常是挫折感。而管理者一旦抱着这样的认知去执行落地工作就会让自己陷于被动,发现最终呈现的结果无法满足自己的要求,这时候管理者与执行者之间的矛盾和冲突就会出现。

其他如连带率的提升思考、终端执行力不足、中层人员对执行内容不熟悉、总部与终端之间的认知有落差,以及许多流程表单的执行不落地等,也都是触发我开始深度思考解决方案的原因。

我个人经常听到的原因就是执行者的执行力不足,其实执行力不足只是一个概括性的说法,能力不匹配也是造成执行力不佳的主要原因之一,这时候的执行者有心无力,只能做到自己能力所能支持的部分,对于能力之外的部分即使有意愿也无法实现。有时意愿并不能解决所有问题,没有能力空有意愿也无法执行出令人满意的结果。

因此,能力的评估是执行前的重要思考,如果这部分没有做好,再加上能力不能马上得到明显提升,一旦执行遇到能力的阻碍,要短期解决执行落地问题的可能性就微乎其微了。

> **专家箴言**
>
> 许多问题其实已经在终端存在很长时间了,只是这些问题被管理者以常态的角度去理解或是受到一些固化条件的限制导致解决方案思考的停滞。一个问题没有解决,可能会导致新问题的产生,最后问题越来越多、交错复杂,更加大了品牌前行的困难。其实解决问题不一定很难,但是如果方向思考错误,再简单的问题可能也找不到答案。

第三章 猫尾巴式管理：终端执行落地模型

终端执行落地模型解读

终端执行落地模型是完全针对执行落地的工作所总结出来的工作模型，不仅可以小范围地用在终端执行上，还可以大范围地运用在企业内所有需要执行落地的工作上。这个模型包含了几个重要的组成部分：一个核心、四种角色、六大方向、十二项重点。

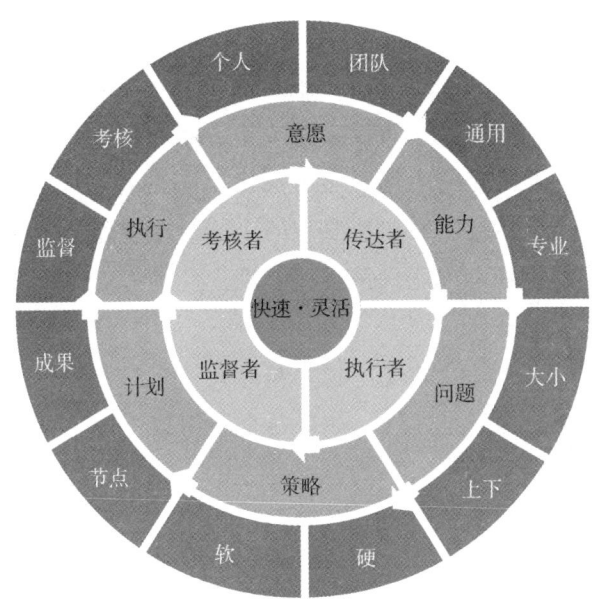

一个核心：快速·灵活反应

究竟为什么要以此为核心？在解说之前我们可以再重新思考一下本书在序言中所提到"究竟是企业在服务终端还是终端在服务企业？"的问

题。只要对这个问题的认知够清晰,也就能明白以"快速·灵活反应"为核心的重要性了。

正因为目前市场上大多数现状是终端在服务企业,所以我们会发现"终端的反应速度慢"逐渐成为市场上的通病,如货品的调换速度慢、新品的交货时间不准确、维修商品所需要耗费的时间长、终端物料的申请批复时间长等都直接影响了终端的销售业绩。因为速度慢,所以顾客可能出现不满意的状况造成顾客的流失;因为速度慢,所以赶不上竞争对手的活动策略造成顾客消费的转移;因为速度慢,所以货品的周转速度减缓造成业绩的隐形损失;因为速度慢,所以失去了解决问题的契机,造成问题的延续或恶化。这所有的"慢",可能会让坐在办公室里的管理者有一定的感受,但却不足以令管理者如终端执行者一样心中急如热锅上蚂蚁,焦虑不已。

一个快速·灵活反应的终端,才能驾驭千变万化的市场,才能让顾客获得满意,才能锻造企业的核心竞争力。如果是企业服务于终端,那么终端在面对加速变化的市场时会越加快速与灵活;反之,如果是终端服务于企业,那么终端面对加速变化的市场时则会越加迟缓与笨拙,就算创造了较好的业绩也可能只是昙花一现,这种情况在近两年的服装企业大洗牌中比比皆是。

我们看到许多代理商的规模越来越庞大,组织架构越来越清晰,但是终端的反应能力却越来越慢。如果整个组织架构在建设之初并不是围绕着终端"快速·灵活反应"为核心建立的,那么这样的组织架构最终很难具备高效的终端实战能力,可能就形式而言它很专业,但以业绩的实现来说,却未必具有推动作用。曾经我听过有些公司老板主张先把公司框架搭建起来,然后再慢慢补肉,对于这样的说法我持保留的态度,因为这个框架一旦搭建起来,就会面临以下问题。

猫尾巴式的分析:

其一,费用成本增加。通常公司组织架构扩大后,人员工资、福利

第三章 猫尾巴式管理：终端执行落地模型

待遇、五险一金、差旅补贴等都会增加，而且这些人事费用的占比会节节升高，甚至可能会高出当时搭建框架时的预估。

其二，工作流程繁琐。组织结构搭建后，其对应的部门之间、上下级之间的工作流就会较为繁琐，而且还会有岗位的权责划分，上传下达、旁部门协调都需要花费一定的精力，否则就会互相牵制导致效率低下。

其三，管理者能力面临考验。公司组织架构中人员的增加对管理者的管理能力提出了严酷的考验，在学习管理的过程中花钱买经验的事情屡有发生，这些有形的或是无形的损失让管理者焦头烂额。

因此，我比较支持以"快速·灵活"为核心，循序渐进地在实用的基础上只做部分的公司框架逐步推进，当在公司化的过程中牵涉到增设岗位或部门时，也不能偏离这个核心思考，并且要严格控制，要明白人越多，部门越多，中间的关系就会变得越复杂。如果大家的核心关键因素认知没有统一，那么最终就会因为互相牵绊而失去了灵活的终端反应力。

改变是必需的，而且企业要往大公司化运作方向发展，这也是必经之路，但却不一定要将自己置之死地而后生。企业管理混乱不是一天造成的，因此，想要调整过来也不要急于一时，通过循序渐进的改变也可以增长管理者自身的管理能力，让公司化运作不至于失控。企业应当追求健康的"快速·灵活反应"的公司化运作，而不要追求病态的"官僚化、形式化"的公司化运作。

> **专家箴言**
>
> 当终端失去"快速、灵活反应"能力时，就代表我们的机制已经出现了问题，这问题可能不是组织不健全，不是流程规范不够多，不是制度不够全面，也不是培训不够多，而是核心思想已经渐渐被淡忘，逐渐被所谓的正规化、规范化取代。当形式主义开始蔓延时，终端的反应速度就会变慢，如果不尽快解决，终端终有一天会一动也不动。

四种角色：传达者、执行者、监督者和考核者

大多数执行的工作除了有执行者之外，还有传达者、监督者与考核者，每个环节都是影响最终执行是否能完整落地的关键，因为执行落地不只是一个人的工作，而是需要一个组织、团队中的每个成员都恪尽职守共同来完成。

因此在考虑的层面上，就不能单纯以某个角度来进行思考，如果单纯以传达者的角度来思考，可能得到的结果会与执行的现实脱节，而如果单纯以执行者的角度思考，也没有办法看到整个执行落地过程中的全局，结果当然就会因某些方面的思虑不周而出现疏漏，最终导致执行的结果不如人意。

因此，个人建议管理者可以在执行之前做周详的考虑，避免在出问题时显得手忙脚乱。

第一个角色：传达者

大多数的管理者在执行落地的思考上，会从执行者角度多做思考，但却忽略了一开始没有良好及有力的传达，唤起执行者的重视，就不会有接下来出色的执行。因此，该执行的工作到底要由谁来传达给执行者，这是落地执行的第一种角色思考。有时候由谁来传达对执行者来说很重要，因为执行者可以借此来推测这个工作的重要程度，以及企业对这个工作关注的程度，因此在传达者的角色上需要做审慎评估不能随意，如果一开始就让执行者的心中产生错误的认知，导致重视程度不足，自然最终执行的结果就会受到影响。

一个督导的传达与品牌总监的传达意义一定不一样，毕竟在企业的职位已经表达出了位置不同的份量。但也不是因为要获得执行者的重视，所以不管事情大小都要由品牌总监来传达，而是管理者必须考虑每一件要终端执行落地的工作的重要性，然后选择适合的人来作为传达者，用最合适的人达到最佳的传达效果。

如果一项工作或是一项技能的考核与企业今年的战略有关，对企业来说非常重要，是企业今年主抓的重点工作，那么由品牌总监来传达就是一个最佳的选择，因为对店长而言，这个传达者的份量足以体现出总部对这项工作的关注。

第二种角色：执行者

一般来说，企业在制订执行工作的时候就已经明确指派执行者，因此在这个角色上没有可以质疑或是思考选择恰当人选的部分，企业指定由谁执行，那就由谁来执行。因此，唯一要提醒管理者的是要让执行者愿意用心承担起这份工作，就要激发其荣誉感与使命感，如果这个部分没有工作到位，执行者就会感觉自己的负担不断增加。因此在执行工作的赋予上，我个人有两项建议：一是当众慎重宣布，借由这个动作将执行权在公开的场合上交付给执行者，为执行者在店铺当中的执行扫除一部分障碍，因为在执行过程中需要一些权力去做一些事情，没有权力的话工作有时也会步步艰辛；二是明文、行文到执行者的工作场合，这个动作可以体现出管理者对于这项工作的重视，可以体现出管理者对于执行者的重视，也可以以文字的形式给执行者赋予使命感与荣誉感，让执行者顶着光环工作，提升其执行的责任感，还可以借由昭告天下的方式让执行者身边的人对其形成无形的监督，以提升执行者的自觉性。

第三种角色：监督者

在执行者执行工作的过程中，监督和辅导是必不可少的过程，因此这里的监督者必须要兼具辅导的功能。如前所说，员工在执行的时候一定会有问题产生，也会有放松注意力不集中的状况出现，这时候不仅要有人为其解难，还要有人在旁督促其进入状态。

因此，管理者要能妥善选择这个监督者的人选，一旦这个人选选择不恰当，整个执行过程就会变成有问题无人解决致使问题积累，以及执行散漫无人监督的糟糕执行状态。对于这个监督者的选择，个人建议需要掌握几个原则。

猫尾巴式的分析：

其一，负责原则。这个监督者一定要是一个负责的人，因为监督和辅导是一项随时随地都要进行的工作，如果责任心不够，执行上就会出现大把的漏洞。

其二，培养原则。尽可能选择有辅导能力的员工来担任，能够将员工在执行时遇到的问题及时有效地解决，顺利推进落地工作。

其三，就近原则。这个监督者最好可以与执行者在工作上有比较大的接触密度，不要出现三天捕鱼两天晒网的状况，就近是比较好的选择。

其四，授权原则。因为这个监督者可能过去并没有监督的职权，所以必须要通过授权的动作让其拥有名正言顺的权力，否则容易发生监督人与被监督人之间的矛盾冲突，降低执行效率。

第四种角色：考核者

考核是收紧大家的执行状态的关键环节，在每个节点上对质量进行把控和调整，一旦考核流于口头上的警告教育，那么执行的结果就岌岌可危。苦口婆心并不是管理，苦口婆心可能会得到执行者一时的感恩、一时的自我检讨，也会得到执行者再一次口头上的承诺，但却不一定会得到执行者长期的关注与坚持，甚至到最后对于苦口婆心心生抵触和反感。

因此要做到定期与不定期的收拢，考核者是必须存在执行当中的关键人，而且缺了这个人整个执行就等于少了一份重要的保障。至于这个考核者的选择，我个人建议需要掌握几个原则。

猫尾巴式的分析：

其一，公平原则。考核者要能做到公平、公正、公开，对于考核评定之后的结果要能接受被考核人的挑战，避免因私交甚笃造成被考核人的抵触情绪。

第三章 猫尾巴式管理：终端执行落地模型

其二，距离原则。考核人最好可以跟执行者有一定的距离，不管是接触的频密度还是职位都是如此，借由距离一方面可以让考核对被考核人产生一定的压力，另一方面也可以较好地维持考核的公平性。

其三，专业原则。考核人在执行考核之前必须先接受考核内容的考核，确认其对于考核内容的理解与统一，由不专业的人去考核比他专业的人容易造成执行的抵触情绪。

其四，节点把握原则。结果需要考核，节点更需要考核，很认真地面对节点上的考核，自然就可以提高结果上的把握度。

很多时候执行不落地的原因是考核人员工作较为散漫，最后导致执行者的懒惰和怠慢。

任何执行工作，从执行的传达开始一直到考核的收尾，这四种角色都缺一不可，而且各有各的岗位职责。管理者如果希望执行能够落地，所投入的心血不被浪费，一开始就要做好人事布局，如果人事布局没有做好之前就草率地宣布开始执行，还试图在执行过程当中边走边调整，那么这样的执行就会存在极大的风险，这也是许多执行落地最终以失败告终的最大的原因。

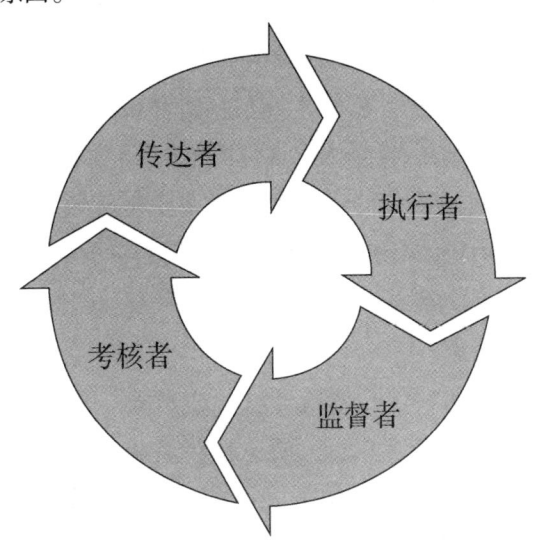

> **专家箴言**
>
> 任何执行落地一定要讲究人事布局，就像篮球比赛一样，每个人打什么位置一定要事先确认好，一旦确认好位置，每个人就可以对自己的工作内容与责任有一个清晰的认知，否则可能还未到收尾环节，就已经出现严重的责任推诿现象了，这时候再要来追究是谁的责任已经晚了，因为此时落地的目标已经岌岌可危了。

六大方向与十二项重点

六个方向分别为意愿、能力、问题、策略、计划、执行；

十二项重点分别为个人、团队、通用、专业、大小、上下、软、硬、节点、成果、监督、考核。

如果管理者想要贯彻前述四种角色的执行力，就要按照传达者→执行者→监督者→考核者的顺序依次来进行思考，当然不只是思考他要做什么及怎么做这么简单，因为我们面对的是人，人都有七情六欲和思想观念，如果没有将"人"搞定，那么事情的推进也会有相当大的难度。许多管理者在进行执行落地的时候对于事情的琢磨很多，但在人的梳理上琢磨却很少，因此很多时候执行不落地不是败在事上，而是败在人。

因此，这里提出了兼顾人和事两大方面评估的六大思考方向，从意愿到最终的执行落地，管理者要在执行前针对每个角色依次进行这六大部分的思考。对于这一部分，管理者绝对不要嫌麻烦，毕竟这些麻烦在事前发生总比在执行的现场发生要好得多，因为事前的麻烦只需要耗费一些时间而已，但在执行现场碰到的麻烦可能就需要付出高额的成本代价了。

第一大方向：意愿

心之所向，行之所向，心之所背，行之所背，意愿是所有工作执行的基础，没有意愿就不会有执行。要让执行者将工作执行落地，想办法激发其执行的意愿是首要的关键。在管理上经常会有人说："执行力的提升要解决两个问题，一是要解决'为什么做'的问题，第二是要解决

第三章　猫尾巴式管理：终端执行落地模型

'如何做'的问题。"而他们提到的"为什么做"指的就是意愿的问题。

意愿是来自一个人内心深处最伟大的力量。如果没有意愿，在执行时一旦遇到阻碍就很容易放弃，最终可能任何问题都无法得到解决；相反，如果有意愿，即使再困难也愿意主动去努力、去尝试、去坚持。因此，管理者要帮助执行者找到其内心执行的价值，让执行者从内心深处产生执行的意愿。但是如果发现执行者并没有执行的意愿，管理者首先需要做到不要抱怨，因为这个问题产生的原因可能是出自执行者本身，但也有可能出在管理者的身上，这就需要管理者去把握和分析。

在激发执行者意愿的工作上，管理者需要以两个方面作为沟通的方向：一方面是从激发个人意愿的角度出发，而另一方面则是从激发团队意愿的角度出发。管理者在沟通过程中要两者兼顾不能有所偏颇，因为管理者除了要帮助执行者找到个人的价值和意义之外，还要引导其充分认识到自己的一份力量对于团队的价值和意义，这样才会更加有利于激发执行者的意愿。

猫尾巴式的分析：

其一，个人。

个人意愿的激发会比较复杂，因为每个人的性格及需求不同，所以对他们意愿的激发需要依赖管理者平日对于他们的关注和了解，通过对个体的了解和掌握有针对性地激发才能达到最佳的效果。不过一般来说，在个人意愿的激发上可以大致归纳出几个大的方向：一是奖金、收入；二是成就感与荣誉感；三是个人的职业发展；四是个人的成长提升。

另外要注意的一点，在本书前面的章节里也有谈到，就是压力与希望并重的沟通方式。在沟通中不要一味的讲述做到有什么好处，因为这样仅仅只是做到了希望部分的传达，同时也要认真地提到如果没有做到会有什么坏处，只有两个方面都说全了才是压力与希望并重的沟通。许多管理者认为跟执行者谈做不到有什么坏处是比较负面或消极的，因此就尽可能避免从这个角度上与执行者沟通，其实不然，让执行者深刻了解做不到会有什么坏处也会激发他的意愿，毕竟大多数人还是不愿意去做损己的事情，能利己才是最佳的选择。

其二，团队。

一家店铺是一个团队，加盟商是一个团队，代理商也是一个团队，而整个品牌企业更是一个大的团队。对于员工来说，关于"大我"与"小我"的意识需要管理者时时给予提点，慢慢地灌输给每一个团队成员，需要借助每一个不同的机会逐步引导慢慢凝聚。一般来说，在团队意愿的激发上也可以大致归纳为几个大的方向：一是团队的奖金、收入；二是团队的荣誉感与自豪感；三是个人之于团队的重要性；四是团队之于个人的意义。

尤其是90后的员工，他们所成长的环境比较受长辈们保护，从小个人的需求也比较容易被满足，个人的意识较强烈，团队的意识较薄弱，这些都是时代背景所造就出来的自然现象。面对这样的状况，管理者并非不能够改变，如果想要改变就需要管理者有意识地对员工进行心的洗礼和改造。

在这一点上，管理者可以多把握机会对团队成员进行团队意识的导入，并且建议管理者在执行的意愿上不要把焦点过于集中在个人的好处上，长期进行这样的沟通对于团队建设无益。如果不断凸显个人的好处而忽略团队的利益创造，会让团队成员之间慢慢为了自己的利益而出现不良的竞争，这样大家可能都有意愿去执行，但是彼此之间却可能因为竞争而不懂得互相协作共赢，在短期间内可能看不出问题，但却不利于团队的长期合作。

> **专家箴言**
>
> 在意愿的沟通上要同时兼顾个人与团队，而且不能偏颇。许多管理者容易犯的错误就是只着眼于个人的意愿上，而忽略了从团队的角度进行沟通。因此，团队有时候向心力、凝聚力不足，其实也间接地反映了管理者个人的团队观念，因为下属有时就是领导的"小翻版"。

第二大方向：能力

能力是评估过意愿之后的第二关，有意愿没能力，执行者心有余而力不足，最终执行落地的结果依然不乐观，徒然增加执行者在执行上的挫败感。即使凭一时被点燃的激情勉强做到，结果也难以长时间持续。因此，如果管理者希望执行是一种可持续性的行为，那么执行就必须建立在稳定的能力基础上。再提出来强调一次让大家作为回顾，关于整体执行落地在能力方面的思考有三个最关键的重点，管理者需要不断地自我提醒。

猫尾巴式的分析：

其一，最低能力思考。

如果我们要在一个团队当中做到执行落地，在一开始执行的能力思考上就不能以最高标准要求，而要以最低能力作为合理的评估。执行是一个动态的过程，管理者可以在一开始的时候先作保守的评估和规划，大多数执行者都可以做到的情况下再逐步提升对于执行结果的要求，这样的做法一是可以建立执行者执行的信心，二是可以避免执行不到位的人数过多，最后对管理者执行与不执行提出现实的考验。一旦落入这样的境地，最煎熬与最难堪的就会是管理者自己，因为进也不是退也不是。

其二，实际了解状况。

对于执行者的实际能力状况做出正确的评价，这是一项重点工作，因为它对于执行结果有着至关重要的影响。不怕低估执行者的能力，因为低估之后再慢慢往上提要求较为简单，就怕高估执行者的能力，因为高估之后再一路降低要求对执行者也是一种严重的打击。因此，管理者不要凭自己的感觉就相信员工"应该"做得到，建议在执行落地之前，对员工做一次能力评估，因为评估的成绩才是最科学、最可信的。

若事前就发现员工能力不足，在执行之前，我们还有补救的措施，如降低执行的标准、减少执行的内容、先对员工进行一段时间的培养和提升再来执行等，不管采取什么样的方式，至少这样的执行结果会比贸然执行要好得多。

其三，通用能力与专业能力兼顾。

任何一项执行工作都会牵涉到专业与通用两种能力的运用，因此不管是欠缺通用能力还是欠缺专业能力，在执行落地上都会出现无可避免的缺口。

因此，不管员工是通用能力不足还是专业能力不足，管理者都必须诚实地面对，并且要在执行之前就搞清楚执行者需要什么方面的能力，以及欠缺什么方面的能力，以便慎重合理地考虑将能力提升环节安排在执行前还是安排在执行中，但是绝对不能将能力缺口视而不见，蒙住双眼自欺欺人地往前冲。

> **专家箴言**
>
> 管理者一定要在能力的培养上有一个清晰的认识，专业能力的最大发挥一定是站在通用能力的基础上的，因此一味地强调专业能力，并不能让专业能力真正地发挥。因此，专业能力无法发挥不一定是专业度不够，有可能是通用能力严重不足所造成的结果。方向如果搞错，问题将永远无法解决。

第三大方向：问题

问题的预测是猫尾巴式思考中的重点工作，但是许多管理者不愿意静下心去做，因为在问题预测的过程中会让人心里感觉不舒服，会让人感觉到困难重重，甚至会让人失去前进的信心和勇气。但是对于一个成熟的管理者来说，应该要有足够的抗压性去承担这一切思考所造成的心理压力，要正确理解"问题"对于我们的价值，如果管理者不愿意承担这些思考所带来的压力，那么管理者有可能就要面临最终执行不落地的压力。成功的道路上一定会有障碍，事前知道障碍在哪里总比过程中阻碍突然出现要好。

这里的问题预测是指在执行者有意愿有能力的基础上，站在执行者的角度去思考其在执行过程中有可能出现的种种问题。因此在问题的预

第三章 猫尾巴式管理：终端执行落地模型

测过程中，管理者除了要把所有的问题尽可能都罗列出来、把可控和不可控问题区分出来之外，还要把问题做另外两大类的区分。这样的区分有助于管理者在面对种种问题思考时理清思路，在未来的执行落地中将重要的时间有效地放在解决重要的问题上。

猫尾巴式的分析：

其一，大小。

在这些所有的问题当中一定会有大小、轻重之分，有些问题会对结果造成较大的影响，而有些则对结果的影响较小。如果所有的问题都能够予以解决那是最好的，但是如果时间或现实条件不允许，我们可以选择对于执行结果可能造成较大影响的部分作为首要问题来解决，先搁置次要问题，再将有限的资源做出妥善安排。

在事前将问题罗列清楚，做好筛选和分析，即使问题出现，也会知道哪些是本来就已经在重要性评估的时候被我们搁置处理的，这样这些问题就不容易干扰到我们的执行，虽然这样做还是无法解决全部的问题，但却可以大大提升我们的执行效率。

其二，上下。

在所有的问题当中，并不是每个问题只要执行者有意愿和能力就可以顺利解决，因为某些问题的解决会牵涉到更高权限的介入与资源的动用，而这些现实的条件会直接制约执行者是否可以解决问题。如果事实真是如此，问题没有得到妥善解决就不关意愿和能力的事儿了。比如商场的制约，有些商场要求品牌一定要做活动，而有些商场却规定不可以做活动，即使你想做也可能申请不下来，而与商场之间的沟通与协调工作就不是店长可以实际解决的问题。

因此，在这些问题当中除了大小之间的区分之外，还要做一个上下区分。所谓的上下区分就是指这些问题应该由谁来处理比较恰当，是执行者本身直接处理，还是由领导来负责处理，这是需要评估的，因为谁来做这个问题的解决者可能直接影响最后是否能得到最佳的处理结果。如果问题没有在事前被区分出来，没有把责任的归属定位好，最终造成执行结果不理想，那么对于这个责任应该如何承担？领导和执行者就会各执一词了。

> **专家箴言**
>
> 　　问题预测之后的区分是一个重要环节，管理者要进行轻重缓急的综合判断，决定处理的顺序，同时也要决定每个不同的问题应该由谁来处理。有问题是正常的也是必然的，但管理者绝对不能让自己像无头苍蝇一样被这些问题淹没，要让自己"忙"得很有方向、很有效率、很有成果，这样的"忙"才具有最大的意义和价值。

第四大方向：策略

明确了所有的问题，并且确认了需要重点解决的问题之后，接下来就要针对问题进行思考、分析以及制订相对应解决的策略。而在制订策略之前，先提出一个策略制订的FEBC原则，它可以帮助管理者制订会议的主轴，提高会议的效率。

F：最快见效

比如大量的广告投入，对于知名度的扩散来说见效很快，但费用却是一个值得考虑的因素。再如折扣特卖活动的策划与执行，对于迅速提升业绩来说见效很快，它可以迅速聚拢顾客消费，但操作起来却有一定困难，因为这需要牵涉到多个部门并协力厂商的配合。

E：最容易操作

比如VIP顾客回访，对于业绩的提升来说是很容易操作，在店铺内的员工就可以独立执行，但可能产生的效果较小，而且不同的员工回访效果还不一样。再如VIP顾客的信息传递，对于业绩的提升来说也很容易操作，只要事前用心编写好内容即可，但要见到效果就需要长时间做铺垫。

B：效果最大

比如异业联盟会员共享，对于顾客的积累来说效果大而且见效快，但有可能面临操作上的困难，而且需要一定的社会资源支撑才比较容易做到。

第三章 猫尾巴式管理：终端执行落地模型

如店铺管理升级，对于稳定的业绩提升与品牌提升来说效果大而且持续，但需要一段比较长的时间进行整改，短时间内见到效果的几率也不高。

C：费用最低

比如店铺内的培训及带教，对于投入的费用来说可能相对较少，只要店长在店铺里执行即可，但却可能在业绩提升上比较慢，毕竟能力的提升非一朝一夕可以做到。再如现场销售氛围的带动，对于提升顾客的购买欲望来说费用是低的，但直接刺激顾客购买的效果却未必是最大的。

很少有一个方法可以方方面面兼顾得十分完美，所以管理者在这四项主轴中可以选定一条主轴作为核心，然后把大家所想到的办法以选定的核心为原则做先后顺序的排列。另外再选择一条为辅助轴，同样把大家所想到的办法再同样做一次新的排序，最终以主轴排序和辅轴排序之间的综合评估选定大家共同认同的策略作为最终执行的方向。

需要注意的是，这四个主轴的特性不是不可改变的，如果管理者们共同认为还有更好的主轴特性选择，也可以以大家共同的认知为主轴特性进行替换。

其次，在策略的制订上除了通过 FEBC 原则进行讨论之外，管理者还要能同时兼顾硬策略与软策略的制订，这两者都会影响到策略的执行，缺一不可。

猫尾巴式的思考：

其一，硬策略。

这里硬策略是指制度规范、奖金提成、促销政策、PK 方案、培训考核等。简单理解，就是通过制度的规定让执行者的行为具有一定的规范性，并且通过这些规范性的行为来达到执行落地的结果。

通常这些硬策略会具有具体的、可量化的、行为化的特点，不会出现模糊的地带，让执行者一看就可以知道自己需要做些什么、怎么做，以及做成什么样子。比如岗位说明书、促销的折扣或执行方案、培训的考核方式及赏罚机制、业绩完成率与提成之间的对应、仪容仪表规定等，这些都是实实在在在终端执行的硬策略。

在执行落地的管理中，硬策略是必不可少的，少部分人在执行落地的过程中可以做到自律和严谨，但大多数人却更需要通过严格的管理才能规范住行为的底线。因此，管理者希望得到执行落地的结果，这些硬策略的制订就要谨慎严谨，因为它是所有执行者行为的依据，也是最终考核执行时的标准。

关于硬策略的执行，尽可能要做到有赏有罚二者兼顾，不要偏颇于一边，赏就是"红萝卜"，罚就是"棍棒"，两种都是督促执行者做好执行落地的力量。有些执行者对"红萝卜"更感兴趣，但有些执行者最大的力量却是来自"棍棒"，这与执行者的性格有关。因此，不管少了哪一个部分，都有可能让某部分执行者执行落地的意愿受到影响。

其二，软策略。

软策略是指人员沟通、部门协调、会议组织、氛围的打造、时间管理、压力情绪管理等。软策略不容易以明文规定去规范，即使用明文去规范也有可能因为心中的意愿不足而产生执行质量的瑕疵，因此是比较难以管理的部分。

但是，如果欠缺了这些软策略，执行者在执行中就容易出现种种不能用规范克服的障碍。比如，旁部门的支援不及时，这时候执行者很难用要求或命令的方式让对方第一时间配合做到而需要做旁部门之间的协调工作，但如果执行者本身做不到的话，在执行规划上这部分就要由领导来承担。不管这项工作是由执行者还是领导去完成，都是属于软策略中的一部分。

> **专家箴言**
>
> 大多数的策略思考都是在硬策略上进行的，比较少关注到软策略的思考，但是真正在执行的过程中，经常阻碍我们前进的反而是在软策略上的考虑不周，结果造成意料之外的状况频频发生，弄得自己焦头烂额。所以管理者在思考的时候要做好软、硬策略的制订，因为任何一方面的考虑不周，都会造成我们执行上的麻烦不断。

第五大方向：计划

依据管理者所定的策略制订执行推进的计划。这里建议管理者，除了依据整个团队的执行推进制订出一个整体的计划之外，还要根据每个执行者不同的状态进行一些计划上的微调，让计划可以更加贴近执行者真实的状态。因为计划本身的目的是要追求最终的结果而不只是追求计划本身的形式，因此它不应该是一成不变的，而是要具有一定的灵活性。如果硬性规定了计划，但执行者却因种种因素而跟不上进度的话，这个计划就会逐渐失去意义。

尤其在人员不稳定的情况下，计划的灵活性显得更加重要，因为在人员不稳定的时候，执行者与执行者之间的能力差异也会比较大，一份不变的计划可能不能完全满足各个执行者的现状。如果管理者在计划的环节里没有充分运用灵活性来提升计划的可操作性，那么计划最终就会变成管理者行事历上的文字而已。

另外在制订执行落地的计划中，有两个部分一定要清晰地表述，绝对不能含糊带过。

猫尾巴式的分析：

其一，节点。

所谓的节点就是控制点，指的就是在整个执行周期当中所切割出来的小阶段。大计划的完成来自每个小计划的阶段性完成，因此在做计划的时候一定要设置节点。在管理者设定节点的时候，我个人的经验是短、中、长的设置。什么叫做短、中、长的设置？我以一年作为举例，短指的是日甚至是时段，每日要做什么，每时段要做什么；中指的是周和月，周要考核什么，月要考核什么；长指的是季末和整个年末，每季末要做一次整体计划的总结和修正，最后到年末要做一次总结。简单来说就是短内容、中考核、长总结。

设定日或时段为短节点的原因，主要是由我们的业务形态决定的，因为我们这种业务型态的目标是要"创造单位时间内的最高销售额"，通过不断突破、刷新单位时间内的销售额就可以提升总体营业额。因此，我们的短节点是具体每日或是每时段的业绩指标、培训内容、演练模拟次数、工作行为或是工作表格填写等。

设定周和月为中结点的原因主要是我们都是月底结算的单位，月底的目标是否能够完成，是管理者严谨面对每一周的结果，如果不以周作为节点来进行考核，一旦放松了周的控制，最后月的控制也就失去了意义，因为到了月底的时候即使想要翻身，时间也不允许我们有过多的动作了。因此，不管是业绩还是技能的训练或表格的填写，都应当要以周作为考核的节点，只有把周的考核节点把握住了，管理者才能提升对月考核的把握度。

设定季度和年末作为长节点的原因是我们整年度作息的周期，每个季度一定要对本季度的执行工作做一次梳理，不要把这个季度的问题拖到下个季度。如果要总结、调整计划，也要趁季度结束时总结、调整，目的是让我们一个季度比一个季度做的更好，最终可以确保高效地完成年度目标。

其二，成果。

所谓成果就是管理者要明确在每一个时间节点上需要执行者交付出来的东西是什么，如一份员工的考核表、业绩的完成率、员工的转正率或是流失率、利润的指标、费用的指标等，绝对不能只设定控制的节点而不设定成果，只有节点而没有成果的计划是没有意义的。

这份成果除了可以对执行者进行评估之外，也可以作为总结、调整的依据。因为管理者可以从中发掘好的和不好的部分，做得不好的部分可以检讨问题和原因，然后依据问题和原因进行下一步工作上的调整，做得好的部分也可以总结优秀的经验和做法，然后在团队之间进行分享传递，让所有执行者们共同学习。

我们经常看到管理者的计划是很好的，时间节点的设置也是很合理的，但是每个节点上所应该交付的成果却是模糊不清的，因为模糊不清所以就会出现许多执行上的漏洞，并且容易让执行者出现得过且过的现象，心存侥幸心理，最终这些漏洞积累起来之后就会影响执行落地的成果。所以管理者可以在成果的交付上多进行思考，最好这个成果的展现是具体的、行为化的、数字量化的，这样才不容易出现被执行者钻空子的现象。

> **专家箴言**
>
> 在计划中，节点和成果是检验计划最重要的两个依据，没有它们，阶段性的成果究竟如何可能连管理者都模糊不清，一旦最终的结果不如人意，可能就连调整的时间都没有了。因此，在计划中一定要明确这两个部分，这样的做法不仅可以让执行者明确，也可以让管理者明确，在同一个时间点上一起关注同一件事。

第六大方向：执行

要执行出结果，就一定要下决心，而且这份决心不只是针对执行者而言，传达者、执行者、监督者、考核者四种角色都要下定决心，因为任何一个角色在执行过程中失守，都会造成其他角色执行上的障碍，尤其执行者通常是最末端的环节，他的执行状态受到其他三种角色的影响，如果大家都期待执行者下决心，而自己却没进入状态，不用执行就可以预期执行结果了。

因此，总部需要思考的是如何将执行者的执行表现与监督者的执行表现和考核者的执行表现挂勾，让执行者的表现与监督者、考核者息息相关。如果无法将其有效地捆绑起来，在执行者认真执行的同时，监督者和考核者却已经分心去忙其他的工作，对执行者的工作状态缺乏时时的监督和指导，最后的落地效果当然不好。整个执行过程中看似执行者是最关键的，其实执行者是否持续执行、是否高质量地执行与其监督、考核都存在密切的关系。

猫尾巴式的分析：

其一，监督。

这里的监督工作是由监督者来执行的，而监督者要以计划中的节点与成果来对执行者进行检验，并且针对其不足之处给予辅导，对执行者进行行为的固化与技能的提升，以满足考核者最终的考核。这个部分的辅导工作读者可以参考前述"带教六加一"的辅导模型。

监督者对于带教的技术一定要非常熟练，因为在整个执行落地的过程中通过监督找到问题只是其一，更重要的是通过带教的辅导帮助执行者解决问题。只有把问题妥善解决了，执行者才能继续往下推进落地，否则结果就不可预期了。

其二，考核。

这里的考核工作是由考核者来执行的，而考核者要以计划中的节点与成果来对执行者进行公平、公正的考核。考核者要注意的是，当考核结果出来时，除了统计工作与定期上报之外，要第一时间知会监督者，具体的陈述结果需要与监督者双向交流，最终给出有效的建议。因为考核的结果除了成为赏罚的依据之外，更重要的是可以让监督者和执行者在第一时间进行调整，能做好的部分保持继续，做的不好的部分迅速调整。

> **专家箴言**
>
> 监督考核这四个字在管理中已经听到耳朵长茧了，不过听到不一定做到，做到也不一定高质量地做到，而这四个字真正的价值并不知道，而是做到。当然，能否真正做到监督考核到位，跟管理者重视的程度息息相关。这个道理管理者都懂，关键在于是否可以付诸行动。

第三章 猫尾巴式管理：终端执行落地模型

终端执行落地模型的优点

在实体店铺不断受到电商冲击的现在，不管是零售店的投资者还是品牌商都要开始思考，我们实体店铺的市场竞争力到底在哪里。线上会有线上的顾客群，线下会有线下的顾客群，不是每个顾客的需求都是便宜的价格，也不是每个顾客都会选择在网上购买商品。其实还是有许多顾客依然比较享受现场购物的乐趣，这时我们就要思考，我们品牌在市场上的表现如何、在顾客心目中是一个什么样的品牌、在顾客心中的地位又是如何，对此有一个清晰的定位，才能明确未来在市场上应该要有怎样的表现。

要获得顾客的认可，就需要从今日起进行改变，不管是店铺管理、销售服务、货品管理、顾客管理、空间陈列还是其他方面，我们都要比竞争对手改变得更快，做得更好。

一个品牌要能够做到快速改变，跟终端执行落地的有效管理有关。要想做到终端执行落地，管理者就一定要打破过去的管理思维，尝试建立以终为始的思考模式，围绕着与结果密切相关的人、事、物进行换位思考。因为过去从上而下的思考模式经常会出现总部与终端脱节的状况，管理者所认为终端现在最重要的工作，却未必是终端目前最急迫想要解决的问题；管理者想给予终端的协助，却未必是终端目前最大的需求；管理者认为影响业绩突破的阻碍，却未必是终端执行人员所认为最大的阻碍；管理者所认为顾客需要的，可能跟终端所认为顾客需要的不同。这些认知上存在的差异主要是立场不同、思考的角度不同、眼睛所见的人事物不同、亲身经历的事件不同造成的，即使管理者的认知与决策是对的，也是需要管理者站在对方的角度上才能知道如何缩小认知的差距让对方改变认知，接受自己的认知。强行灌输的结果经常是口服心不服，出现的是没有意愿支持下的执行行为。

本书中所提出的终端执行落地模型，就是一个以终为始总结出来的模型，而整个模型的目的就是要促进品牌在终端执行落地的工作开展，希望能给品牌在终端执行上提供更全面的思考方向，并且能用一个全新的角度、更宽广的思维去寻求解决之道。因此，对比传统的管理思维与猫尾巴式管理中所提及的终端执行落地模型，对于管理者来说可以有以下几大收获。

猫尾巴式的分析：

其一，核心思考的统一性。

关于终端，每个管理者可能都会有不同的观念，因此在执行落地上最害怕几个领导的观念没有统一，对终端进行指导时所持的立场也不相同。这没有对错的问题，只会把执行者弄迷糊而不知所措。在终端执行落地模型中，我们把核心的思考统一起来，就是"快速·灵活反应"，因为这是终端可以面对市场竞争，可以获得顾客满意最重要的竞争力，在这一点上应该没有管理者会反对。因此，不管终端要进行什么样的变革，只要管理者可以围绕着同一的核心思想来运行，从决策到执行就不容易偏离轨道运行，并且可以依据这个核心思考进行修正。

其二，从心到行的一致性。

终端执行落地模型讲求的是"心行合一"，因此在这个模型当中我们会从意愿开始进行梳理，一直到最终执行时行为的监督与考核，同时兼顾意愿和行为，不偏颇任何一个方向。因为没有意愿的执行行为最后注定会流于形式，而有意愿却又缺乏监督考核的执行行为，最终还是注定会流于形式。管理者如果可以妥善运用这个模型，在执行落地前可以花点时间，顺着这个模型的每个步骤一步一步地往下梳理，最终一定可以在执行落地上取得一个好的成绩单。

第三章 猫尾巴式管理：终端执行落地模型

其三，执行阻碍的预见性。

终端执行落地模型所强调的是预防重于治疗的观念，宁可事前多花时间也不在事中束手无策，尽可能不要等到问题出现的时候再来解决，能事前避免问题的出现是更好的做法。因此，建议管理者从一开始制订执行方案时，就要通过终端执行落地模型把后期执行落地可能出现的问题做好大面积的预防，对于无法避免又可能会出现的问题要事先定好解决的策略。一方面避免问题发生，另一方面提早定好解决策略，预防问题对执行结果的伤害，借此为执行落地铺好一条较为平坦的道路。

其四，人事布局的全面性。

执行落地绝对不只是某个人的事，而是一个团队共同的事，因此在终端执行落地模型中特别强调四个角色——传达者、执行者、监督（辅导）者与考核者，每个角色之间互相关联、互相支持，而不是偏重于执行者这一个角色上作执行落地的探讨，最后落地不成功的责任也不应当由执行者这一个角色来承担。因此，模型强调的是各个角色恪尽职守，通过一开始完整的人事布局来支撑整个执行落地的工作。每个角色的工作都要经过六大方向的探讨，明确每个角色的职责与工作内容，让每一个角色都可以在执行落地中发挥功能并互相协作。

其五，上下合作的黏合性。

只有保证上下的立场与思维角度一致，才可以避免我们与员工之间的合作出现许多因立场不同而产生的问题。大家的想法可能都没有错，关键是大家都只顾着坚持自己的想法而期待对方配合，最后的结果可能就是错的。在这一点上，管理者应该以更大的包容性去面对执行者，而不是让执行者通过自我沟通、说服之后用更大的包容性去包容管理者。通过终端执行落地模型的执行者思考，可以增加管理者与执行者之间思维与行为上的黏合性，在执行中有更大的合作性和密度，只有管理者先成熟起来，执行者才会慢慢地跟着成熟起来。

其六，终端落地的可能性。

每一次的执行落地工作开始都是一场战争，战前要把思考、分工、计划等方面准备齐全，只有这样才能对执行落地有保障。许多企业对执行落地前的准备工作略嫌草率，思考不全面，分工不明确，计划不严谨，最终在执行落地的时候手忙脚乱、疲于奔命应付层出不穷的问题，当然落地的可能性自然就降低许多。

事中要强调计划节点和成果的落实，以及执行的监督与考核，甚至还要做出计划与执行上的微调以贴近执行的现状。只求执行，但不做执行结果的总结，也不做总结结果之后调整的策略，最终执行就必然流于形式。

事后的总结，是为了让未来其他工作更好地落地执行。因此，如果这次落地执行很有成效，优点和缺点都要记录下来以便后期可以传承，甚至在下一次执行之前再度强调引以为戒。不管是否成功，任何结果都有其价值，但是未必每个管理者都可以发现这些价值并保存这些价值。也正因为如此，才会有许多管理者不断地在同一个地方跌倒，最后在落地执行上迷失了方向。

整个猫尾巴式管理的内容到此告一段落，最后仍然要提醒所有读者，要解决谁的问题，钥匙就一定在谁的身上，管理者要从这个人的身上把钥匙找出来，而不是拿开别人的钥匙一支一支去尝试。尤其是管理经验越来越丰富、在企业内的职级越来越高时，主观意识有时也会越来越强，慢慢地失去客观评估的立场。对于自己的判断充满自信不是坏事，但是自信过度变成自负就不是好事了，因为当一个人自负的时候，所有的蛛丝马迹都将视而不见，所有的声音也都将听而不闻，不是信息量越来越少，而是所有的信息量都无法唤起一个管理者的重视，无法取代管理者个人的主观意识。

这种思维上的改变已经是所有管理者的当务之急，因为以现下终端零售市场的现状来看，执行落地已经变成所有品牌的追求，而执行落地的质量也确实直接影响到企业前行的脚步。因此，单一的思考方式已经没有办法满足品牌对于终端变革的需求，过去的管理思维不是不能用，

第三章 猫尾巴式管理：终端执行落地模型

而是要多加一个猫尾巴式管理的思维角度，一正一反，一上一下，一顺一逆，让自己解决问题的思路更加宽广，并且能够从根源解决问题，只有这样才能让管理者在终端管理上真正做到执行落地。

> **专家箴言**
>
> 拥有再多的知识也需要实践才可以有所收获和感受，而一旦得到好处之后才会更加坚定地去实践。但现今许多管理者只是听课，真正实践的却很少。这是一本实操性很强的书，也是多年市场经验的积累，但是再有道理的书如果不将它运用于实践，它也无法贡献出任何价值。

后　序

"快速·灵活反应"的终端是企业核心竞争力的根本！

问题在哪里产生，就要从哪里去寻找解决的钥匙！

问题是可以预测的，而不是等到发生的时候再来接受的！

贪得无厌与脚步轻浮此二者皆为管理大忌！

面对不一定可以解决问题，但面对却可以为我们争取多一点解决的时间和机会！

下属的问题一定会造成管理者的问题，而管理者的问题也一定会造成下属的问题！

问题没有解决，我可以让自己偏过头去看不到，但当问题发出恶臭时却很难闻不着！

管理者本身不重视就没有资格怪下属不执行！

方向错是方向的事，方法错是方法的事，方向错改方法，方法错改方向最终都无济于事！

组织在无控制能力下快速增长，最终导致恐龙症的提前发生！

管理者清晰员工还有可能会混乱，而管理者如果混乱则员工一定乱！

任何执行工作一定是从意愿开始的！

上级需要下级汇报，而下级也需要上级汇报！

一个管理者的职位可以由企业赋予，而一个管理者的领导力却要由员工赋予！

执行者如果没有能力执行，计划再完美也只是纸上作业！

没有组织架构支撑执行的流程和表格，形式的意义大过于执行！

在公司化组织架构扩大人员膨胀的同时，管理者要思考的是我是否

后序

具有控制的能力！

职业化是专业化得以发挥的基础，没有职业化基础的专业化，其发挥空间必受限制！

能力的提升非一朝一夕可得，但却是管理者永远的错误期待！

员工不提出意见不代表员工认同，沉默接受有时比恶言相向更可怕！

员工不抵触任何目标，但是员工抵触没有计划与能力支撑的目标！

管理者经常把焦点放在员工没有信心上，其实领导没有信心更需要被关注！

复杂不代表专业，专业也不代表复杂！

执行落地的关键不在管理者认为执行者应该做到什么，而是执行者的实力能做到什么！

以揠苗助长之法却求按部就班之果，非管理之道！

往往限制住一个管理者发展的不是能力而是格局！

决定一个团队速度的往往不是能力最强、最快的，而是能力最弱、最慢的！

为什么别人可以而我们不行，因为我们没有看到别人背后的所有一切！

听懂一百个道理，不如落地把一件事情做好！

后　记

在每天、每月、每年忙碌的咨询培训生涯中，最想谢谢的就是我太太对我全心全意的付出与包容，我的孩子对爸爸工作不在家的理解，我的母亲对儿子不能随时陪伴左右的接纳，这一切让我在工作上毫无后顾之忧，他们都是我的坚强后盾。对此，万分感恩上帝对我的眷顾并赐予了我一个幸福美满的家庭！

《猫尾巴式管理》的课程的开发与实践，得到了薛斌鹏老师、范志红老师、施恒恒老师、毛静老师等众多老师的共同参与，以及水慕天成公司所有同事的日夜辛劳，在此一并感谢。尤其在执行落地的辅导工作上，薛斌鹏老师不遗余力将课程内容转化为店铺实践，为此也付出万般心血。

未来，在以执行落地的核心上，我相信在整个团队的共同努力下，一定可以提供更多真正有助于终端提升、成长的产品，我们以此为奋斗的目标，也共同以此为荣！

猫尾巴式管理的零售终端解决方案

课程一:以终为始,落地终端

一、效能型与效率型团队管理区分
- 何为效率型团队
- 效率型团队管理基础理论
- 效率型团队管理方向

二、行为化能力训练系统
- 何为行为?何为能力?
- 销售能力提升行为化
- 管理能力提升行为化
- 行为化训练的优点

三、店长行为化能力训练系统工作模型

四、落地操作工作流程

课程二:走出茫区,永创佳绩

一、走出大单管理的误区
- 普遍大单的认知是如何
- 错误的行为来自于错误的认知
- 案例剖析
- 重新定义大单

二、走出 VIP 顾客管理的误区
- VIP 的普遍认知
- 错误的行为来自于错误的认知
- 如何创造更多的 VIP
- 重新定义 VIP

三、走出成交率的误区
- 成交率的普遍认知
- 错误的行为来自于错误的认知
- 重新定义成交率＝接触率＋准确率＋买单率
- 案例解析提高接触率

四、走出连带率的误区
- 连带销售的普遍认知
- 错误的行为来自于错误的认知
- 案例剖析行为化连带销售
- 如何快速提高连带销售

五、走出目标分解的误区
- 目标分解的普遍认知
- 错误的行为来自于错误的认知
- 案例剖析目标分解
- 如何透过目标分解提高指标完成率

六、走出客流量的误区
- 客流量的普遍认知
- 错误的行为来自于错误的认知
- 案例剖析客流量
- 如何提高客流量

日常管理系列：

课程三：带教技术

一、前言：带教的重要性
二、带教流程解析：
  1. 步骤一：带教开场
  2. 步骤二：你做我看
  3. 步骤三：我做你看
  4. 步骤四：寻找差异
  5. 步骤五：解读内容
  6. 步骤六：模拟演练

课程四：协销辅导

一、协助销售流程解析

  1. 协助销售的重要性

  2. 协助销售的时机把握

  3. 协助销售的流程解析

    步骤一：贴近观察，抓准时机

    步骤二：亲切开场

    步骤三：答疑解惑，引发欲望

    步骤四：交回主权

    步骤五：继续观察

二、辅导销售流程解析

  1. 辅导销售的重要性

  2. 辅导销售的流程解析

    步骤一：看

    步骤二：记

    步骤三：评

    步骤四：教

    步骤五：练

    步骤六：跟

课程五：会议管理

一、有效会议三要素

二、会议主轴剖析：

  1. 早会主轴：技能演练

  2. 晚会主轴：当日总结

  3. 周会主轴：追目标抓方向

  4. 月会主轴：团队激励

  5. 淡场主轴：技能演练，兑现承诺

三、周会的流程解析

    步骤一：事前准备

    步骤二：周会开场

    步骤三：公布目标进度

步骤四：公布前三后三

步骤五：前三心得分享

步骤六：主持人总结

步骤七：上周店铺总结

步骤八：下周目标公布

步骤九：周计划与工作重点

步骤十：分别沟通辅导

课程六：目标沟通

一、走出误区正视目标
- 合理与不合理只是自信与不自信的体现
- 员工喜欢大目标
- 不是没有能力，而是负面情绪导致能力丧失
- 面对不一定能解决，但面对可以争取到解决问题的时间

二、如何从关键价值链中提取提升计划
- 关键价值链的定义
- 如何设定员工的关键价值链
- 如何制订员工提升计划

三、目标沟通的流程解析

步骤一：事前准备

步骤二：轻松开场

步骤三：自我期许

步骤四：公布目标

步骤五：提升计划

步骤六：拉近距离

步骤七：达成共识

课程七：团队守则

一、制度规定和团队守则有何不同

二、团队守则的适用时机

三、团队守则的流程解析

步骤一：扩大影响，引起重视

步骤二：开放讨论，聚焦可能

步骤三：扩大讨论，聚焦可行

步骤四：订定公约，重复确认

步骤五：方案实施，以身作则

课程八：向上汇报 一、如何与领导相处

二、向上汇报的误区有哪些

三、向上汇报的注意事项

四、向上汇报的流程解析

步骤一：事前准备

步骤二：说明情况开场

步骤三：上报解决方案

步骤四：互动讨论

步骤五：解决方案确认

步骤六：时时汇报

课程八：向下传达

一、传达工作的误区

二、如何达至内心

三、向下传达的流程解析

步骤一：事前准备

步骤二：传达开场

步骤三：引发共鸣

步骤四：传达好处

步骤五：可能问题预测与解决

步骤六：复述内容

步骤七：传达后跟进

课程九：工作授权

一、授权工作的误区

二、授权的工作意义

三、授权的基础

四、工作授权的流程解析

步骤一：事前准备

步骤二：授权会议开场

步骤三：阐述授权项目的重要性
　　步骤四：正视授权
　　步骤五：被授权者发言
　　步骤六：约法三章
　　步骤七：授权结束
　　步骤八：授权后跟进
　　课程十：工作指导
一、何为指导，以及指导误区
二、工作指导的价值
三、四类员工，不同员工不同指导
四、工作指导的流程解析
　　步骤一：事前准备
　　步骤二：工作指导开场
　　步骤三：询问原因
　　步骤四：互动交流
　　步骤五：总结输出
　　步骤六：指导后跟进

课程十一：招聘技术
一、招聘的误区
二、确认问题的流程
三、确认候选人的轮廓
四、面试的五个技巧
五、三大类有效的面试问题
六、招聘技术的流程解析
　　步骤一：事前准备
　　步骤二：轻松开场
　　步骤三：邀请自我介绍
　　步骤四：提问探询
　　步骤五：岗位信息介绍
　　步骤六：解决疑问
　　步骤七：告知结果

步骤八：评测决定

课程十二：PK 的机制制订

一、PK 机制的观念梳理

二、PK 机制设定的基本原则

三、简单认识 PK 的分类

四、PK 机制设定的思考流程

    步骤一：一定内容

    步骤二：二定对象

    步骤三：三定标准

    步骤四：四定方式

    步骤五：五定赏罚

    步骤六：先大后小

五、PK 机制设定的注意事项

课程十三：区分管理

一、区分管理的重要性

二、效率型员工的特征与管理要点

三、关系型员工的特征与管理要点

四、智力型员工的特征与管理要点

五、工兵型员工的特征与管理要点

课程十四：问题员工管理

一、正确认识问题员工

二、四种类型，不同员工不同管理

三、功高震主型的员工管理

四、屡教不改型的员工管理

五、消极悲观型的员工管理

六、自私自利型的员工管理

七、爱找麻烦型的员工管理

八、光说不练型的员工管理

课程十五：店长绩效面谈

一、绩效面谈的目的

二、绩效面谈的原则和误区

三、绩效面谈的流程解析

　　步骤一：事前准备

　　步骤二：轻松开场

　　步骤三：自我总结

　　步骤四：领导评价

　　步骤五：互动交流

　　步骤六：整改计划输出

　　步骤七：执行后跟进

销售系列

课程十六：快速成交（8）

一、如何提高接触率

- 一般情况处理
- 八种特殊情况处理

二、如何提高准确率

三、如何提高成交率

课程十七：看透顾客的心（关键词句拆解）

一、明道

- 攻未必攻，守未必守
- 进未必进，退未必退
- 戒急戒躁，知所进退
- 心静则清，明则成矣

二、习术

- 如果…？万一…？
- 我担心……？我比较担心……？
- 只要……其他的就没问题了
- 主要……，先……
- ……应该……
- ……太……
- ……有点……
- 如果是以……我觉得

- 除了……之外，其他的都不错
- 同样……为什么

三、如何分辨真假异议
- 声音声调的轻重
- 用字遣词的好像
- 表情的严肃与否
- 眼神的坚定程度
- 肢体语言的拿放

四、声音声调判断顾客类型
- 主观型顾客
- 温和型顾客
- 求新型顾客
- 质疑型顾客

旺场管理系列：

课程十八：旺场目标管理

课程十九：旺场时段会议管理

课程二十：旺场快速成交

课程二十一：猫尾巴式管理

猫尾巴落地模型

意愿能力四分图

能力预测模型

问题预测流程

策略选择流程

计划呈现五要素

课程二十二：九型性格与终端管理

解读注意力中心
九型性格分布图

- 平和型
- 完美型
- 助人型
- 目标型
- 感觉型
- 知识型
- 疑惑型
- 快乐型
- 权利型

以上是知诸零售学堂在线学习平台刘子滔老师整个行为化能力提升训练体系的内容，我们已经在逐步推出来提供大家在线学习。

如果您对于其中哪一块有迫切的需求的话，您可以联系到我们，我们可以配合您以直播或者线下公开课的方式支持到您的培训需求。

微信扫码进入知诸零售学堂在线学习平台

除了专栏课程，我们还有直播课程，当然，如果您对于其中哪一块有迫切的需求的话，您可以联系到我们，我们可以配合您以直播或者线下公开课的方式支持到您的培训需求。请致电：18258408333 陈先生